穿行 诗与思的边界

告别「第二性」

性别平等与女性认同

李石 著

中信出版集团丨北京

图书在版编目（CIP）数据

告别"第二性"：性别平等与女性认同 / 李石著 .
北京：中信出版社，2025.1. -- ISBN 978-7-5217
-7040-7

I. D440

中国国家版本馆 CIP 数据核字第 2024EP5164 号

告别"第二性"：性别平等与女性认同

著者：　　李　石
出版发行：中信出版集团股份有限公司
　　　　　（北京市朝阳区东三环北路 27 号嘉铭中心　邮编　100020）
承印者：　　三河市中晟雅豪印务有限公司

开本：880mm×1230mm　1/32　　印张：13　　字数：280 千字
版次：2025 年 1 月第 1 版　　　　印次：2025 年 1 月第 1 次印刷
书号：ISBN 978-7-5217-7040-7
定价：88.00 元

版权所有·侵权必究
如有印刷、装订问题，本公司负责调换。
服务热线：400-600-8099
投稿邮箱：author@citicpub.com

序　只有在爱的基础上

如果我们追问两性关系的终极原因，女人和男人为什么要在一起，为什么要缔结长久的关系，为什么要生儿育女，可能的答案只有一个，那就是"爱"。人们因为爱而走到一起，组建家庭，形成民族与国家，跨越国界，建构地球村。爱是人类的本能，也是人类最宝贵的天赋。我们可以用许多政治价值来规范两性关系，例如平等、公平、正义、和谐等，但如果没有爱，一切都是没有意义的，就像没有灵魂的躯体，没有欢笑的房间。

爱是一种创造，是两个自我融合成一个新的"我们"，一个新的"大我"。自爱是将自己当作目的，爱则是将对方当作目的。从这个意义上来说，爱是对"理性"的反叛：理性追求"自我利益最大化"，爱则是反向的，追求被爱之人的利益最大化。爱能让人走出自我，意识到自己的缺陷和不足。英文中的"思念"（missing），也有缺失的含义，是相爱的人对缺失的另一半的感情。因此，爱一定是相互的，自私的爱是不成立的。自私的爱不是双方平等的付出，而是一方付出另一方索取。一个人牺牲，另一个人则不断得到壮大，最终耗尽一方。那时，爱将不复存在。

人们通常认为，爱与公平是对立的，公平要分出你的、我的，要算计付出和回报，而爱则倾向于模糊这一切。你的就是我的，我的就是你的，或者说压根儿不存在"你""我"，而只有一个"我们"。相爱的人之间谈公平是很奇怪的。然而，爱虽然不寻求公平，但没有公平就不可能有相互的爱。单边付出的爱不是爱而是伤害，最终会毁掉没有得到回报的一方。因此，你如果爱对方，就应该还对方以公平，爱与公平是同时实现的。

爱是有差异的两个人合而为一的过程，所以差异越大，这一过程就越惊心动魄。爱是一种偶然、一种惊奇、一种奇遇。经典文学作品所描述的爱情之所以扣人心弦，正是因为两个人的差异巨大。他们可能属于不同社会阶层，拥有不同的肤色，是不同国家的人，甚至来自不同的星球！例如，轰动一时的韩国爱情剧《来自星星的你》。相爱的两个人也可能属于世代为仇的两个家族。例如，中国的梁山伯与祝英台，西方的罗密欧与朱丽叶。这些因素使得相爱者的结合异常困难，而正是在这一阻力重重的过程中，爱才彰显出其无穷的力量，激荡人心。

崇拜某人可能引发爱，但爱并不仅仅是崇拜，爱是和自己崇拜的对象合而为一。在这个过程中，自己得到升华。因此，对于比自己"低"的人很难产生真正的爱。因为，爱不是怜悯，一个人不可能想要与比自己"差"的人合而为一。这大概就是"爱的悲剧"。如果有客观的价值排序，那就很难产生"真爱"。我爱你，你爱他，他爱她……人人往上看，处在价值链底端的人总是爱上价值链上更高一级的人。好在并没有客观不变的价值排序，每个人都能从自己的视角里看到一个理想的爱人。因此，最好的爱是相互的崇拜，相互的欣赏，而哪一方崇拜另一方多一些，就爱得更多一些，付出更多一些。

在人类社会的历史长河中，女性长期处于被压抑和被剥削的状态，但她们一直在默默付出，她们的大爱为人类社会的延续做出了不可替代的贡献。从 18 世纪中叶开始，女性群体逐步觉醒，她们意识到应该以自由平等的基本价值规范两性关系，减少女性群体受到的伤害。她们提出了女性参政权、女性受教育权、消除就业歧视、平等分担家务劳动等诉求，并展开了一系列争取性别平等的社会运动。

女性在争取自身权利的过程中似乎与爱渐行渐远。甚至有女性主义者痛斥爱，认为女性在爱的名义下受尽了剥削。然而，爱始终如影随形，没有爱就没有两性关系。事实上，爱与平等、公平、正义等其他价值规范并不矛盾。因为，真正的爱是相互的，是两个平等主体之间的互相欣赏。父权制社会中女性长期受压迫的状态系统地削弱了女性的主体性，在各种偏见和歧视的作用下，女性被物化，被商品化，成为男性的附属物。然而，人对物是不可能有真正的爱的。爱，是以对方的目的为目的，通过牺牲和奉献去实现对方的目的。物则不可能有自己的目的，因此也就不可能成为爱的对象。在女性丧失主体性、丧失自我的境况下，真正的两性之爱是不存在的。在系统地削弱了女性主体之后，剩下的只有男性对自己的爱，而这种爱最终演变为男性为了维护自身的权力和利益以各种制度手段限制女性的发展。显而易见，这不是爱，是伤害！

两性之爱与性别平等并不矛盾，爱的实现需要女性重新找回自我,需要女性主体的重建。尊重女性、平等地对待女性,给予女性充分的自我发展机会,这是爱的前提。女性的自尊、自爱、自立建立在被爱的基础上,建立在占人类一半的男性的善意基础上。爱是两性的互动,不仅体现为女性对家庭和孩子的无私付出,也体现为男性对女性的尊重,丈夫为妻子的发展而做出牺牲,以及对孩子的关爱……而后一方面显然是被长期忽视的,因此也更为重要。女人爱丈夫、爱家庭、爱孩子,为人类社会的延续做出牺牲的历史已经很长久了。这种单方面的爱引发了诸多社会问题。解决这些问题的关键并不在于抛弃爱的观念,克制爱的本能,而在于激发出男性对人类另一半的爱。换言之,我们现在的问题不是爱太多,而是爱太少。

爱是一种冲动,这种冲动让人们冲出自私自利的牢笼,真心诚意地为对方着想。在这种冲动的基础上,人们之间缔结长久的契约,建立和谐的关系,即使有冲突、有矛盾,也可以积极寻求对话,也可能生死相依。爱不仅是两性关系的核心,也是所有人类关系的基础。这是一本关于两性关系的书,笔者考察了自法国大革命以来与性别政治相关的各种观念和社会运动,并尝试构建一种理想的两性关系。理想的两性关系一定是以爱为基础的,我们要牢记爱的真谛。因为,只有在爱的基础上,平等、自由和正义才有意义。

目 录

第一章　西方政治思想史中的女性　　001
第二章　女性运动的历程　　023
第三章　社会契约与女性困境　　067
第四章　社会主义与妇女解放　　093
第五章　家庭正义是否可能？　　119
第六章　生理性别与社会性别　　139
第七章　身份政治与女性认同　　181
第八章　"一元三维"正义理论　　203
第九章　谁之身体？谁之权利？　　221
第十章　对待性的不同态度　　245
第十一章　环境保护与女性发展　　265
第十二章　国际关系中的女性角色　　285
第十三章　性别平等与科技进步　　305
第十四章　性别发展水平的度量　　325
第十五章　"性别平等"的四重含义　　363
结　语　我们要什么样的自由？　　385

参考文献　　389

第一章

西方政治思想史中的女性

现代女性运动起源于18世纪末的西欧国家,这与西方政治思想史的演变历程有着密切的关联。正是在17—18世纪启蒙运动的理性光辉中,女性群体开始意识到自己天赋的自然权利。然而,无论是在古希腊还是在启蒙时代的欧洲,那些崇尚理性的男性思想家们在构建自己的政治学说时,却总是有意无意地忽略了女性的平等资格。从古希腊的柏拉图到19世纪英国政治思想家约翰·斯图亚特·密尔,在2 000多年的西方政治思想史中,女性被赋予了什么样的地位?柏拉图、亚里士多德、奥古斯丁、马基雅维利、霍布斯、洛克、卢梭、孟德斯鸠、孔多塞、康德、黑格尔、密尔,这些主导了西方政治制度的思想家们是如何理解两性关系的?这些伟大男性思想家的学说又对女性的境况产生了什么样的影响?如果我们想要了解自法国大革命以来的女性运动,就必须首先探究在塑造了西方政治话语的一系列学说中,女性被赋予了什么样的角色,又被迫承受了怎样的压抑。在上述列举的政治思想家中，除了柏拉图、孔多塞和密尔三位思想家对女性较为友好，其他政治思想家对女性的看法大多包含偏见。柏拉图对女性的看法远远超出他的时代，他主张给予女性与男性同样的教育。在他的理想国中，女性与男性一样，可以成为护卫，成为战士。孔多塞主张女性接受与男性同等的教育，倡导妇女享有与男子同等的政治权利。密尔则是最先为女性参政权呐喊的政治思想家之一，他的女权思想对于女性运动的发展有着重要意义。下面我们首先来了解柏拉图的女性思想。

《理想国》中的女战士

柏拉图（公元前427—前347）构想的理想城邦是一个等级森严的国家。它包括平民、护卫和统治者三个阶层。不同阶层的人拥有不同的美德：平民的美德是节制，他们应节制欲望；护卫的美德是勇敢，他们是保卫和管理国家的中坚力量；统治者的美德是智慧，只有统治者才能凭借理性认识"善的理念"，因此，也只有哲学家（拥有理性的人）才适合当统治者，即"哲学王"。国家中的三个阶层就像人们灵魂中的三个部分：平民对应于人的欲望，护卫对应于激情，统治者则对应于理性。所谓"正义"，就是三个部分各司其职、各得其所。国家的正义指三个阶层的人们做好自己的事情，不要有非分之想，而个人的正义则是激情和欲望听从理性的指挥。柏拉图的理想国具有等级森严的政治结构，与现代国家所主张的平等价值背道而驰。这也是卡尔·波普尔在《开放社会及其敌人》一书中将柏拉图称为"平等社会的最大敌人"的原因。然而,在性别问题上,柏拉图却出奇地开明。他并没有像其后的大部分思想家那样将女人视为男人的附庸,而是认为女人也可以成为国家的护卫,而为了能够与男性一样成为国家的护卫,女性应该接受与男性平等的教育。

在《理想国》一书的第五卷,柏拉图借苏格拉底之口讨论了与女性和儿童相关的问题。首先,在教育方面,柏拉图认为,应该不惧当时的社会环境和舆论环境,给予女性与男性同样的教育,除了学习音乐和体操之外,还应允许女人像男人一样赤身裸体地到健身房训练。另外,还应对女性进行军事教育,甚至允许女性携带武器[1],以及教会女性骑马,等等。接着,柏拉图引入了一个观点:拥有不同自然禀赋的人应该被赋予不同的工作,接受不同的教育。如果这一观点是确定无疑的,那么男性与女性算不算拥有不同的自然禀赋呢?柏拉图辨析道:女性与男性虽然在自然禀赋方面有差异,但这些差异与他们应接受的教育和从事的职业是不相关的。这就像头发的长短与是否能从事修鞋的职业是不相关的。因此,"如果在男性和女性之间,发现男性或女性更加适宜于某一种职业,我们就可以把某一种职业分配给男性或女性。但是如果我们发现两性之间唯一的区别不过是生理上的区别,阴性受精生子,阳性放精生子,我们不能据此得出结论说,男女之间应有我们所讲那种职业的区别;我们还是相信,我们的护卫者和他们的妻子应该担任同样的职业为是"[2]。在柏拉图看

---

1 像男人一样携带武器的权利是1789年爆发的法国大革命中女性主义者的诉求之一,可见柏拉图的思想极其超前。
2 [古希腊]柏拉图:《理想国》,郭斌和、张竹明译,北京,商务印书馆,2009年,第185页。

来，女性与男性在许多方面拥有同样的禀赋，例如，女性和男性都可能有音乐天赋、体育天赋、战斗天赋等，因此给予女性与男性同样的教育，甚至赋予她们类似的工作，这是符合自然的。

在讨论理想城邦中的女性应该承担什么样的工作时，柏拉图指出："没有任何一项管理国家的工作，因为女人在干而专属于女人，或者因为男人在干而专属于男人。各种天赋才能同样分布于男女两性。根据自然，各种职务，不论男的女的都可以参加，只是总的说来，女的比男的弱一些罢了。"[1] 除了最后一句仍然对女性存有些许偏见以外，柏拉图的这段话即使从今天性别平等的观念来看也是极为开明且值得称道的。柏拉图认为，女人和男人都可能拥有不同的天赋，比如音乐、医药、运动、战斗等，因而一定也会有一些女性适合护卫的工作，"分别只在于女人弱些男人强些罢了"[2]。柏拉图还强调，对待女性护卫和对待男性护卫不应有任何区别："女的护卫者必须裸体操练，既然她们以美德作衣服。她们必须与男人一起参加战争，以及履行其他护卫者的义务，这是她们唯一的职责。"[3] 在柏拉图对理想城邦的构想中，护卫者是国家的第二阶层，是保护和管理国家的中坚力量。柏拉图认为女性可以成为国家的护卫，就相当于承认了女性可以分享国家的统治权力，也就是承认了女性的公民地位。因为，所谓公民即是"凡得参加司法事务和治权机构的人们"[4]。考虑到在柏拉图生活的古希腊雅

---

1 ［古希腊］柏拉图：《理想国》，郭斌和、张竹明译，第187页。
2 同上。
3 同上书，第189页。
4 ［古希腊］亚里士多德：《政治学》，吴寿彭译，北京，商务印书馆，1965年，第114页。

典城邦中，只有父母双方都是希腊人的成年男性才拥有公民权，当时还普遍存在着奴隶制，而世界上大多数国家的女性在20世纪初才获得与男性平等的公民地位，柏拉图的思想是非常超前的。

在女人的归属问题上，柏拉图并不认为女人归自己所有。他认为女人归男人所有[1]，而且应该归全体男人共有。柏拉图论述道："这些女人应该归这些男人共有，任何人都不得与任何人组成一夫一妻的小家庭。同样，儿童也都公有，父母不知道谁是自己的子女，子女也不知道谁是自己的父母。"[2] 这段话大概是《理想国》一书中最骇人听闻的发言，也是广受诟病的一段话。甚至使得与柏拉图思想相关的共产主义思想也被贴上了"共产共妻"的标签。在柏拉图看来，城邦管理者的"私利"是让城邦腐败的根本原因，因此，一个理想的政治制度必须破除"私有"。柏拉图论述道："他们（护卫者）要是在任何时候获得一些土地、房屋或金钱，他们就要去搞农业，做买卖，就不再能搞政治，做护卫者了。"[3] 因此，"第一，除了绝对的必需品外，他们任何人不得有任何私产。第二，任何人不应该有不是大家所公有的房屋或仓库"[4]。柏拉图对"私利"的批判与后来的共产主义者[5]对"私有

---

1 这一观念由来已久，并通过《圣经》中夏娃由亚当的一块骨头做成的传说得到加强。女人并不拥有对自身的所有权，这一观念在西方延续2 000多年，直至18世纪末女性运动兴起时。柏拉图并没有否定这一观念，但他提出女性的共有而非私有。
2 ［古希腊］柏拉图：《理想国》，郭斌和、张竹明译，第190页。
3 同上书，第131页。
4 同上书，第130页。
5 这里是指包括马克思主义者、空想社会主义者等在内的所有主张消灭私有制的、广义的共产主义者。

制"的批判是一致的。但为什么马克思主义者并没有像柏拉图那样主张"共产共妻"呢?[1]这是因为,柏拉图从根本上将女性看作男性的财产,不承认女性的主体性。柏拉图认为,家庭的存在必然导致私有和私利,这是对公共利益最大的损害,因而必须破除私有,解构家庭,使女性成为公共财产,从根本上消灭私人领域。相反,马克思主义者所论述的共产主义思想反对将女性当作男性的私人财产或再生产工具,承认女性的主体地位。所以,在共产主义社会中,家庭并没有解体。在破除了私有财产制度后,人们才能得到彻底的解放,两性可以在平等、互信、自主的基础上自由恋爱,组成家庭,生育后代。

柏拉图的"共产共妻"思想与其"优生学"观点是相互支持的。换言之,"共产共妻"有助于优生优育。对于生孩子的时间,柏拉图认为,20岁到40岁之间是女人精力最旺盛的时期,这一年龄段的女性应该为国家生养儿女,男人则是从跑步最快的年龄到55岁。超过这一年龄再生养孩子就是亵渎神灵。柏拉图论述道:"最好的男人必须与最好的女人尽多结合在一起,反之,最坏的与最坏的要尽少结合在一起。最好者的下一代必须培养成长,最坏者的下一代则不予养育,如果品种要保持最高质量的话;除了治理者之外,别人不应该知道这些事情的进行过程。"[2]

---

[1] 在《共产党宣言》中,马克思反驳了对共产党人"共产共妻"的指责:"我们的资产者装得道貌岸然,对所谓的共产党人的正式公妻制表示惊讶,那是再可笑不过了。公妻制无需共产党人来实行,它差不多是一向就有的。"见[德]马克思、恩格斯:《马克思恩格斯选集》(第一卷),中共中央马克思恩格斯列宁斯大林著作编译局编译,北京,人民出版社,2012年,第417页。
[2] [古希腊]柏拉图:《理想国》,郭斌和、张竹明译,第194页。

结合柏拉图所说的"高贵的谎言",即统治者的灵魂是金子做成的,护卫者的灵魂是白银做成的,平民的灵魂是铜铁做成的,我们就能理解他所谓的"优生"就是让优秀的男女(灵魂由金子和银子做成)相互结合多生育后代,而那些灵魂由废铜烂铁做成的人最好就不要生养孩子了。用现代科学的语言来说就是基因好的多生育,基因不好的最好不要生育。从平等社会的观点来看,这样的思想是极其恶劣的,剥夺了普通人平等的生育权,甚至有种族主义的倾向。当然,柏拉图是反对命定论的。他认为,父母的灵魂是什么做的并不能决定其孩子的灵魂,护卫的孩子其灵魂有可能混入铜铁,而平民的孩子其灵魂也可能包含金银。人们应该将那些天赋较好的孩子(灵魂是金银做成的)提升到国家管理者的位置,否则"铜铁当道,国破家亡"。

对于"优育",柏拉图认为所有孩子都是城邦的孩子,不论男女,他们应该在公共的托儿所而不是在自己的父母身边长大。未生育时,女性具有对孩子的胎教义务。孩子生下来之后,母亲们要给所有孩子喂奶,但不能与自己的孩子相认。孩子们从小就要进行实战训练,在战时,男女护卫者一同带领身强力壮的孩子出征作战,让他们学习打仗。至于父亲、母亲、兄弟姐妹的称呼,柏拉图认为:"他(男人)将把所有在他结婚后第十个月或第七个月里出生的男孩作为他的儿子,女孩作为他的女儿;他们都叫他父亲。他又把这些儿女的儿女叫作孙子孙女,这些孙子孙女都叫他的同辈为祖父祖母。所有孩子都把父母生自己期间出生的男孩女孩称呼为兄弟姐妹。"[1]

---

1 [古希腊]柏拉图:《理想国》,郭斌和、张竹明译,2009年,第196页。

从男女教育平等和女性的公民地位的思想来看，柏拉图关于女性的观点是超越其时代的，他主张赋予女性与男性同样的教育，并承认女性的公民地位。但是，这些主张的背后是一种强烈的国家主义思想。其实，在柏拉图的理想国中，不仅女性没有对自身的所有权，而且男性、儿童也都是属于国家的。那是一个没有私人领域、没有家庭的世界。如果说将女性束缚于家庭（私人领域）中是女性遭受一系列不平等的根源，那么在柏拉图的理想国中女性确实能与男性平起平坐，但这是以牺牲自我、泯灭个人意志、斩断儿女私情，甚至充当国家生养和教育后代之工具为代价的。正如让·贝斯克·爱尔斯坦（Jean Bethke Elshtain）对柏拉图的评价："私人性的家庭和性关系、对朋友的热诚，以及投入个人目的的企图，这些都可耻地与一心一意献身理想城邦或追求真理相抵触。"[1]

女性是肢体不全的人？

17 世纪 40 年代的英国革命是西方历史从古代到近现代转变的关键事件。与此相对应，在西方政治思想史上，英国政治思想家托马斯·霍布斯（1588—1679）在英国革命期间写成的《利维坦》是一部标志性的著作。这部著作之前的政治思想史可统称为西方古代政治思想，这部书及其后的著作则属于西方近现代政治

---

[1] [美]让·爱尔斯坦：《公共的男人，私人的女人》，葛耘娜、陈雪飞译，北京，生活·读书·新知三联书店，2019 年，第 37 页。

思想。本书也将采用这一划分，本章论述柏拉图之后的西方古代政治思想中的女性，第三章论述从霍布斯开始的西方近现代政治思想中的女性。

柏拉图以降的古代政治思想家鲜有主张性别平等的，大部分政治思想家都从自己的理论中生发出对于女性的各种偏见。亚里士多德（公元前384—前322）正是如此。他虽然是柏拉图的学生，却对其老师的诸多观点提出了异议，对于女性的看法就是其中之一。亚里士多德的生理学认为：男性高于女性，女性是男性有缺陷的、发展不完备的形态。男人天生高贵，女人天生低贱；男人统治，女人被统治。[1]亚里士多德还借助其哲学理论阐释两性关系。他在《形而上学》一书中提出了"四因说"，即万事万物发生发展的四种原因：第一，"质料因"，即"事物所由产生的，并在事物内部始终存在着的那东西"。第二，"动力因"，即"那个使被动者运动的事物，引起变化者变化的事物"。第三，"形式因"，即事物的"原型亦即表达出本质的定义"。第四，"目的因"，即事物"最善的终结"。亚里士多德认为，女性与男性的关系类似于质料因和形式因，雌性仅仅因雄性的一次授精而怀孕，而雄性却使许多雌性受孕，所以性别关系与质料和形式的关系类似。[2]亚里士多德的推理大概是：在生命过程中，女性提供的是质料，男性提供的是形式，而质料是被形式规定的，所以男性是优于女性的。在政治领域，亚里士多德认为，由于理性的缺乏，女人、孩子以及奴隶都是男人的财产，他们都听从男人的处置。亚

---

1 参见李银河：《女性主义》，上海，上海文化出版社，2018年，第13页。
2 参见［古希腊］亚里士多德：《形而上学》，吴寿彭译，北京，商务印书馆，1997年，第18页。

里士多德在《政治学》一书中区分了"家政学"与"政治学",这是对私人领域和公共领域最早的明确划分。亚里士多德否认女性拥有参与公共事务的平等资格,认为统治和管理城邦是男人的事务,而在家庭中,男人是一家之主。亚里士多德认为:"家庭生活的目的是城邦中的'优良生活',而女人只是服务于生存和提供生活必需品的生活,是不允许进入政治领域的。"[1]

公元 1 世纪后,基督教逐步融入西方文化中。《圣经》中的创世故事加剧了女性的从属地位。在《创世记》中,夏娃是由亚当的骨头做成的,这是女性从属于男人的象征。夏娃受到蛇[2]的引诱而偷吃禁果,并教唆亚当一起吃。这为女性的"原罪"埋下了伏笔。《创世记》中的这段话则更是宣判了女性的悲惨命运:"你将在悲苦烦恼中生儿育女。你欲望的对象将是你的丈夫。他将是你的主人。"由此,在基督教文化中,女性常常被视作欲望的代名词。德尔图主教曾发表极端仇视女性的言论:"女人,为了使你不要忘记,你是使人类走向灭亡的东西,你要常常双眼含着忏悔的泪,用乞求的目光,愁眉苦脸,衣衫褴褛地度日。女人!你该进地狱之门!"[3]

一些宗教哲学家开始在基督教的背景下思考两性问题。公元 4 世纪,奥古斯丁(354—430)写下《上帝之城》,他以家庭关系

---

[1] 参见[加]威尔·金里卡:《当代政治哲学》(下),刘莘译,上海,上海三联书店,2004 年,第 698 页。

[2] 有学者将"蛇"解读为"阴茎",因此对该传说的另一种解读是女性受到了男性的诱惑。

[3] [德]奥古斯特·倍倍尔:《妇女与社会主义》,葛斯、朱霞译,北京,中央编译出版社,1995 年,第 51 页。

中的隶属和服从来解释城邦中的服从关系。他在"家庭"中发现了"城邦的开端或者城邦的要素,而且每个开端都显示了一些关于它自身目的的内容,以及构成要素总和的整体的每个要素,而紧随其后的推论十分清楚,即家庭和睦与国内和平有关——换句话说,在家庭中的服从和统治的和谐有序与在城邦中的服从和统治的和谐有序相关"[1]。在两性关系上,奥古斯丁认为,男性与女性的灵魂是平等的,但他们的肉体却有着尊卑之分。女性的肉体是卑贱的,所以她必须服从于男性。他甚至说:"女人从一开始就是邪恶的。她是死亡之门,是毒蛇的信徒,是魔鬼的帮凶,是陷阱,是信徒们的灾害。她腐蚀圣徒,那危险的面孔使那些就快成为天使的人功败垂成。"[2] 生活于13世纪的经院哲学家托马斯·阿奎那(1225—1274)致力于以亚里士多德的哲学来阐释基督教信仰。他继承了亚里士多德对女性的偏见,认为女人在其生物天性中是有缺陷的、拙劣的设计,因此人们只能"在男人那里而不是在女人那里发现了上帝的形象:因为男人是女人的开始和终点"[3]。与亚里士多德类似,阿奎那也否认女性的公民地位,认为女性应待在家庭中:"她被接纳进了一种社会的生活,即婚姻生活。"丈夫和妻子"与家庭共同体有直接的关系……在他们之

---

[1] St. Augustin, *The Political Writings of St. Augustine*, ed. Henry Paolucci, Washington, D. C. : Gateway Editions, 1996, p. 151.

[2] [英]伯特兰·罗素:《婚姻革命》,靳建国译,北京,东方出版社,1988年,第42页。

[3] Julia O'Faolain and Lauro Martines, eds. *Not in God's Image*, New York: Harper Torchbooks, 1973, pp. 131-132.

间是家庭的正义而非公民的正义"[1]。马丁·路德（1483—1546）是16世纪的宗教改革者，但他对女性的观念仍然非常保守，基本延续了奥古斯丁和阿奎那的看法。他认为，女性应该成为贤妻良母，爱丈夫和子女，并且顺从丈夫，而神的形象则类似于家庭中"父亲"的形象。他在《基督徒的小问答》中引用《以弗所书》（5:22）说："你们作妻子的，当顺服自己的丈夫，如同顺服主。因为丈夫是妻子的头……凡事顺服丈夫。"[2]

在文艺复兴时期，人们对女性的看法有了较大的转变。长时间禁欲的压抑使得人们渴望摆脱宗教的桎梏，艺术作品开始赋予人体和人的欲望以较高的价值，同时也赋予女性以更高的价值。随着文学巨匠和伟大艺术家的出现，"女性之美"得到充分的展现。被恩格斯称为标志着"封建的中世纪之终结和现代资本主义纪元之开端"的但丁（1265—1321），是意大利著名的文学家和政治思想家。他对女性之美有过深入的描述。但丁在他的第一部作品《新生》中描述了自己年少时爱慕的女子贝阿特丽采。这是一个美丽端庄的女性形象，代表着生命与爱情。这一形象后来又出现在但丁的《神曲》中，那时这位普通的少女已经成为信仰的象征，她像圣母玛利亚一样引领但丁进入天堂。然而，在赞美女性的同时，但丁并没有否认父亲在家庭中的家长地位。他曾论述道："如果我们思考家庭，我们会发现必须有个成员来发布命令和进行统治，这要么是'家父'，要么是那个占着他位置的人，

---

[1] St. Thomas Aquinas, *The Political Ideas of St. Thomas Aquinas*, edited by Dino Bigongiari, New York: Hafner Publishing, 1953, p. 103.

[2] 转引自王倩：《马丁·路德的女性观》，载《美与时代》（下旬刊），2013年第5期。

因为，正如哲学家所说，'每个家都受制于最长者'。"[1]文艺复兴时期的另一位重要思想家马基雅维利（1469—1527）对女性就没有但丁那样友好。他基本延续了"红颜祸水"的思路，把历史上的灾难性战争归咎于女人。他在《李维史论》中专门用一章来写国家是如何毁在女人身上的。[2]

总之，古代世界是一个王侯将相轮番称霸的时代，"人人平等"的观念尚未深入人心。因此，很少有思想家会产生"性别平等"的想法。尤其是在深厚的宗教背景之下，男尊女卑的观念主导着整个社会氛围。当然，从宗教改革的时代开始，性别平等以及妇女解放的观念便开始萌芽。

女性和男性最初是平等的吗？

在西方政治思想史上，英国政治思想家托马斯·霍布斯被视作现代政治哲学的奠基人。其主要原因在于霍布斯提出了奠定现代政治制度基础的"权利"概念，并深入阐释了西方最重要的现代国家学说——社会契约论。从理论上来说，霍布斯提出的人们生而拥有的"自然权利"应该也有女人的份儿，而社会契约论将国家权力的应用归结为所有人的同意，其中也应该包含女性的同意。但是，以霍布斯、洛克、卢梭、康德等社会契约论者为代表

---

[1] Dante, *Monarchy and Three Political Letters*, translated by Donald Nicholl and Colin Hardie, New York: Noonday Press, 1954, p. 10.

[2] 参见［意］马基雅维利：《君主论·李维史论》第26章"一个国家如何因女人而灭亡"，潘汉典、薛军译，长春，吉林出版集团股份有限公司，2013年。

的启蒙思想家却否定了女性的政治资格。从他们的著作来看，活跃于17—18世纪的启蒙思想家并没有意识到女性应该拥有与男性同样的政治地位，没有为妇女的解放做好理论上的准备。

在霍布斯构想的自然状态中，女性与男性最初是平等的，因为两性在自然力方面的差别并没有大到使一方能够支配另一方。霍布斯认为，在自然状态下既无婚姻，也无家庭，只有母亲对孩子的管辖权。"因为在没有婚姻法的单纯自然状况下，除非母亲宣布，否则就不知道父亲是谁。"[1] 孩子必须服从母亲，因为这是保全他生命的人，而男性是靠征服获得管辖权的。成为母亲使女性变得极为脆弱，男性得以征服女性并与女性订立契约。女性通过契约获得保护，条件则是服从她的主人，即她的丈夫。她和她的孩子一起成为男人的附属物。由此，家庭得以形成，而在家庭中，男性为一家之主。他代表整个家庭签订了社会契约，并获得与其他"家长"同等的政治权利。霍布斯论述道："一个大家族如果不成为某个国家的一部分，其本身就其主权的权利而言便是一个小王国；无论这个家族是由一个人（man）及其子女组成的，还是由一个人及其臣仆组成的，抑或由一个人及其子女与臣仆组成的，都是一样：其中父亲或家长就是主权者。"[2] 在这段话中，女人似乎被忽略了。其实并没有，因为在男人最开始的征服过程中，女人早已成了家庭的仆人而隶属于男人（家长）。

英国革命时期，人们争论得最多的问题就是国王权力的来源问题。与传统的"君权神授"解释相反，社会契约论者认为政治

---

1 [英]霍布斯：《利维坦》，黎思复、黎廷弼译，杨昌裕校，北京，商务印书馆，1985年，第155页。

2 同上书，第158页。

权力来源于人民的约定。罗伯特·菲尔默爵士（1588—1653）是一个顽固的保王派。1680年，他的著作《父权制》（*Patriarcha*）[1]出版。此书为君权神授做了系统的阐述，其核心思想是国王的政治权力来源于"父权"。菲尔默将《圣经》里的描述，"上帝就赐福给他们，又对他们说要生养众多，遍满地面，治理大地，也要管理海里的鱼，空中的鸟，和地上各样行动的活物"（《创世记》1:28），阐释为上帝将一切赐予亚当，并让亚当成为管辖一切的君王，而亚当的权力通过世代相传而成为英国国王的权力。菲尔默论述道："不独是亚当，就连后继的先祖们，依据作为父亲的权利，对他们的子孙也享有王权。"[2] 由此，在肯定父权的基础上，菲尔默对英国国王不受法律约束的权力进行了论证。正如让·爱尔斯坦所言："菲尔默代表了父权制思想的最高峰，而从历史来看这也是它衰落的开始。"[3] 比菲尔默稍晚的约翰·洛克（1632—

---

[1] 也有学者将此书名翻译为"家长制"或"先祖论"。Patriarchy 一词在中文里有三个翻译：家长制、父权制与男权制，其含义相近。"父权制"强调"年长男性的统治"，"男权制"强调"全体男人的统治"。从词根来看，Patriarchy 与"父亲"同源。因此，本书将主要采用"父权制"的译法，仅在强调不只是年长男性而且是全体男性的统治时采用"男权制"的译法。参见凯特·米利特在《性的政治》一书中的经典论述："如果我们将男权制的政府看作由占人口一半的男人向占人口另一半的女人实施支配的制度的话，男权制的原则就是双重的：男人有权支配女人，年长的有权支配年少的。"（[美]凯特·米利特：《性的政治》，钟良明译，北京，社会科学文献出版社，1999年，第39页。）

[2] 转引自[英]洛克：《政府论》（上篇），叶启芳、瞿菊农译，北京，商务印书馆，1982年，第6页。

[3] [美]让·爱尔斯坦：《公共的男人，私人的女人》，葛耘娜、陈雪飞译，第115页。

1704）是议会派的政治思想家，他对于菲尔默的君权神授学说进行了逐字逐句的批评。洛克否认了父权是政治权力的来源，而认为政治权力只能来源于人们的约定。然而，洛克在阐述自己的社会契约理论时，并没有把女性考虑在内。洛克认为在家庭中，当女性与男性发生争执时，应顺从男性的意志，因为男人"更强壮更能干"[1]。洛克认为《圣经》并没有赋予亚当统治夏娃的权威，也没有赋予男人统治女人的权威，"而只是预言女人可能遭受的命运，即依照上帝的意旨他想要做出规定，使她必须服从她的丈夫，正如人类的法律和各国的习惯一般规定的那样，我认为世间这种规定是具有一种自然的基础的"[2]。洛克虽然对菲尔默的"父权制"进行了最猛烈的批判，但他并没有动摇男性在家庭中的家长地位。一些学者认为，在洛克之后，"父权制"并没有消失，只是变成了另一种形式。[3]或者说，"父权"变成了"夫权"，"父权制"变成了"男权制"（Machisme）[4]。

孟德斯鸠（1689—1755）是启蒙时期的法国思想家，他在《论法的精神》一书中激烈地批评了专制政体[5]，同时也批评了专制政体下"妻妾成群"的婚姻关系。孟德斯鸠认为婚姻将女性禁锢起来，成为被男性奴役的对象。他将国政和家政联系起来，比较了共和政体和专制政体对待妇女的不同态度："在一个共和国里，

1　[英]洛克：《政府论》（下篇），叶启芳、瞿菊农译，北京，商务印书馆，1964年，第50页。
2　[英]洛克：《政府论》（上篇），叶启芳、瞿菊农译，第39页。
3　参见[美]卡罗尔·帕特曼：《性契约》，李朝晖译，北京，社会科学文献出版社，2004年，第53~55页。
4　中文也译为"大男子主义"。
5　指统治者的权力不受法律约束的政体。

公民的生活条件是有限制的,是平等的、温和的、适中的。一切都蒙受公共自由的利益。在那里,要向妇女行使权威是不那么容易行得通的。……反之,对妇女的奴役是极符合于专制政体的特质的。……专制政体所喜欢的就是滥用一切权力。如果一个政体,它的首要要求就是安宁,又把绝对的服从叫作太平的话,那么就应该把妇女都幽闭起来。"[1] 在《波斯人信札》中,他也表达了类似的观点,书中的故事描写了女性在婚姻中的艰难处境,女性被圈养,沦为男性的玩物。有学者认为,孟德斯鸠笔下的波斯实际上是古代中国,而他对专制国家的批评也大多以他所了解的古代中国为背景。[2] 在参与公共事务方面,孟德斯鸠认为,女性并非天生不适合治理国家,而是教育削弱了她们的能力。女性宽厚柔弱的本性更适合施行仁政,而男性夺权使得女性失去了统治地位。这些在当时来说都是非常进步的观念。

法国启蒙思想家卢梭(1712—1778)是一位社会契约论者,与英国的洛克类似,他也没有承诺女性与男性的平等地位。卢梭对女性的看法源自他的自然主义哲学。卢梭认为,两性的差异是自然的,而他们在自然禀赋方面的差异也决定了他们精神气质上的差异。或许正是因为崇尚自然的哲学倾向使得卢梭认为,女性和男性天生不平等,因此也就没有赋予女性与男性平等的社会地位和政治权利。卢梭在《爱弥儿》一书中论述道:"一个是积极主动和身强力壮的,而另一个是消极被动和身体柔弱的;前者必

---

1 [法]孟德斯鸠:《论法的精神》(上册),张雁深译,北京,商务印书馆,1961年,第264~265页。
2 参见许明龙:《黄嘉略与孟德斯鸠——中法文化交流史上的一段佳话》,载《法国研究》,2022年第2期。

须具有意志和力量,而后者只要稍微有一点抵抗的能力就行了。"[1]在教育上,卢梭认为应该将女性教育成贤妻良母,他告诫所有的母亲:"不要违反自然把你的女儿造就成一个好男子,你应当把她培养成一个好女人,这样对她自己和对我们都有更大的好处。"[2]卢梭甚至认为,女人的天职就是相夫教子:"她对丈夫的服从和忠实,她对子女的爱和关怀,是这样自然和这样明显地因他的地位而产生。"[3]《爱弥儿》一书被看作教育领域的经典杰作,卢梭提出的"使人成为自然人"的教育观被称为教育史上"哥白尼式的革命"。然而,卢梭对于女性教育的思想显然是反启蒙的,无益于女性的个人发展。与卢梭不同,法国启蒙时代的另一位著名思想家孔多塞(1743—1794)却表达了两性平等的观点,为推动性别平等做出了重要贡献。孔多塞是法兰西第一共和国的重要奠基人,起草了吉伦特宪法。他是法国大革命中为数不多的主张给予女性政治权利和公共教育的领导人之一,被誉为"妇女之友"。1789年,他在《社会公报》上发表了《妇女应享受公民法》一文,呼吁给予女性与男性平等的政治权利。他斥责哲学家和立法者不声不响地剥夺了半数人类的制定法律的政治权利。

德国哲学家伊曼努尔·康德(1724—1804)是启蒙时代最重要的哲学家之一,而他也是时常遭到女性主义者诟病的哲学家。在康德的哲学中,"理性"是非常重要的概念,他不仅用理性来

---

[1] [法]卢梭:《爱弥儿》,李平沤译,北京,商务印书馆,1978年,第528页。
[2] 同上书,第537页。
[3] 同上书,第569页。

定义启蒙[1]，而且将理性能力作为人类获得自由的条件。在康德眼中，女性是缺乏理性的，所以也很难获得自由。他论述道，"她那世界智慧并不在于推理能力，而在于感受能力"[2]，"我很难相信，美丽的性别是能够有原则的"[3]。康德甚至认为女性就应该保持柔弱、娴静以及对美的感受力，而"女性确保优美，男性就可能占据崇高的王国"[4]。康德还对女性接受教育、获得知识进行了讽刺："有学问的女人，她们需要书籍就像需要表一样。她们戴着表是为了让人看见她们有一块表，通常不管这表停了没有，或是走得准不准时。"[5] 他劝诫女性"不要去学习几何学……美丽的性别可以把笛卡尔的旋涡论永远都留给笛卡尔本人去运转，自己不必去操心"[6]。与英国和法国的契约论者类似，康德同样否定了女性签订社会契约的平等资格。在康德看来，女性不是自治自律的主体，缺乏签订社会契约的理性能力。康德还曾给婚姻下了一个臭名昭著的定义："婚姻就是两个不同性别的人，为了终身互相占有对方的性器官而产生的结合体。……它是根据人性法则产

---

1 参见［德］康德：《答复这个问题："什么是启蒙运动？"》，见《历史理性批判文集》，何兆武译，北京，商务印书馆，1990年。
2 ［德］康德：《论优美感和崇高感》，何兆武译，北京，商务印书馆，2001年，第31页。
3 同上书，第33页。
4 董美珍：《康德内在自由观批判——基于女性主义视角》，载《华南师范大学学报》，2013年第4期。
5 ［德］康德：《实用人类学》，邓晓芒译，上海，上海人民出版社，2003年，第239页。
6 ［德］康德：《论优美感和崇高感》，何兆武译，第30～31页。

生其必要性的一种契约。"[1] 这一定义完全忽略了婚姻和家庭的情感维系，忽略了两性之间的爱，将婚姻当作纯粹的利益交换，引发了西方学界关于婚姻契约说的争论。

黑格尔（1770—1831）是继康德之后又一位重要的德国哲学家。黑格尔认为，家庭是自然伦理的共同体，但家庭却站在普遍精神的对立面，而越接近普遍秩序的家庭成员就越重要。一些女性主义者认为，黑格尔将女性限制在家庭领域，将家庭领域的活动和道德等同于女性的活动和道德。例如，爱尔斯坦论述道："女人是由家庭来定义的，家庭是女人的出发点和目的地。对于男人来说，家庭是种伦理关系，它是包括公民身份在内的其他一切的基础。"[2] 在黑格尔看来，男人与女人之间的差异就像"动物和植物的区别"："男人对应于动物，而女人对应于植物，因为她们的发展更加平静，并且规定其发展的原则是相当模糊的感觉统一性。"[3] 黑格尔认为，女性不适合承担公共事务的责任，如果让女人接管政府，国家将会被置于危险中。

纵观延续了2 000多年的西方政治思想史，在柏拉图之后，大部分政治思想家都不具备性别平等的观念，他们即使对女性抱有美好的印象，或者能够体察到女性所遭受的苦难，但鲜有人认为女性应该享有与男性平等的政治身份和公民地位。这样的情况

---

1 [德]康德：《法的形而上学原理》，沈叔平译，北京，商务印书馆，1991年，第95~96页。

2 [美]让·爱尔斯坦：《公共的男人，私人的女人》，葛耘娜、陈雪飞译，第194页。

3 *Hegel's Philosophy of Right*, translated by T. M. Knox, London: Oxford University Press, 1963, p. 263.

直到19世纪中叶才有所改观。从那时开始,陆续有政治思想家为女性的平等地位呐喊。1869年,英国政治思想家约翰·斯图亚特·密尔在其夫人的启发下撰写了《妇女的屈从地位》一书,呼吁赋予女性平等的政治权利。密尔还曾将女性争取选举权的请愿书转交英国议会。19世纪正是第一波女性运动兴起的时期,密尔、威廉·汤普森、玛丽恩·里德等男性和女性作家都加入了为女性权利而斗争的行列中。正是他们的奋笔疾书唤醒了女性的自我意识,也揭开了女性为自身权利和平等而斗争的序幕。

第二章

女性运动的历程

人类社会的两性关系从 18 世纪末期开始发生根本性的变革。这种变革的动力源自女性群体的觉醒,以及由此引发的一系列女性运动。女性运动与女性主义息息相关。什么是"女性主义"?牛津英语词典对 feminism 一词的解释是:"女性应该获得与男性同样的权利与机会的信念,以及为此目标而进行的斗争。"女性运动就是争取两性在政治、经济、文化等各方面平等的社会运动,也被称为"妇女解放运动"。值得注意的是,feminism 一词的中文最初被翻译为"女权主义",这容易让人产生误解,以为是女性要求高于男性的权力,要求支配男性。在中国语境下,"女权主义"进一步被污名化为"女拳",即以暴力行动夺取男性权力。为了破除这些误解,有学者建议将 feminism 翻译为"女性主义"。本书采用了"女性主义"这一译法。

人们通常所说的女性运动,指的是从 19 世纪中叶至今的一系列争取性别平等的运动。当然,在广泛的社会运动之前,父权制的传统社会中很早就已出现女性争取自身权益的思想和行动。例如,《英藏敦煌社会历史文献释录》辑录了在中国敦煌发现的多份古文书,S.527 "后周显德六年正月三日女人社再立条件",是 15 名女子自愿结成社团从事丧葬互助和佛事活动所立的文书;S.4705 则记载了敦煌女子在寒食节结伴出游的情景。这两份古文书证明,早在五代后周恭帝显德六年(964 年),中国就有了由女子组成的以自护、自助、自娱为目的的民间女性社团"女人社"[1]。

在西方,女性同样很早就有了争取自身权益的意识。即使在严苛的宗教氛围中,女性也尽可能地表达自身的诉求。早在 12 世纪初,希尔德加德·冯·宾根(Hildegard von Bingen,1098—1179)就打破当时只有男性才能传教的惯例,周游神圣罗马帝国,进行传教。她借助女性经验,尤其是母性经验,讲述自己对神之爱的理解。生活于 14—15 世纪的英格兰女性诺里奇的朱利安(Julian of Norwich,1342—1416)和玛格丽·肯普(Margery Kempe,约 1373—约 1428),同样以女性经验来阐释耶稣之爱。出生于意大利威尼斯的克里斯蒂娜·德·皮桑(Christine de Pizan,1364—1430)是欧洲最早提出女性权益的女性,她试图破除中世纪对女性的偏见,认为两性差异是社会造成的。她留下了《妇女城》《三德书》《献给爱神的书简》《玫瑰传奇》等作品。到了 16 世纪,在被称为"英格兰最早的女性主义檄文"[2] 中,简·安杰(Jane Anger)明确反对人们对于《圣经》的父权制解

---

[1] 参见韩寒:《揭开敦煌遗书的神秘面纱》,载《光明日报》,2018 年 8 月 2 日,https://news.gmw.cn/2018-08/02/content_30251668.htm。

[2] 即《简·安杰论保护女性》(*Jane Anger: Her Protection for Women*, 1598),这本小册子是简·安杰留存于世的唯一作品。

释——夏娃是由亚当的一根肋骨做成的，所以夏娃从属于亚当，亚当有权支配夏娃，男人有权支配女人。安杰认为，夏娃优于亚当，因为夏娃是第二个成形之人，因此也更加完善，而女人也要优于男人。[1] 17 世纪，英国政治动荡，在抵制国教的过程中涌现出贵格会、布朗会、独立会、浸礼会、千禧年会等一大批异见团体。正像最初的民主化改革出现在教会内部一样，性别平等的思想也伴随着女性在教会中争取平等的运动而萌芽。女性积极参与这些宗教团体，甚至发挥了领导作用。例如，贵格会创始人之一，被称为"贵格会之母"的玛格丽特·费尔（Margaret Fell，1614—1702），在《论女人说话之正当性》一书中激烈地为女性参与宗教事务的权利申辩。17 世纪 50 年代，在贵格会中，女性例会与男性例会同时召开。由此，女性有机会建立起高效的政治组织。在英国革命时期，人们普遍感到世界末日即将到来。在这样的氛围中，涌现出大量自称能传达神意的女先知。这些女先知经常被人们斥为疯癫而不予理会，甚至受到审判，其中包括预言了查理一世之死的埃丽诺·戴维斯夫人（Lady Eleanor Davis）。她被投进大牢，直到她的许多预言都应验了，才被释放，恢复自由。在英国革命时期，女性开始走上街头，举行请愿活动或进行抗议。在 1642—1649 年期间，她们多次举行请愿，向议会呈递请愿书，要求和平，要求议会释放她们的丈夫等，但均遭到拒绝。玛丽·艾斯泰尔（Mary Austell，1666—1731）是英国最早的女性主义者之一，她先后出版了《向女士们提一个严肃的建

---

[1] 《圣经》中关于亚当和夏娃的传说一直主导着人们对于两性关系的认识，直到 1859 年达尔文的《物种起源》出版，其影响才逐渐减弱。

议》和《对婚姻的反思》两部著作。她认为受过教育的女性不应该结婚，这样可以避免被奴役，她本人也践行自己的理论，终生不嫁。在这一时期，法国的女性也逐渐觉醒。1673年，法国启蒙运动先驱浦兰·德·拉巴尔（Poulain de la Barre）发表了题为《论两性平等》的论著，她指出男性对女性的欺压是强权战胜了理性，而人天然平等，精神没有性别。她还留下了《教育妇女》《人的伟大》等著作。从女性运动的后续发展来看，虽然这一时期人们争取性别平等的运动仍然在宗教思想的包裹之下，但已经为其后世俗的妇女解放运动打下了根基。

　　大多数研究者将女性运动划分为三个阶段：第一阶段，19世纪中期至20世纪20年代，主要发生在英国和美国，后来波及世界上许多国家。女性运动在这一时期的主要诉求是争取政治和法律上的平等权利，尤其是投票权，同时还包括就业权、受教育权、财产权、性交易权、堕胎权、法律人格权、分居与离婚权、陪审权等等。第二阶段，20世纪60—70年代，策源地为美国。女性主义者在这一时期开始追求实质性的平等，并致力于消除两性差别，将社会性别看作男女不平等的根源。第三阶段，20世纪80年代至今，主要发生在美国。女性主义的诉求越来越多元化，一些女性主义者试图模糊两性之间的差别。这一时期出现了不同阶层、不同种族的女性主义者，例如黑人女性主义、第三世界女性主义、殖民主义女性主义、同性恋女性主义等等。下面，我将具体介绍这三个阶段的思想理论以及斗争历程。

为权利而战

从历史进程来看,女性争取解放的运动与全人类争取解放的运动是同步进行的。在法国大革命时期,当人们争取平等权利的第一份宣言《人权宣言》颁布时,女性的权利意识也同时觉醒了。1791年,法国女性奥兰普·德古热(Olympe de Gouges)以1789年法国《人权宣言》为蓝本,发表了世界上第一份女权宣言《妇女和女性公民权利宣言》,宣称"女人生来自由,而且和男人平等",并勾勒出一份详尽的"社会契约",凡选择共同生活的女性和男性都受这份契约的保护。英国女性在这一时期也开始阐述男女平权的思想。1792年,被誉为"亚马逊女战士"的玛丽·沃斯通克拉夫特(Mary Wollstonecraft)出版了《女权辩护》,这被看作女性主义的奠基之作。沃斯通克拉夫特一针见血地指出:任何女人要想表现得像人,都要被贴上"男性化"的标签。沃斯通克拉夫特为女性的能力辩护,认为女性能够从事所有智力活动。与沃斯通克拉夫特并肩作战的还有凯瑟琳·麦考利(Catharine Macaulay),她撰写了《教育信札》,认为女性的软弱不是天生的,而是教育使然。她还坚决反对女人是男人的财产的观念。麦考利被后来成为美国总统的约翰·亚当斯称为"一位拥有男性般高明理解力的女士"[1],这个评价更像一种讽刺。

到了19世纪中叶,女性要求平等的诉求得到越来越多人的认同。这一时期涌现出更多革命性的思想,并推动了争取平等权

---

[1] [英]玛格丽特·沃特斯:《女权主义简史》,朱刚、麻晓蓉译,北京,外语教学与研究出版社,2015年,第53页。

利的政治运动。1843年，玛丽恩·里德（Marion Reid）在爱丁堡出版了《为女性申辩》，这被看作继《女权辩护》之后最彻底、最有效的女性申辩。里德指出所谓"关心体贴丈夫，保持家里整洁，悉心照顾子女"的"女人味"不过是一种"自我泯灭"，女性所受的传统教育只会束缚和限制她们各方面的发展。在里德看来，所谓的"女性气质"与女性参政投票一点也不矛盾，如果女性有能力并愿意跨越自然的阻碍成为女议员，那么人们没有理由阻止她们。这一时期，一些男性作者也加入为女权辩护的行列中。1825年，威廉·汤普森（William Thompson）出版了《人类的一半女人对人类的另一半男人得以维护政治奴隶制以及公民和家庭奴隶制的权力的控诉》，号召女性争取接受教育和参与公共事务的权利，并认为这也会让男性受益。另一位为女性权利呐喊的男性作家是著名的约翰·斯图亚特·密尔，他于1869年出版了《妇女的屈从地位》。密尔在此书序言中说他的思想受到其夫人哈丽雅特·泰勒（Harriet Taylor）的影响。哈丽雅特曾于1851年在《威斯敏斯特评论》上发表了一篇关于"妇女选举权"的文章，还曾写过批评婚姻法的文章。密尔认为，不给予女性和男性同等条件的选举权是不公正的。在理想世界中，男人和女人会彼此趋同，男人会更加无私，女人会更为自由。

19世纪后半叶，英国出现了争取女性平等权利的政治运动。这场运动由芭芭拉·莉·史密斯（Barbara Leigh Smith）和"兰厄姆广场[1]女士"共同发起，她们有组织地争取女性的受教育权、更好的工作机会、参与公共事务的权利，以及与男性平等的法律

---

[1] 这是她们早期集会的广场。

地位。1854 年，莉·史密斯制作了《英格兰关涉女性的最重要法律的简要总结》的小册子，揭露那些歧视女性、否定女性权利的法律规定。次年，她和一些志同道合的女性一起成立了已婚妇女财产委员会。除了财产权之外，女性教育也是这一时期女性运动的主题。1862 年，艾米莉·戴维斯（Emily Davis）组织成立了一个推动女性参加大学考试的委员会。通过她们的努力，剑桥大学终于在 1865 年同意女性参加与男性同样的考试。1866 年，戴维斯出版了《女性高等教育》一书，伸张女性接受高等教育的权利。戴维斯还筹措资金建立了一所女子高等教育学院，最初只有 5 名学生。1873 年，学院迁至剑桥，更名为格顿学院，这是英国第一所女子寄宿学院。1879 年，牛津成立了玛格丽特夫人学院，其创始人是浪漫派诗人华兹华斯的侄孙女伊丽莎白·华兹华斯（Elizabeth Wordsworth）。伦敦的玛丽女王学院和贝德福德学院于 1878 年开始向女性颁发学位，而牛津大学的女生直到 1919 年才成为大学的正式学生。剑桥大学虽然于 1921 年开始给女性颁发"名义"学位，但直到 1948 年才承认她们是学校的"正式"学生，而剑桥大学的许多学院直到 20 世纪 70—80 年代才开始招收女生。创立于 1428 年的麦格达伦学院在 1988 年才开始招收女生，是剑桥大学最后一个仅招收男生的学院。在女生入学的第一天，该学院所有男生都戴上黑臂章，学院还降半旗。从这些事件可以看出人们对女性不应该接受高等教育的偏见有多么根深蒂固！

在争取平等的政治权利方面，英国女性同样做出了艰苦卓绝的斗争。在《1832 年改革法案》出台后，英国女性的法律地位被降低，该法用 male person 代替 man，明确将女性排除在平等权利之外。一位名叫玛丽·史密斯（Mary Smith）的女性委托"雄辩者"亨特向议会递交了一份请愿书，主张每个有一定经济能力（按期缴纳税赋）的女性都应该获得投票权。这是女性争取投票权的最初尝试。"兰厄姆广场女士"在争取平等政治权利的运动中发挥了重要作用。1866年初，她们组织了一场妇女选举权请愿活动，主张在法律条文中用person代替man，以保障女性的平等权利，共有1 499人在请愿书上签字。艾米莉·戴维斯将请愿书交给密尔，密尔则将其递交议会。在议会投票中，该请愿书以194票对73票遭到否决。然而，英国女性争取选举权的运动并没有就此止步。1866年，芭芭拉·莉·史密斯成立了一个妇女选举权运动委员会，其后发展为伦敦妇女选举权协会。莉迪亚·贝克尔（Lydia Becker）在曼彻斯特成立了国家妇女选举权协会，并于1870年创办了《妇女选举权杂志》。接着，爱丁堡、布里斯托尔和伯明翰也相继成立妇女选举权运动团体。这些团体不断向议会施加压力，但议会仍然年复一年地否决这个议题。最鼓舞人心的一次投票是在1873年，当时支持给予女性选举权的男性议员有157人。

和平的请愿活动并没有撼动英国父权制的偏见。于是，一些女性开始主张诉诸更为激进的运动以争取自身的平等权利，这些女性被称为"妇女选举权女斗士"（suffragette）。1868年，莉迪亚·贝克尔曾预见性地说道："需要流血或暴力行动来唤醒政府去实现公平正义。"[1] 1903年，潘克赫斯特家族创建妇女社会政治联盟（WSPU），该组织成立不到一年就发展了58个支部。开始，这些妇女在公开集会上诘难政治家。接着，她们举行大规模的集

---

[1] ［英］玛格丽特·沃特斯：《女权主义简史》，朱刚、麻晓蓉译，第125页。

会和游行活动。她们身着白色长裙，配以绿色和紫色饰带，举着五颜六色的条幅，打出各种标语口号。她们还大量印刷招贴画和明信片。参与游行的妇女们意识到刚刚兴起的摄影艺术蕴含着政治机遇，她们用摄像机记录下女性声势浩大的游行以及警察对女性的粗暴行径。还有些妇女开始采取暴力和纵火行动。1914 年，卡内基图书馆、两座古老的教堂以及许多庞大的空宅被烧毁。还有一些激进分子烧毁了敌视妇女的大臣的官邸。康斯坦丝·利顿女士（Lady Constance Lytton）等许多知名妇女被抓进了监狱。开始，她们以绝食来抗议，但这些妇女被插上导管强制进食。在《罪犯保释法案》通过后，她们被放回家中，待其身体恢复之后再次关进大牢。还有一位名叫艾米莉·怀尔丁·戴维森（Emily Wilding Davison）的女性甘愿为争取妇女选举权献出自己的生命，她在 1913 年的德比马赛上，闯入赛道，死在了国王赛马的马蹄下。然而，如此艰苦卓绝的斗争仍然没有为女性赢得选举权。直至第一次世界大战爆发，战争期间男性大多走上战场，女性不得不外出工作填补劳动力空缺。当战争结束时，女性已成为社会的中坚力量，这为她们最终获得选举权奠定了基础。1918 年，英国 30 岁以上的妇女获得选举权。1928 年，英国女性终于获得与男性完全平等的政治权利。

　　第一波女性运动在欧洲吹响的号角，迅速得到了北美大陆的响应，而美国的女性运动与废奴运动是同时发生的。19 世纪 30 年代，美国的废奴团体数量激增，女性踊跃参与到这一政治运动中。1840 年世界废奴大会在伦敦召开，伊丽莎白·卡迪·斯坦顿（Elizabeth Cady Stanton）作为美国代表参与了此次会议。但是，会议禁止女性参与辩论，这促使斯坦顿和柳克丽霞·莫特

（Lucretia Mott）等女性代表脱离大会成为女性主义者。1848年，她们在纽约州塞尼卡福尔斯组织了一次妇女大会，并为妇女，也为黑人争取包括选举权在内的各项权利而奔走呐喊。这次大会签署了由斯坦顿起草的《权利与情感宣言》。该宣言模仿《独立宣言》的笔调写道："我们认为这些真理是不言而喻的——所有的男人和女人生而平等；他们被造物主赋予了某种不可剥夺的权利，其中包括生命、自由和追求幸福。"[1]

除了从权利视角争取性别平等之外，美国女性运动还强调女性贤妻良母的角色，通过创办慈善组织、参与赈灾等活动让女性走出家门，并以此打破"公共领域"与"私人领域"的隔膜。1874年，妇女基督教禁酒联盟（Women's Christian Temperance Union）成立，在美国掀起一场大规模的禁酒运动。该组织还促进了劳动立法、监狱改革以及打击卖淫等活动。在1897—1898年期间，在弗朗西斯·威拉德（Frances Willard）的领导下，该联盟成为全美最具影响力的组织之一。19世纪末20世纪初，美国掀起了一场旨在根除社会弊病、推动民主进程的群众自发运动，史称"进步主义运动"。在这一时期，女性争取平等权利的运动得到极大推进。1890年，斯坦顿创立的全国妇女选举权协会和露西·斯通（Lucy Stone）等人创立的美国妇女选举权协会合并，成立全美妇女选举权协会（National American Woman Suffrage Association），斯坦顿担任首任主席，这一组织成为美国妇女选举权运动的核心领导机构。1900年，卡丽·查普曼·卡特（Carrie Chapman Cart）

---

[1] 引自《权利与情感宣言》（Declaration of Sentiments），https://www.owleyes.org/text/declaration-of-sentiments/read/text-of-stantons-declaration#root-4。

当选该组织主席,将斗争策略转为激进的政治行动。此后,陆续有许多州开始赋予女性选举权。1916 年,11 个州的 400 万妇女已拥有选举权,卡丽·卡特在 9 月召开紧急会议,邀请两位总统候选人出席。威尔逊和胡佛两位总统候选人都同意联邦宪法修正案将选举权扩展到女性。1917 年 4 月 6 日,美国对德宣战。美国参与第一次世界大战成为美国女性获得选举权的最佳契机。女性主义者要求把通过妇女选举修正案作为一项"战争措施",而战争也确实需要女性走出家庭进入公共领域。最终,1920 年 8 月 26 日,美国国务卿发表正式声明,全国 2 600 万成年妇女均取得选举权。这时距离 1848 年的妇女大会已经过去 70 多年。当初参加妇女大会的女性中,仅有一人活着看到了美国女性获得平等的选举权。

女性运动发端于英国、法国等西欧国家,但其影响波及世界各国,逐渐成为一种世界性的妇女解放运动。在俄国,第一批女性主义者是有教养的年轻贵族女性。她们积极投入慈善事业,同时争取妇女高等教育的权利,主张在不触动沙皇专制制度的基础上逐步提高女性地位。1859 年,特鲁布尼科娃(Trubnikova)、斯塔索娃(Stasova)和菲洛索弗娃(Filosofova)在圣彼得堡创办了社会廉价住房协会,致力于解决贫困家庭的住房问题,还为无助的女性建立了缝纫厂、公共食堂和学校。1863 年,该组织还建立了妇女出版合作社,向受教育的妇女提供写作、抄写、编辑、翻译等工作,并向年轻人介绍优秀读物,例如达尔文的《物种起源》等。1869 年,密尔《妇女的屈从地位》俄文版出版,立即引发公共讨论,激发俄国女性争取高等教育等平等权利。一时间,圣彼得堡大街上挤满了年轻女性,手持请愿书,要求建立女子高等学校。教育部对女性争取高等教育的诉求不屑一顾，找出各种理由予以否定。但是，在一些开明教授的支持下，女性主义者开始创办女子大学预科学校。1869年，彼得堡女子高等讲习所成立；1872年，大学教授格里耶的女子高等讲习所开班；1878年，别斯图热夫女子高等讲习所成立。1883年，在重重压力下，女性主义者得到政府批准，建立了资助女性高等讲习基金会，此后类似的公益机构相继成立。在这些团体的帮助下，女子高等教育蓬勃发展，为后来俄国妇女解放运动培养了有生力量。

20世纪初，俄国的女性运动转而关心政治权利的实现，争取选举权成为她们的重要目标。以"妇女平等权利同盟"为核心的女性组织开始在俄国广泛传播有关妇女问题的书籍和小册子。1905年，来自26个分支机构的70名代表参加了全俄妇女平权联合会的第一次代表大会，将保护女工、男女混合教育、改革妓女管理制度等作为其斗争纲领。活跃于同一时期的女性团体还有俄国妇女互助博爱会，该组织向政府以及各党派进行演说，争取他们的支持。另外，由保科洛夫斯卡娅（Pokrovskaya）创立的妇女进步党提出了同工同酬、带薪休假、劳动保护等主张，并创办了刊物《妇女通讯》。1906年3月16日选举日，莫斯科的许多妇女联盟发表联合声明："公民们，我们呼吁你的良知，承认公民和政治权利平等。"然而，争取平等权利的诉求遭到国家杜马数次否决。1907年后，俄国的女性运动一度陷入低谷，规模最大的女性团队全俄妇女平权联合会在1906年时有8 000名成员，到了1907年则仅剩800人。这样的颓势直至第一次世界大战后才得到彻底扭转。在一战中，俄国女性的地位得到普遍提升。1917年3月8日是"三八"国际劳动妇女节，彼得格勒50家工厂约13万男女工人举行罢工和游行，第二天，参加示威游行的群众增加到 20 万人。这次声势浩大的游行最终演变为"二月革命"，终结了俄国君主制的历史。在沙皇政府被推翻后，妇女们在 1917 年 3 月 20 日组织了一支 40 000 人的游行队伍向当时的临时政府请愿，这次请愿活动终于获得成功。临时政府决定，从 1917 年 7 月 20 日起，凡年满 20 岁的男女一律有选举权。

"三八"国际劳动妇女节（International Working Women's Day）的由来与女性运动的国际化密不可分。在 20 世纪初期，妇女解放运动在欧洲和北美洲迅速展开。许多女性运动领导人都提议设立女性节日：1909 年 2 月 28 日，美国各地举行了首次全国妇女节的纪念活动，纪念 1908 年因工作环境问题爆发的纽约制衣工人罢工事件。1910 年，在丹麦哥本哈根举行的社会党国际会议设立了国际性的妇女节，以纪念妇女权利运动并为实现妇女的普选赢得支持。1911 年，许多欧洲国家和美国一起庆祝了妇女节，这一庆祝活动于 3 月 19 日举行，纪念 1848 年革命和巴黎公社。俄罗斯妇女于 1913 年 2 月的最后一个星期日（公历 3 月 8 日）庆祝了她们的第一个国际妇女节。欧洲其他地区的妇女也在翌年 3 月 8 日当天或前后举行集会，表达对战争的抗议或对"姐妹"的声援。1915 年，随着第一次世界大战的肆虐，一次声势浩大的妇女聚会于 4 月 15 日在荷兰海牙举行，参加者包括超过 12 个国家的 1 300 多名妇女。1917 年 3 月 8 日，俄罗斯妇女再次抗议，为"面包与和平"而罢工。7 天后，沙皇退位，临时政府赋予妇女投票权。第二次世界大战后，许多国家都开始在 3 月 8 日举行庆祝活动。1975 年，联合国将 3 月 8 日定为国际妇女节。从这一系列事件来看，"三八"国际妇女节是在欧洲与北美洲妇女解放运动的推动下设立的。[1]

纵观第一波女性运动，女性争取平等权利的斗争是艰苦而漫长的。但这一斗争也是意义重大的，是划时代的。它彻底颠覆了几千年来父权制的偏见，女性终于争取到与男性平等的公民地位。世界上许多国家都在20世纪初赋予女性平等的政治权利。在新西兰，妇女于1893年获得选举权；在澳大利亚，19世纪90年代许多州开始赋予妇女选举权，至1902年妇女最终获得参加联邦选举投票的权利；丹麦于1915年赋予妇女选举权，而荷兰则是1919年。随着女性获得与男性同等的公民身份，人类社会的历史翻开了新的一页。

女性是"第二性"？

在第一波女性运动与第二波女性运动之间，有一段被称为"性的反革命"（1930—1960）[2]的时期。在这一时期，纳粹德国针对女性的一系列政策体现了政治上的倒退。正如凯特·米利特（Kate Millett）所说："希特勒领导下的德国或许有着史无前例的、策划最周到的巩固极端男权制的企图。"[3] 希特勒上台后颁布了一系列阻止女性进入公共领域的政策：大学里接收女学生的比例降低；外出工作的女性被限制在服务员、护士等低收入行业；女性

---

1 参见联合国介绍国际妇女节的网页，https://www.un.org/zh/observances/womens-day/background。
2 参见［美］凯特·米利特：《性的政治》第四章"性的反革命"，钟良明译。
3 ［美］凯特·米利特：《性的政治》，钟良明译，第244页。

被禁止担任法官，甚至被禁止在法院担任职务，等等。在政治权利方面，女性也受到严苛的限制。纳粹上台时，德国议会有30位妇女占有议席，而到了1938年，全德国已经没有一个女议员了。希特勒曾在其自传《我的奋斗》中说："德国的姑娘是国家的臣民；只有当她们结婚时，她才成为国家的公民。"[1] 言下之意，女性只有通过结婚生子才能为国家做贡献，成为国家的公民。这种将女性生命之意义归结为生育的思想还体现在纳粹德国的生育政策中。为了向战争源源不断地输送战士，纳粹政权不遗余力地强化女性作为"母亲"的角色。他们向单身男性和老年未婚女性课以重税，并于1933年颁布了臭名昭著的婚姻贷款法：该法给新婚夫妇1 000马克的贷款，并允许他们为每个孩子保留250马克。因此，如果一个家庭生育了超过3个孩子，就不用偿还贷款。该贷款还要求女性放弃外出工作，它以女方名义获得，但却发放给男方。据统计，有超过30%的新婚夫妇申请了该贷款。在这一政策的推动下，纳粹德国的结婚率有大幅度提升，出生率也显著上升，从1933年的971 174增加到1935年的1 261 273。[2]

在"性的反革命"时期，学术界的探讨也非常不利于女性争取平等。在这一时期，奥地利心理学家弗洛伊德对于性心理的研究影响很大。他从女性的性压抑入手，将女性心理归结为儿童时期就产生的阳具崇拜。弗洛伊德在《歇斯底里症研究》《梦的解析》《性学三论》等著作中系统分析了女性扭曲的性心理，以及她们痛苦的来源。在弗洛伊德看来，女性的一切苦难都源自她们

---

1 Hitler, *Mein Kampf*, trans, Chanberlain, New York: Reynal and Hitchcock, 1960, p. 659.
2 参见[美]凯特·米利特：《性的政治》，钟良明译，第254页。

的身体,她们自恋、被动、自虐,都是因为其身体上的缺失。弗洛伊德的这些看法延续了自亚里士多德以来的下述判断:女性是身体残缺的男性。弗洛伊德以"阴茎嫉妒"来解释女性心理,他认为女性从一出生就是缺失的,而她对"阴茎"的渴望只能通过怀孕生孩子才能缓解。弗洛伊德甚至还根据男女身体上的差异做出了许多不可思议的"科学推断"。例如,他认为一定是男人先发现了火的功能,因为他们具有可以远距离撒尿的器官,也就能够抛弃用尿浇灭火的本能,而女人却做不到这一点。由此,弗洛伊德得出结论:"从纯体质的角度看,女性不可能在增进人类知识方面做出贡献。"[1]这些说法看来是如此荒谬,却披上了"科学"的外衣。弗洛伊德思想的流行对女性运动造成了重大打击。在弗洛伊德的性学理论中,男性压迫女性的两性关系被合理化,"阴茎嫉妒"从根本上否定了女性与男性的平等。弗洛伊德在《性学三论》中指出:"性征不具有内在客体、男性和女性性征具有同等功能等观点已经让位于这样一个假设,即男性和男性性征是衡量一切的标准。"[2]

在制度与思想两方面的阴影笼罩下,女性觉醒的火苗并没有熄灭。法国思想家西蒙娜·德·波伏瓦(Simone de Beauvoir)是第二波女性运动的先驱,1949年她出版了《第二性》一书。此书涵盖哲学、历史、文学、生物学、古代神话、风俗文化等内容,深入分析了两性差异及其由来。波伏瓦认为,女性在几千年中一

---

[1] 参见[奥]西格蒙德·弗洛伊德:《文明及其不满》,严志军、张沫译,杭州,浙江文艺出版社,2019年,第39页及注释29。

[2] 参见孙小光:《弗洛伊德与女性主义——兼论女性文学传统》,载《唐山学院学报》,2007年第3期。

直被当作"客体"而非"主体",成了低人一等的"第二性"。这一观点揭示了女性被剥夺"主体性"的困境。波伏瓦是存在主义哲学的代表人物。存在主义的基本立场是"存在先于本质",亦即,人不是被本质所决定的,人是自由的、开放的,可以有无限可能。在波伏瓦看来,女人的人生也不是被定义的,她们可以有自己的选择,不应该被生理特征、早年经历、经济状况等因素决定。波伏瓦最著名的言论当属:"女人不是天生的,是后天形成的。"[1] 这一说法被看作第二波女性主义者构建"生理性别"(sex)与"社会性别"(gender)之区分的先声。从世界范围来看,法国的女性解放是相对滞后的。直到 1944 年戴高乐临时政府时期,法国女性才获得与男性平等的政治权利。因此,波伏瓦的书一经出版就在法国引发了巨大轰动。一方面,此书大受欢迎,法文版累计销量超过 300 万册,并被翻译成英语、德语、西班牙语、丹麦语、波兰语、葡萄牙语、中文等许多国家的文字,在世界范围内产生了巨大影响。另一方面,该书也遭到多方指责,例如,加缪曾指责此书"败坏了法国男人的名誉",梵蒂冈则将其列为禁书。时至今日,《第二性》一书已成为西方女性的圣经,而波伏瓦则被誉为第二波女性运动的精神母亲。

真正点燃第二波女性运动的著作,是美国作家贝蒂·弗里丹(Betty Friedan)于 1963 年出版的《女性的奥秘》[2]。弗里丹结合自己的经历对美国的家庭主妇、医生、律师、学者、编辑等各行

---

1 [法]西蒙娜·德·波伏瓦:《第二性》,郑克鲁译,上海,上海译文出版社,2014 年,第 359 页。
2 此书英文标题为 *The Feminine Mystique*,中文版译为"女性的奥秘",参见[美]贝蒂·弗里丹:《女性的奥秘》,程锡麟、朱徽、王晓路译,广州,广东经济出版社,2005 年。笔者认为译为"女性的神话"更为合适。

各业人士以及大学的女校友做了广泛调查,披露了在"关于女性的神话"笼罩下美国妇女的真实生活。弗里丹认为,所谓女性的神话、"幸福的家庭主妇",是全社会渲染的虚假形象。这就像纳粹德国的口号"小孩、教堂、厨房"(Kinder, Kuche, Kirche),不过是为了限制女性发展而精心编制的谎言。她鼓励女性找回自我,开创自己的事业,进行创造性的劳动。弗里丹还批评了婚姻和事业不可兼得的思想,倡导男性平等地分担家务劳动,向传统的性别分工(女主内、男主外)发起挑战。弗里丹的思想在西方世界引发了巨大反响。1970年,《女性的奥秘》一书就在英美两国销售了100多万册。在弗里丹的推动下,就业歧视、同工同酬、女性发展的平等机会等问题成为第二波女性运动的核心议题。

这一时期活跃于美国的女性主义者还有凯特·米利特,她撰写了《性的政治》一书。米利特认为,在整个历史的进程中,两性之间的关系就是一种支配和从属的关系,是男人按天生的权力对女人实施的支配。这种关系蕴含着政治的意味。[1]米利特对弗洛伊德、D. H.劳伦斯、亨利·米勒、诺曼·梅勒、让·热内等作家的作品进行了细致的分析,以揭示在人类社会中男性对女性的统治。另一位美国女性主义者舒拉密斯·费尔斯通(Shulamith Firestone)在1970年出版了《性的辩证法》。她认为人类社会最深刻的压迫不是阶级而是性别,而女性之所以受到奴役和压迫,其根本原因在于生育。孕产期的女性很脆弱,需要依靠男性,而人类婴儿的生长发育比其他动物需要更长的时间,这也加深了女性的脆弱性。费尔斯通认为,除非发明体外生殖的技术,女性

---

1 参见[美]凯特·米利特:《性的政治》,钟良明译,第38页。

不可能得到彻底解放。费尔斯通实际上表达了与波伏瓦相反的主张，虽然她们两人都反对将生育作为女性天然的职责。[1] 在费尔斯通看来，女人是被其身体决定的，两性之间的不平等是由其身体特征和功能决定的。费尔斯通的观点也催生了主张女性不要生育的"不生育主义"，一些女性认为只有不生育才可能获得真正的平等。她们列举了不生育的各种好处：更充裕的时间，避免对身体的损伤，更独立、自由的生活，等等。米利特和费尔斯通都是激进女性主义的代表，她们质疑女性与男性合作的可能性，主张以"女性主义革命"推翻男性的统治。

第二波女性主义运动不仅发生在美国，也波及英国、法国等西欧国家。1970年，英国女性主义者希拉·罗博瑟姆（Sheila Rowbotham）出版了《解放与新政治》；1971年，朱丽叶·米切尔（Juliet Mitchell）出版了《妇女地位》。这两本书呼应了当时正在兴起的英国妇女解放运动。1970年，生于澳大利亚的英国女性主义者杰梅茵·格里尔（Germaine Greer）出版了《女太监》一书，格里尔认为，女性被囚禁在传统教育的"牢笼"中，而消费市场和浪漫爱情的双重推力则使得女性成为"被阉割"的人，失去了原有的活力，成为男人的附庸。格里尔还贬低爱情的价值，将爱情当成一种病，是"受害者对强奸犯的回答"。《女太监》一书一经出版即成为畅销书，是20世纪七八十年代澳大利亚青年女性的"人生指南"。在第二波女性运动中，《女太监》《女性的奥秘》《第二性》《性的政治》这四本书被称为"女权运动四大圣经"。

---

[1] 波伏瓦认为，"母性是使女性成为奴隶的最技巧的方法"。参见李银河：《女性主义》，第48页。

除了思想界的知识生产外,女性主义者们还开展了声势浩大的社会运动。在 20 世纪 70 年代末,仅英国就有 9 000 个妇女组织。美国、加拿大、法国等国的女性也开展了不同形式的抗议和游行活动。从 1969 年开始,英国女性一直在进行小规模的集会,她们明确表达了自己的诉求:同工同酬、教育平等、机会均等、24 小时托儿所、自由避孕,以及自主堕胎。这些都是第二波女性主义的主要议题。在美国,为了推动女性走出家庭,弗里丹与其他一些女性在 1966 年创立了美国全国妇女组织(National Organization for Women),该组织的宗旨是:"使妇女完全融入美国当下社会的主流,享有由与男性真正平等的伙伴关系所带来的平等权利与责任。"[1] 在 1968—1969 年期间,在"美国小姐"选美现场发生了数次抗议活动。抗议者认为,选美将女性客体化,以男性视角审视女性,将女性视作满足男性需求的物品。她们给一只羊加冕,还设立了"自由垃圾桶",鼓励女性扔掉假睫毛、腹带、乳罩等取悦男性的女性用品。一时间,"烧乳罩"成为女性主义者的象征。1970 年,苏珊·布朗米勒(Susan Brownmiller)出版了讨论强奸的专著《违背我们的意愿》,指出强奸的潜文本不是性而是权力,是男人在女人身上行使绝对的权力。这本书也将美国女性运动引向对"性""色情作品"等问题的讨论。在第二波女性运动中,一些国家还出现了"提高觉悟小组"运动。女人们聚在一起讲述自己的不幸遭遇和情感经历,并用女性主义思想分析这些经历,相互鼓励以建立更为平等的两性关系。

第二波女性运动是在世界各国女性已经取得与男性平等的政

---

[1] [英]玛格丽特·沃特斯:《女性主义简史》,朱刚、麻晓蓉译,第 170 页。

治权利的背景下发生的。因此,她们的关注点主要在社会生活和文化环境方面,主要诉求是进一步推进女性在教育、就业、晋升等方面的机会平等,以及在家庭中的地位平等。这一时期的女性主义者致力于将女性从传统社会的贤妻良母角色中解放出来,她们确立了"生理性别"与"社会性别"的区分。她们中的大部分人反对生理决定论,反对以两性的生理特征来论证性别不平等。换言之,在获得与男性同等的政治权利的前提下,女性还要在经济、社会、文化、家庭角色等方面取得与男性同等的自由与地位。在社会环境方面,随着第二波女性运动的推进,女性外出工作已经成为一个不争的事实。世界上许多国家的大部分女性都与男性一样外出工作,女性的天职是生儿育女的观念被彻底抛弃。在家庭生活方面,女性主义者试图打破公私领域的传统划分。从亚里士多德对"家政学"与"政治学"的划分开始,私人领域与公共领域被人为地区分开来。公共领域是受到国家权力管辖的领域,而私人领域则是由"家长"管辖的领域。这一划分决定了女性在家庭中受男性支配的不平等地位。男性凭借其体力上的优势成为一家之主,在家庭这层遮羞布的掩盖下,暴力、强迫、精神虐待都可能发生在女人和儿童身上。这使得女性权利受到极大威胁。要更好地保护妇女和儿童的权利,就必须打破公共领域与私人领域的二分,以法律的形式对家庭内部的暴力和权利侵犯进行制约。卡罗尔·汉尼斯克(Carol Hanisch)于1969年首次提出了"个人的即政治的"(the personal is political),这成为第二波女性运动的政治口号。

多元化的女性运动

第一波女性运动的核心是追求两性在政治权利上的平等，第二波女性运动主要着眼于两性在经济、社会、文化、家庭等更广泛领域的平等。与第一波和第二波女性运动强调"两性趋同"相反，第三波女性运动强调两性之间的差异。一些女性主义者开始推崇女性特征，甚至主张优待女性。正是由于第三波女性运动对女性特征以及多样性的推崇，这一时期涌现出世界不同地区、不同阶层甚至是不同性取向的多元化的女性群体，其中包括黑人女性主义、第三世界女性主义、后现代女性主义等不同流派。

女性运动最开始是由欧美国家女性主导的，这势必忽略了其他阶层、其他种族以及其他国家女性的利益和诉求。在女性运动历程中，这一问题逐步显露出来。从20世纪80年代开始，美国黑人女性以及亚非拉许多国家的女性纷纷以自己的方式提出诉求或进行抗议，极大地丰富了女性主义的形式和内涵。美国是第一波和第二波女性运动的主要阵地，而美国的女性运动正是脱胎于19世纪30年代的废奴运动。黑人女性从一开始就是美国女性运动的重要力量。例如，南方蓄奴家庭出身的姐妹萨拉·格里姆克（Sarah Grimké）和安吉丽娜·格里姆克（Angelina Grimké）是热情的废奴运动者，也是女性主义者。1836年，安吉丽娜发表了《致南方基督教妇女的呼吁书》，两年后又发表了《两性平等信札》，愤怒地反驳了批评她有违妇道的言论。然而，在斗争过程中，白人中产阶级女性与黑人女性却渐行渐远。

1984年，美国黑人女性贝尔·胡克斯（bell hooks）出版了《女权主义理论：从边缘到中心》一书，批评了贝蒂·弗里丹《女性的奥秘》一书所展现的美国女性运动的狭隘视野。胡克斯认为，受压迫最深重的女性从未得到为自己说话的机会。女性主义理论应该包括对黑人妇女境况的解释。她甚至认为，如果黑人妇女获得了自由，那就意味着人人都获得了自由。因为，黑人妇女处在社会最底层，承受着性别歧视、种族歧视和阶级歧视三重压迫。胡克斯是黑人女性主义的代表。这一流派产生于20世纪70年代，最初活跃于人文科学领域，然后是社会科学领域。她们指责黑人研究和妇女研究忽视黑人妇女，主要代表人物有洛里斯·赫尔、艾丽斯·沃克尔、玛丽·戴利、伊丽莎白·胡德等。黑人女性主义的思想激发了美国黑人女性的热情，1970年，以T. C. 班巴拉主编的文选《黑人女性》出版为标志，黑人女性运动正式拉开帷幕。1973年，美国全国黑人女性主义组织（National Black Feminist Organization）成立。次年，康比河公社（Combahee River Collective）发布《黑人女性主义声明》。托妮·莫里森、A. 洛德、A. 沃克、M. 华莱士等作家和知识分子通过写作与教学，致力于构建黑人女性的知识与话语主体地位，抵制欧美主流女性主义的文化霸权，同时反抗性别歧视和其他形式的剥削与压迫。

与美国的黑人女性主义者类似，亚非拉等国家的许多女性也认为，欧美中产阶级女性忽视了更高、更广泛的女性诉求。她们甚至抵制"女性主义"这一概念。因为，女性主义的主流政治言说并不能处理各国妇女面对的阶级、种族、种姓、宗教、殖民主义等复杂的社会境况。例如，印度妇女可能受到种姓制度的困扰，伊朗女性可能受到伊斯兰教的严厉限制，而拉丁美洲、非洲以及亚洲的一些妇女则生活在殖民主义的阴影之下。这些国家的妇女运动时常被称为"第三世界女性主义运动"。然而，一些学者认为,"第三世界"的说法有贬低相关国家的嫌疑,所以也常将其称为"后殖民女性主义",具体指的是拉丁美洲、加勒比海地区、撒哈拉沙漠以南的非洲地区、南亚及东南亚、中国、南非和大洋洲的女性运动。以拉丁美洲的墨西哥为例,在1910—1918年反对波菲里奥·迪亚斯独裁统治的斗争中,女人们纷纷拿起武器,成为荷枪实弹的战士。在知识界,埃米拉·加林多·德托佩特(Hermila Galindo de Topete)创办了《现代妇女》杂志,呼吁赋予女性平等的受教育权和选举权。经过艰苦卓绝的斗争,到1927年,墨西哥妇女获得了平等的公民权,而到1952年她们才最终获得选举权。类似地,秘鲁、巴西、波多黎各等拉美国家和地区的女性也都进行了争取性别平等的政治运动。1975年,联合国在墨西哥召开了国际妇女年世界会议,进一步加强了世界各国女性的团结。从1981年开始,拉美国家及加勒比海地区的妇女每三年聚会一次,每次在不同的国家,哥伦比亚、秘鲁、巴西、墨西哥、阿根廷、萨尔瓦多和智利都曾主办这一会议。

在亚洲伊斯兰教背景的国家,女性出门是否应戴面纱成为引发争议的焦点。一种观点认为,佩戴面纱是对女性的束缚,而另一些人则认为,佩戴面纱具有解放性,因为戴着面纱女性可以观察她周围的环境,而不是成为被观察的对象。许多穆斯林妇女都乐意摘下面纱,而一些土耳其女性则认为,恰恰是面纱使得她们能够进入公共领域,让她们可以自由地从事教师、医生等职业。最极端的情况是在沙特阿拉伯和阿富汗,那些地区的妇女被强制戴上厚重的面罩。在没有男性亲属陪同的情况下,女性不能随意上街,旅游和工作都必须征得男性家属的同意。伊朗也是一个有着伊斯兰教背景的国家,但伊朗女性很早就展开了一系列争取平等权利的运动。1911年，埃及女作家卡西姆·阿明（Ghassem Amin）的《妇女解放》被翻译成波斯语；1931年，伊朗妇女获得了在某些情况下提出离婚的权利；1936年，第一批女大学生进入德黑兰大学；1962年，妇女争取到选举权和担任公职的权利。然而，在1979年后，伊朗的妇女解放运动遭受重创，女性地位逐步下降。在这一年，伊朗的最高宗教领袖阿亚图拉·霍梅尼要求为政府工作的妇女佩戴面纱，同时解雇女性法官，废除家庭保护法（剥夺了妇女提出离婚的权利），禁止避孕和堕胎。虽然在霍梅尼去世后，女性的境况有一些好转，但即使到今天，伊朗社会中依然存在对女性的不平等对待。例如，女性要想离婚非常困难，儿子满2岁、女儿满7岁后父亲享有法定监护权；"石刑"[1]依然是一种合法的刑法，等等。

中国的妇女解放运动

中国的妇女解放运动是世界女性运动的重要组成部分，中国妇女的解放与20世纪中国革命的历程息息相关。可以说，中国妇女在解放自身的过程中投入中国的革命事业，迎来了新中国的成立。下面，我将具体阐述在维新变法、辛亥革命、民国初期、国共对峙、抗日战争及解放战争6个阶段中女性为解放自身而进行的抗争，以及为中国革命做出的贡献。

---

[1] 针对通奸者的刑罚，通常把男性的腰以下部位、女性的胸以下部位埋入沙土中，施刑者向受刑者反复扔石块直至将其砸死。在实际判罚中大多被实施于女性通奸者。

维新变法时期

中国女性的觉醒发生在清末维新运动时期。康有为、梁启超、谭嗣同等维新派人物在引入西方政治制度的同时，也将男女平等的思想带入了中国。男女平等是康有为《大同书》的核心内容之一。康有为指出，男女之间没有本质差异，按照天赋人权的理论，男女应同等享受天赋之权。他还提出了设立女学，允许妇女参加选举、担任官职，允许女子自由交游，婚姻自由，革除缠足陋习等具体措施。梁启超也极力主张男女平等。他指出女性受教育与国家的强盛息息相关。女子如果无学识、无职业，只能成为国家的负担。1897年，梁启超发表《倡设女学堂启》，把相夫教子、宜家善种作为贤妻良母的标准，将"贤妻良母"作为女子教育的核心内容，在女性普遍没有接受教育的情况下，这具有一定的进步意义。但从今天的角度看，梁启超仅从家庭和国家利益角度倡导性别平等，没有从女性自身发展的角度看问题，带有历史局限性。

在维新运动时期，戒缠足和兴办女校成为女性运动的核心内容。1883—1897年期间，康有为、康广仁、陈默庵、梁启超、汪康年等先后在广东省南海县及顺德县、上海市等地创办不缠足会，有超过30万人参加，影响巨大。随后，戒缠足运动在全国兴起，长沙、广州、福州、天津、苏州、澳门等地也都成立了戒缠足团体。1898年8月，"百日维新"期间，光绪皇帝发布不缠足上谕。一个月后，维新运动失败，不缠足运动陷入困境。

早在维新变法之前，西方传教士便拉开了我国近代兴办女学运动的序幕。1844年，英国传教士玛丽·安·爱尔德赛（Mary

Ann Aldersey）在宁波创办宁波女塾，这是近代中国第一所女子学校。1847—1860年，教会在5个通商口岸创办11所女子学校。1876年，传教士在中国创办的女日校有82所，女寄宿学校39所，学生2 000多人。1878—1879年，天主教会办的女校仅江南一带就有213所，学生达2 791人。西方传教士在中国创办的女校中，最著名的是1892年在上海成立的中西女塾，以其规模和影响力而为世人瞩目。在维新运动的高潮中，中国人自己也开始兴办女学。1898年，经元善在上海创办"经正女学"，这是中国人创办的第一所女子学校。

这一时期还出现了一些女性组织。1897年，中国女学会在上海成立，该学会还创办了近代中国第一份妇女报刊《女学报》。该报纸成为妇女解放运动的阵地，曾刊登王春林的《男女平等论》和康同薇（康有为之女）的《女学利弊说》等文章，呼吁赋予女性平等的权利。该报的女性作者们还将女性平等与国家兴亡联系起来，提出"天下兴亡，匹妇亦有责"的口号。然而，在戊戌变法失败后，《女学报》被停刊，女性运动陷入低谷。

20世纪初期，西方女性主义思想开始被引入中国。其中，马君武翻译了密尔的《妇女的屈从地位》、斯宾塞的《女权篇》、第二国际的纲领性文件《女权宣言书》等重要著作，为中国妇女的解放提供了理论武器。1903年8月，金天翮撰写的《女界钟》由上海爱国女校发行，这是近代中国第一部论述妇女问题的专著。作者第一次喊出了"女权万岁"的口号，反驳了女子不能参政的各种言论，建议在中国成立议政院，女子可以成为议员，甚至可以担任大总统之职，同时呼吁广大妇女行动起来，推翻专制的清政府，实现共和。考虑到当时还处在封建王朝的统治之下，金天翻的思想可谓非常先进。《女界钟》一书也被誉为中国女性觉醒的"晨钟"（柳亚子语），而金天翮则被称为中国"女界的卢梭"。

辛亥革命时期

在辛亥革命前夕，男女平权的思想进一步深入人心。1905年，孙中山在日本东京组建中国同盟会，《同盟会宣言》提出："我汉人同为轩辕之子孙，国人相视，皆伯叔兄弟诸姑姊妹，一切平等。"1906年的军政府宣言明确规定禁止畜养奴婢和妇女缠足。1912年，孙中山颁布《大总统令内务部禁止买卖人口文》，明令禁止买卖人口。

这一时期，兴办女学仍然是女性运动的主要内容。1902年，蔡元培在上海创办爱国女学，突破了先前的"贤妻良母"思想，主张培养独立女性，以先进的科学文化知识教育女性。中华民国成立后，在蔡元培的主导下，南京临时政府颁布《普通教育暂行办法》，实行初等小学男女同校，学习同样内容，后来还设立了女子高等小学、女子中学、女子师范及女子高等师范学校等，形成了较为完备的女性教育体系。另外，蔡元培还提出男子不娶妾、男死后女可再嫁、夫妇可离婚等先进思想。

在蔡元培、陈范、吴亚男、陈撷芬等人的带动下，兴办女学和戒缠足等女性运动又在全国活跃起来。上海、北京、天津、南京、汉口、长沙等地先后创办女学堂。除了蔡元培等人创办的上海爱国女学外，较为著名的还有陈婉衍和童同雪创办的宗孟女学堂；张君竹创办的育贤女学和女工艺厂；吕碧城和英敛之创办的北洋女子公学，等等。当时还发生了轰动一时的"惠兴殉学"事件。满洲八旗人惠兴因办学经费缺乏、学校难以为继而服毒自杀。在她的感召之下，人们纷纷捐款办学。前工部郎中的夫人慧仙倾其所有，将2.5万两白银捐献出来办学。据统计，1908年，全国女校已增至512所，其中官办占31%，民办占69%。1906年，全国女学生306名；1907年，全国女学生1 853名；1908年，全国女学生2 679名；1909年，全国女学生12 164名；1915年，全国女学生180 949名，占所有学生数量的4.3%。[1]与此同时，女子留学教育也开始起步。尤其是在1908年，美国退还庚子赔款资助中国学生留美，大大促进了中国学生的留学教育。到1917年，已有200名中国女性留美学生。

1901—1911年期间，妇女团体达40多个，主要分布在北京、上海、天津、日本东京等地区。其中包括反帝反封建的女性组织，例如共爱会、对俄女同志会、女国民拒款公会、上海女界保路会、四川女子保路同志会、安徽女诚路况保存会等。也有提升妇女能力的组织，例如女子兴学保险会、世界女子协会、妇女宣讲会、卫生讲习会、中国留日女学生会、女界自立会、女子教育会等。还有以改良风俗为主旨的团体，例如中国国民妇女禁烟会、中国妇女改良会等。还有女性慈善团体，例如中国妇人会、贵州妇女爱国会、女学慈善会等。这些女性社团积极倡导女性活动，创办了《女学报》《女子世界》《中国女报》《中国新女界杂志》《女子白话旬报》《神州女报》《万国女子参政会旬报》等女性刊物，涌现了陈撷芬、秋瑾等一批著名的女性活动家。

---

[1] 参见中华教育改进社编：《中国教育统计概览》，上海，商务印书馆，1924年，第5页。

在帝国主义列强试图瓜分中国的危难时刻，中国妇女举起爱国主义大旗，进行了一系列反帝反封建斗争。她们发动了反对沙俄吞并我国东三省的拒俄运动；反美爱国运动，以抵制美货的方式反对与美国续订新约；收回利权运动，收回由列强控制的铁路和矿山的自主经营权，等等。更有秋瑾、尹锐志、尹维俊等人参加了推翻清政府专制统治的辛亥革命。秋瑾是光复会成员，于1907年5月组建光复军八军。1907年7月13日，秋瑾被清军俘获，但她始终没有透露任何机密，只写下"秋风秋雨愁煞人"七字。15日，秋瑾被杀害于绍兴轩亭口。孙中山尊其为"巾帼英雄"。

1911年，武昌起义爆发后，湖北年仅19岁的女学生吴淑卿上书黎元洪，要求允许妇女从军，并由此获准招募一支100余人的军队，这成为辛亥革命时期第一支女子军队——湖北女子北伐队。自此，许多女子武装力量被建立起来，例如女子军事团、女子尚武会、同盟女子经武练习队、广东女子北伐队等等。除了直接参与战斗外，这一时期的进步女性还积极参加战地救护。红十字会中女性占到约半数。唐群英和张汉英在上海成立女子后援会，专门从事募捐活动。总之，在辛亥革命中，男女并肩作战，女性做出了巨大贡献。孙中山给出的评价是："此次革命，女界亦与有功。"

辛亥革命后，女性参政问题被提上议程。妇女们积极参与革命运动，理应获得与男性平等的参政权利。然而，现实却很残酷。虽然许多女性多次尽力争取，但她们依然没有获得与男性平等的政治权利。为了取得参政权利，1912年，5个女性团体在南京联合组成女子参政同盟会，成员约200人，唐群英任会长。该团体的宗旨就是要实现宪法中明文规定的男女一律平等，实现女性的选举权和被选举权。在南京临时政府参议院制定《中华民国临时约法》期间，唐群英等人多次上书，重申参政要求。1912年3月11日，《临时约法》正式公布，但并没有对男女平等和女子参政做出规定。这引发了唐群英等人的强烈不满。3月19日，当南京临时参议院开会期间，唐群英等人进入议事厅，要求将女子参政权写入《临时约法》，但被议员们拒绝。20日，唐群英等人再次到临时参议院表达诉求，遭卫兵阻拦，唐群英等人打碎参议院玻璃，造成轰动一时的大闹参议院事件。在此之后，虽然有孙中山从中斡旋，赋予女性参政权的诉求仍未达成。1912年8月下旬，同盟会改组为国民党，并删去了原纲领中"男女平等"条款，这更是激起了同盟会女会员的强烈反对。1912年3月10日，袁世凯在北京就任临时大总统，开始了北洋军阀统治时期。1912年9月，袁世凯下令"尊崇伦常"，提倡礼教，宣扬女性的"三从四德""贞操节烈"思想。一系列复古倒退政策使得中国的女性运动跌入低谷。中国女性第一次妇女参政运动以失败告终。

民国初期

辛亥革命后，民主共和的思想深入人心。为了反抗北洋军阀推行的尊孔复古逆流，陈独秀、李大钊、蔡元培等先进知识分子在思想文化界掀起了新文化运动。在新文化运动中，男女平等的思想再次被点燃。陈独秀、胡适、鲁迅等人纷纷在《新青年》上讨论与女性解放相关的话题。1918年，《新青年》还推出"易卜生号"，将挪威作家易卜生的《娜拉》（又译《玩偶之家》）介绍给中国读者。这一时期，俄国女性运动的情况和成果也随着马克思主义思想而传入中国。1919年4月，上海《民国日报》介绍了列宁《在全俄女工第一次代表大会上的讲话》。李大钊发表了《战后之妇人问题》《妇女解放与Democracy》等文章，将妇女解放与民主运动紧密联系在一起。1919年，毛泽东开始接触到马克思主义思想，从7月到12月，他公开发表13篇与妇女问题相关的文章，主张妇女取得经济独立，并强调妇女的联合。

1919年5月4日，五四运动爆发。当天，由于校方封锁校门，北京女子高等师范学校的女学生未能参与游行。当晚，得知有男学生被捕后，一些女学生冲出校门，到监狱外示威。5月7日，由女高师发起，协和女医校、协和女子大学、贝满女子中学、第一女子中学等10余所学校的代表40多人，成立了北京女学界联合会。6月4日，愤怒的女学生终于冲破校门，奔赴天安门，要求政府拒绝签署合约，立即罢免曹汝霖、章宗祥、陆宗舆三个卖国贼。

五四运动的消息传到天津后，直隶第一女子师范学校的学生迅速组织起来，在她们的带动下，天津女界爱国同志会成立。刘清扬当选会长，张若名为评议部部长，郭隆真、邓颖超为讲演队长。该组织是天津妇女独立开展政治斗争的女权运动组织，创办了《醒世周刊》《平民半月刊》等杂志，宣传妇女解放思想。当时在天津直隶第一女子师范学校读书的许广平担任《醒世周刊》的主编。在上海，许多女校学生参加了罢课等抗议活动。5月26日，14所女校学生参加罢课宣誓大会。她们与男生一起罢课，走上街头进行爱国宣传，抵制日货。在女学生的带动下，上海的女工也加入了罢工抗议的队伍。当时上海的妓女、女艺人也开始罢唱、罢演，并为学生运动捐款。五四运动激发了中国女性争取平等权利的斗志。这一时期的女性运动取得了巨大成效。在教育权方面，北京大学、南京高等师范学校、广东高等师范学校、东南大学、南开大学、中国大学、厦门大学等学校开始招收女性学生，实行男女同校。1922 年前后，中学男女同校的风气也开始出现，但女学生的比例仍然很低，在 1925 年，全国中学达 687 所，学生 13 万人，其中女生 7 956 人，仅占 6%。[1]

1921 年 7 月 23 日，中共一大召开，中国共产党宣告成立。李达的夫人王会悟是唯一的女性参会者。会议决定改组上海中华女界联合会，作为临时的中央妇女机构。1921 年 12 月，《新青年》刊登上海中华女界联合会的改造宣言、纲领和章程，主张男女的平等权利，以及女工和女童的基本人权。1922 年 7 月，中国共产党第二次全国代表大会通过《关于妇女运动的决议》，这是中国历史上第一次以政党名义提出的妇女运动决议，表明共产党将妇女运动纳入社会运动之中。在共产党的推动下，各地的女工运动逐渐开展起来。1922 年，全国主要城市中 60 多个工厂的 3 万余名女工举行了 18 次罢工。[2] 中共一大后，陈独秀和李达开始创办平民女校，当时的共产党员为女校义务授课，讲解马克思主义思想和政治时事。为了宣传妇女解放，共产党还创办了《妇女声》等刊物，中共中央的机关报《向导》也为妇女特设栏目，发表与妇女运动相关的重要文章。共产党还非常重视发展女党员，缪伯英、刘清扬、杨开慧、向警予等人成了最早的女党员。

在第一次国共合作期间，女性参政问题也取得了较大进展。

---

[1] 参见肖扬主编：《中国妇女运动百年简史》（上），北京，中国妇女出版社，2009 年，第 50 页。

[2] 参见上书，第 66 页。

1924 年 1 月，国民党通过《中国国民党党章》，该文件在中国历史上第一次明确规定妇女参政比例，全国代表大会"……妇女当选名额应不低于代表总名额四分之一"。这成为此后女性争取平等参政权的纲领性依据。1924—1925 年期间，女性争取参政权的运动日益高涨。1925 年 3 月 1 日，在国共两党的推动下，国民会议促成会全国代表大会在北京召开，包括邓颖超、刘清扬、曾醒等来自 15 个地区的 26 名妇女代表参加了会议。她们提出了"妇女在政治上、经济上、法律上、教育上、职业上绝对与男子享受同等权利"等 8 项要求。

国共对峙时期

在 1927—1937 年国共对峙时期，共产党在革命根据地深入开展劳动妇女运动，重点关注农村女性的相关问题，例如继承权、土地权、离婚权、多妻制、童养媳、买卖妇女等。1931 年 11 月，中华苏维埃第一次全国代表大会在江西瑞金召开，大会通过了《中华苏维埃共和国宪法大纲》。《宪法大纲》第四条规定"……凡上述苏维埃公民在十六岁以上皆享有苏维埃选举权和被选举权"，肯定了男女拥有平等的参政权，法律面前一律平等。1934 年 4 月 8 日中华苏维埃共和国中央执行委员会颁布《中华苏维埃共和国婚姻法》，肯定了结婚自由、离婚自由、一夫一妻制，并在离婚问题上实行保护妇女的政策。在促进女性参政方面，共产党非常重视女干部的培养。1933 年发布的《中华苏维埃共和国中央执行委员会训令第二十二号》规定，"至少要使有占百分之二十五的劳动妇女当选"，而各级党和政府开办的党校、团校、干部学校、红军军校、苏维埃大学中都要有一定数量的女学员。

1930—1934年，国民党当局对农村革命根据地发动了五次大规模军事"围剿"，大量男子参加战斗，许多女性参与了根据地的生产劳动。为了解决女性劳动的后顾之忧，根据地还模仿苏联建立了托儿所。到1934年，兴国、瑞金参加生产劳动的妇女达到2万人以上，许多小脚妇女也参加了劳动。与此同时，妇女们还积极学习，组织了妇女识字班、田间识字班、妇女半日学校和俱乐部等。对于儿童的教育，1934年，江西、福建、粤赣三个省建有3 052所小学，学生89 719人。其中，兴国县学龄儿童20 969人，女童入学率达44.8%。

1934年，中央苏区第五次反"围剿"失败，红军开始了二万五千里长征，有许多女战士参加了长征。她们负责护理和转移伤员、宣传、运输、运粮、发动群众等许多工作。值得一提的是，后来成为中华人民共和国第一位女将军的李贞，当时任红二方面军政治部组织部副部长，在红军长征中发挥了重要作用。女战士们和男子一样，爬雪山、过草地，还要克服生理上的特殊困难，有的女战士因此患上妇科疾病，甚至终生不育。

抗日战争时期

在抗日战争时期，中国妇女掀起了反抗日本侵略者的爱国运动。"九·一八"事变发生后，北平、天津、济南、青岛等地许多女学生多次游行请愿，要求国民政府宣战。在共产党的影响下，左翼文艺界人士奋笔疾书，号召人民抵抗日本侵略者。女作家萧红的小说《生死场》描述了日军占领下的东北农村，反映了沦陷区女性的悲惨生活。

1936年2月，共产党发表《东北抗日联军统一军队建制宣言》，东北各抗日武装力量陆续改编为抗日联军。1936年6月，抗日联军建立妇女团、妇女队和妇女班，许多女性加入了抗击日军的战斗。她们中有步兵、骑兵、侦察兵、通信兵、机枪手、报务员，涌现出许多巾帼英雄。赵一曼就是她们中的杰出代表。1934年，党派她到珠河中心县委，发动群众抗击日军。她英勇善战，立下赫赫战功。1935年，赵一曼率领的部队被日军包围，终因寡不敌众，受伤被俘。但无论敌人施以何种酷刑，她坚贞不屈，最终从容就义。同样令人景仰的还有"八女投江"的英雄事迹：1938年秋天，刚分娩两个月的冷云率7名女战士掩护东北抗联部队突围，为了不让部队返回营救她们，8位女战士义无反顾地走向冰冷的乌斯浑河，壮烈牺牲。她们是：冷云、胡秀芝、杨贵珍、郭桂琴、黄桂清、王惠民、李凤善、安顺福。在淞沪抗战中，上海、南京的知识女性、女学生等各界妇女也积极开展募捐、宣传、慰劳伤员、抵制日货等抗日救亡运动。一些妇女还奔赴前线直接参加战斗。宋庆龄、何香凝等知名人士以最大努力支持国民党十九路军抗战。

由于不满国民政府推行的"攘外必先安内"的政策，1935年12月9日，北平学生举行了抗日救国示威游行。市立女一中、北平师范大学、中国大学及东北大学许多学校的女学生参加了游行。1935年底，在北平共产党和平津学联的领导下，平津两地大中学生组成宣传团，南下为老百姓宣传抗日救亡。由此掀起了全国性的游行请愿活动。在"一二·九"学生运动的推动下，各阶层妇女纷纷走出家庭，参与抗日救亡运动。上海、北平、天津等地纷纷成立妇女救国会，要求国民党停止内战，与共产党谈判，建立统一抗日政权。

1937年卢沟桥事变后，抗日战争全面爆发。国共两党再次合作，联合抗日。在这一时期，在根据地和国统区都建立了许多妇女抗日组织。1938年5月20日，宋庆龄以个人名义邀请各党派和各界妇女领袖在庐山会晤，这就是著名的"庐山妇女谈话"。与会者有国民党方面的沈慧莲、唐国桢等，救国会的史良、沈兹九、刘德扬，基督教女青年会的张蔼真、邓裕志、陈纪彝、刘玉霞，还有爱国教育家、著名学者、社会名流，如李德全、吴贻芳、俞庆棠、雷洁琼、曾葆荪、劳君展等，以及中共代表孟庆树等。会议通过了《告全国女同胞书》和《妇女抗战建国大纲》，对全国妇女联合抗日起到巨大的推动作用。

在抗日根据地，共产党将解除对妇女的封建束缚与动员妇女支援抗战结合起来，一方面组织妇女学习，另一方面宣传抗战。在解除妇女束缚方面，不仅教妇女识字、剪发、放足，而且帮助妇女解除不合理的婚姻关系，解救被丈夫打骂的妇女。1939年，陕甘宁边区政府相继颁布《陕甘宁边区婚姻条例》和《陕甘宁边区禁止妇女缠足条例》，禁止包办买卖婚姻，禁止童养媳，禁止纳妾，禁止缠足，实行一夫一妻制等。另外，1939年7月20日，共产党在延安创办根据地第一所专门培养妇女干部的学校——中国女子大学，第一批学生有500多人，到1940年底发展到近千人。与此同时，一些根据地还创办了妇女刊物，如《中国妇女》《根据地妇女》《鲁西妇女》《山东妇女》等。除了参加劳动、发展生产外，根据地的妇女还积极投身武装斗争。1937年组建的八路军学兵队女生区队有120多名女学生。1938—1940年，新四军教导总队女生队培训女干部200多人。这些女学员都陆续奔赴战场，参加抗日战斗。1938年，陕甘宁边区有女自卫军1万多人，一年内就发展到4.6万人。1940年，陕甘宁、晋察冀、晋冀鲁豫和山东的部分地区，有女自卫队员超过158万人。

抗日根据地的妇女还积极参政议政。抗日根据地的最高权力机关是边区、县、乡三级参议会，均由直接选举的参议员组成。1937年7月，陕甘宁边区进行了第一次民主选举。为了宣传民主选举，边区政府采取"投豆子"（选谁就在谁的后面放一颗豆子）、"烧洞洞"（选谁就在谁的名字下用香烧个洞）等方法进行投票。据统计，1941年共选出乡级女参议员2 005人，县级167人，边区一级17人。[1]继陕甘宁边区之后，晋察冀边区、晋冀豫根据地、山东根据地、华中地区等都采用民主选举，许多女性当选政治代表，也涌现出不少优秀的女性干部。例如，中共和含中心县委和舒城县委全部由女同志组成；江都县11个区委书记中有9个是女性；在苏南茅山，女性担任县以上领导职务的就有10人以上，等等。

与此同时，国统区的妇女也积极抗战。她们组织后援会、救护队、慰劳队、宣传队，一方面到前线慰劳抗日将士、救治伤员，另一方面积极为抗战募捐。1940年，宋霭龄、宋庆龄、宋美龄三姐妹共赴前线慰劳抗日将士，给士兵们带去大量医疗用品。各地妇女也都组成战地服务团，随军转战各战区。1937年9月，女作家谢冰莹组织湖南妇女战地服务团，奔赴淞沪战场，随国民党第四军转战嘉定、苏州等地。抗战时期，文艺界女性积极宣传

---

[1] 参见肖扬主编：《中国妇女运动百年简史》（上），第175页。

抗日。她们传唱抗日歌曲，演出抗日戏剧，进行抗日演讲。许多著名的抗日歌曲如《义勇军进行曲》《救亡进行曲》《大刀进行曲》被广泛传唱。文艺界妇女还通过小说、散文、话剧、电影等形式反映日军的侵华暴行，歌颂抗日将士不怕牺牲的精神。许多优秀的女文艺工作者脱颖而出，例如白杨、秦怡、张瑞芳、舒绣文等。

许多国际友人也加入中国的抗日斗争，美国女性明妮·魏特林（Minnie Vautrin）在南京大屠杀期间保护妇孺，被难民尊为"活菩萨"，民国政府授予其外侨的最高荣誉——蓝、白、红三色襟绶彩玉勋章。美国记者艾格尼丝·史沫特莱（Agnes Smedley）撰写了《中国在反击》《中国的战歌》等大量作品向全世界揭露日军暴行，展现中国人民抗击外敌的艰难历程。1938年，史沫特莱多方筹款，在新四军后方建立起中国军队的第一支现代医疗队伍，组织慰问和救治伤兵，被誉为"中国伤兵的母亲"。日本作家绿川英子撰写大量反战文章，批评日本军国主义，还参加中国电台对日播音，进行反战宣传，号召日军战士临阵反戈。

在抗日战争时期，进步女性再次争取平等的参政权，掀起了席卷全国的妇女宪政运动。1939年11月12日，第一次宪政与妇女座谈会召开，史良、刘清扬等出席了会议。大会通过了《宪政与妇女讨论大纲》。1940年1月17日，延安妇女界宪政促进会成立，选举丁玲、张琴秋、孟庆树、郭明秋等47人为理事，并于3月发表告全国妇女同胞书，号召全国妇女团结起来，共同促进民主宪政的早日实现。1945年2月13日，重庆妇女界104人联名发表《重庆妇女界对时局的主张》，呼吁政府实行民主，强调妇女必须从事各项工作，努力完成建国大业。同年"三八"妇女节,李德全、刘清扬、史良、刘王立明等人在《新华日报》发表谈话,再次表达要为实现民主而斗争到底的决心。然而,由于国民政府对女性参政一事设置了重重障碍,中国女性在抗日战争时期始终没有取得平等的参政权。

解放战争时期

抗战胜利后,蒋介石一面做出和平姿态,一面积极准备内战。1945年10月10日,国共签署"双十协定",确定和平建国的基本方针。随后,以民盟为核心的一批民主党派纷纷建立或改组,许多进步女性在其中发挥了核心作用。史良等人参与改组全国各界救国联合会,胡子婴、罗叔章等人参与组建中国民主建国会,雷洁琼、许广平在中国民主促进会的创建中发挥了重要作用,劳君展则协助许德珩等人在重庆成立了九三学社。

在内战全面爆发之前,许多进步女性以游行抗议等方式反对内战。1945年12月1日,国民党当局大批军警闯入西南联大校园,殴打手无寸铁的学生和老师,造成4人死亡,29人重伤。其中,中共秘密党员、西南联大女学生潘琰壮烈牺牲。这一事件更是激起了全国人民的反战民主运动。在多方压力下,1946年1月,国民政府在重庆召开国共两党和民主党派共同参加的政治协商会议,邓颖超是唯一的女性代表。

1946年6月,蒋介石公开撕毁停战协议,内战全面爆发,国统区物价飞涨,民族经济崩溃。为了生存,各阶层人民团结起来,展开了一场反饥饿、反内战、反迫害的运动。1948年1月30日,上海申新九厂7 000多名工人(其中90%是女工)罢工,

2月2日，国民党军警开枪射击，女工们英勇反击。此后，其他许多地方的工人相继举行罢工，抗议国民党的腐败统治。与此同时，中共2 000多名地下党员战斗在国统区，发动和领导群众进行与国民党政府的斗争。

在取得解放战争胜利的过程中，共产党也进一步完善了妇女工作方针。1946年3月8日，《解放日报》发表社论《中国妇女今后的任务》，将妇女的解放与国家实现和平、民主、团结的统一大业结合起来。1946年11月15日，解放区妇女联合会筹委会主任蔡畅、副主任白茜联名发表《解放区妇女当前的任务》一文，将争取解放战争的胜利作为解放区妇女的重要任务。1947年，《解放日报》发表"三八"节社论，将解放区妇女的任务具体化为参战、土地改革和生产运动三项。由此，解放区妇女积极参加民兵、自卫队和武工队，配合解放军作战。1947年，山东有女自卫队员102.5万人，女民兵22.6万人。1947年7月，红枪女将李兰英加入苏中地区武工队，60天参加58次战斗，3次领导群众破拆公路，成为名震一方的女英雄。辽沈、淮海、平津三大战役都有女战士的身影。1949年4月20日，中国人民解放军"百万雄师过大江"，40多岁的小脚叶大嫂抢渡长江，在隆隆炮火中第一船到达南岸，被誉为渡江先锋。

1949年3月24日—4月3日，中国妇女第一次全国代表大会在北平中南海怀仁堂举行。到会的正式代表有411人，其中包括民兵英雄、支前模范、子弟兵母亲、女劳模，有城市女工，也有农村妇女，有女干部，也有解放军女战士，还有女知识分子，等等。这是中国妇女有史以来第一次全国规模的盛大会议。毛泽东为大会题词："为增加生产，为争取民主权利而斗争。"大会决定成立中华全国民主妇女联合会，民主选举产生51名执行委员、21名候补执行委员。大会通过《中华全国民主妇女联合会章程》，规定中华全国民主妇女联合会是全国妇女运动的领导机构，全国妇女代表大会为最高权力机关，执行委员会为全国代表大会闭会期间最高权力机关。1949年4月4日，中华全国民主妇女联合会举行第一届第一次执委会，选举何香凝为名誉主席，蔡畅为主席，邓颖超、李德全、许广平为副主席。1949年9月21—30日，中国人民政治协商会议第一届全体会议在北平举行。出席大会的代表有662人，女代表69人，占代表总数的10.4%。在这次会议上，宋庆龄当选为中华人民共和国中央人民政府副主席，蔡畅当选为中央人民政府委员会委员。经协商产生180名全国政协委员，其中女委员有12人，占全国政协委员总数的6.67%。会议通过的《中国人民政治协商会议共同纲领》是具有临时宪法性质的重要文献，它明确规定妇女在政治、经济、文化教育、家庭、社会生活各方面，均享有与男子平等的权利，实行男女婚姻自由。"中国人民政治协商会议开辟了中国妇女政治地位上的新纪元。数千年来中国妇女被奴役被压迫的历史结束了，中国妇女运动在中国共产党的领导下进入了一个新的历史时期。"[1]

总之，中国女性在维新变法以来的社会变革中发挥了不可替代的作用，也做出了巨大牺牲。她们在争取自身权利和自由的过程中，也将一个古老的帝国改造成了自由民主的共和国。她们的光辉事迹值得我们永远铭记，她们争取平等和自由的精神应由我

---

[1] 肖扬主编：《中国妇女运动百年简史》（上），第217页。

们继承。[1]

纵观18世纪末以来的女性运动，世界各国的女性纷纷参与到争取平等对待的解放运动中。她们要求平等的政治权利、受教育的权利、同工同酬、婚姻自由、生育自主、消除针对女性的暴力、消除针对女性的歧视，等等。她们著书立说，提出了许多新的理论和思想，大大丰富了人类的精神世界。在这一过程中，有许多勇敢的女性为了心中的理想而受到迫害，甚至献出了宝贵的生命。如恩格斯所言："在任何社会中，妇女解放的程度是衡量普遍解放的天然尺度。"[2] 女性的觉醒是人类社会进步的重要动力，女性地位的提升是人类社会进步的标志。今天，女性争取自由平等的运动仍在继续，而性别平等的理想也终将实现。

1　本书第十四章将详细讲述新中国成立后中国妇女解放事业的发展及其成就。
2　[德]马克思、恩格斯:《马克思恩格斯全集》(第二十五卷)，中共中央马克思恩格斯列宁斯大林著作编译局编译，北京，人民出版社，2001年，第379~380页。

第三章

社会契约与女性困境

现代社会是一个平等观念盛行的社会，即使人们在经济和政治影响力、名望以及权力等方面存在巨大差异，现代国家仍然承诺了绝大多数公民的平等地位，以及他们所拥有的平等权利。为这种"底线平等"奠定基础的是发端于17—18世纪启蒙运动的社会契约论。启蒙时代的政治思想家霍布斯、洛克、卢梭、康德以及当代政治哲学家约翰·罗尔斯是著名的社会契约论者，他们为人类社会政治权利的来源及其合法性提供了一种被广泛接受的解释。这一理论构想了人们没有进入国家之前的自然的平等状态，并通过全体一致同意的社会契约保证所有人在进入国家后仍然拥有平等权利。然而，从社会现实来看，这一理论并没有赋予女性以平等的公民地位。在启蒙思想家喻户晓之后，一两百年的时间里，女性仍然被困于家庭之中，没有获得与男性同等的政治身份。1689年英国《权利法案》颁布，1775年美国《独立宣言》发表，1789年法国《人权和公民权宣言》发表，但女性仍然没有获得与男性同等的公民地位。这是为什么呢？社会契约论所信奉的"人人生而平等"为什么不包含女性呢？社会契约论者津津乐道的"基于所有人同意的权力"为何总是掌握在少数男性手中呢？本章将深入分析启蒙思想家所阐发的社会契约论，以揭示其中包含的性别秘密。

女性为什么没有资格签订社会契约？

与女性地位相关的契约有两种：一是，社会契约论者所说的在自然状态下所有人一致同意签订的社会契约；二是，人们在现实生活中签订的婚姻契约。其中，社会契约是一份假想的契约，而婚姻契约则是真实的契约。女性为什么没有像男性一样通过社会契约获得平等权利，其根本原因在于她们没有资格签订社会契约。

在社会契约论者的构想中，人人生而平等，拥有不可剥夺的自然权利。自然状态是自由而平等的，是一个公平的签约状态。由此，在自然状态下签订的社会契约一定是公平契约。公平契约的签订保证了所有人在进入国家之后，仍然拥有生命、自由和财产等基本权利，对主权权力的应用进行了限制。同时，公平契约也对所有订约者形成一种道德约束力：社会契约是人们在平等而自由的状态下做出的承诺，而承诺了就应该做到。因此，在建立了政治共同体之后，人们必须遵守依据社会契约而制定的规则。在社会契约论者看来，社会契约是规定一个政治共同体之基本政治制度的宪法大纲。[1] 正是通过遵循自己给自己订立的法律，所有人获得了自由。这种自由是每个人都拥有的，是平等的权利。这就是契约式论证的基本逻辑。然而，对平等权利津津乐道的启蒙思想家却同时表达了诸如女性应该顺从男性，成为贤妻良母，不适合担任公职等思想。在这方面表现最突出的大概是卢梭。他在《爱弥儿》一书中反复强调要将女性教育成男性喜欢的样子。同为启蒙思想家的洛克也认为，女性应从属于男人，这是符合自然和习俗的。而且，当社会契约论的政治理想在革命过程中得到初步实现，人们组建了议会，男性公民能够通过选举产生自己的政治代表时，大多数人也丝毫没有觉察到女性没有获得公民权，这有什么问题？在当代女性主义者看来，女性之所以没有通过社会契约获得与男性同等的权利，是因为在最初的社会契约中，契约论者默认了签订契约的代表是男性，而女性压根儿就没有资格参与订约。因此，也就不可能通过社会契约获得公民权。

　　社会契约论中对于参与签订契约的人的基本描述是"理性人"。从霍布斯开始，所有社会契约论者都是从理性人的假设出发的。当代契约论者罗尔斯对理性人的具体特征进行了规定：一是，一个理性人对他的可选项有一融贯的偏好；二是，一个理性人将依据可选项在促进其目的上的好坏来对它们进行排序，并选择那个将满足其较多欲望并具有较大成功机会的选项。罗尔斯认为，原初状态下的订约者不仅是理性人还是道德人，他们都具有两种

---

[1] 参见罗尔斯《正义论》中关于如何在正义原则（社会契约）的基础上订立宪法的论述：John Rawls, *A Theory of Justice*, The Belknap Press of Harvard University Press, Cambridge, Massachusette, 1999, ch. 4.

道德能力：形成善观念的能力和形成正义感的能力。[1]在西方思想传统中，女性一向被认为是缺乏理性的，这严重妨碍了她们形成道德能力，也就很有可能被取消签订社会契约的资格。在社会契约论者的笔下，签订社会契约的似乎是原子化的理性人，事实上却是代表了女性的"家长"。例如，罗尔斯论述道："设想各方为一条条代表各种要求的连续线，例如，我们可以想象他们作为家长，因而希望至少推进他们直接的后裔的福利。或者我们能要求各方同意这样的受限原则：他们能希望所有的前世都遵循同样的原则。"[2] 从这段话我们可以看到，在罗尔斯的社会契约论中，参与订约的是家长。而且，这些家长被假定有后代，并会考虑其后代的存续。换句话说，他们是代表家庭来签订契约的，而不是代表个人。由此看来，在原始契约签订时，女性已经被她们的丈夫代表了，是家长参与了契约的签订，而不是所有平等的男男女女。

至于女性为什么没有签约的资格，须由男性代表，政治思想家们给出了各种原因，例如女性不适合担任公职，不够理性，天生比男性羸弱，等等。《性契约》一书作者卡罗尔·帕特曼（Carole Pateman）认为，在所有人（man）签订社会契约之前，家庭已经形成，男人和女人签订了一个"性契约"，这一契约确立了男性性权法则（the law of male sex-right），这一法则贯穿此后所有的契约，并使得女人隶属于男人。帕特曼论述道："社会契约以性契约为前提，而公民自由则以男权为前提。……社会契约是一个关于自由的故事，而性契约则是一个关于隶属的故事。

---

[1] 参见：John Rawls, *A Theory of Justice*, The Belknap Press of Harvard University Press, Cambridge, Massachusette , 1999, pp. 124-125.

[2] Ibid., p. 11.

男人的自由和女人的隶属都是通过原始契约创造的——这丢失的半个故事揭示的是男人对女人的男权是如何通过契约而确立的,没有它就不可能理解公民自由的特点。公民自由并不是普遍的。公民自由是一种男性属性,它取决于男权。……原始契约既是一个性契约,也是一个社会契约:它是性契约,因为它是男权主义的,亦即这个契约确立了男人对女人的政治权力;它是性契约,也因为它确立了男人对女人身体的权力。"[1]

霍布斯的社会契约论对于社会契约签订之前男性已经建立的对女性的支配关系,有较为深入的论述。[2] 霍布斯认为,男人通过征服女人获得对女人的支配权。早在人们订立社会契约之前,女人已经成为家庭中的仆人,连同她的孩子,而女人之所以会轻易被男人征服,除了她身体上稍弱以外,一个重要原因就是她有小婴儿要养育。因此,当平等而自由的人们坐下来签订契约的时候,有资格签署契约的只能是一家之长,而这些家长则是征服了女人的男人们。[3] 恩格斯对家庭的理解也印证了上述观点:"Familia 这个词,起初并不表示现代庸人的那种由脉脉温情同家庭组合起来的理想;在罗马人那里,它起初甚至不是指夫妻及其子女,而只是指奴隶。Famulus 的意思是一个家庭奴隶,而Familia 则是指属于一个人的全体奴隶。"[4]

从表面上来看,社会契约论者是反对父权的。洛克在《政府

---

[1] [美]卡罗尔·帕特曼:《性契约》,李朝晖译,前言,第 2 页。
[2] 参见 [英] 霍布斯:《利维坦》,黎思复、黎廷弼译,杨昌裕校,第 154 页。
[3] 参见 [美] 卡罗尔·帕特曼:《性契约》,李朝晖译,第 50 页。
[4] [德]恩格斯:《家庭、私有制和国家的起源》,中共中央马克思恩格斯列宁斯大林著作编译局编译,北京,人民出版社,2018 年,第 60 页。

论》(上篇)中逐句批驳了罗伯特·菲尔默爵士的《父权制》,否认政治权力的来源是家庭中的父权。然而,洛克虽然否定了父权,却没有注意到自己事实上保留了夫权。洛克批判了菲尔默所说的父权,但并没有从根本上否定男权。洛克是西方政治思想中权利论的奠基者,他的政治思想为人们争得了自由、生命与财产等基本权利。在女性是否拥有这些权利的问题上,洛克是持肯定态度的。他认为,妻子有权拥有自己的财产。他甚至还尝试提出离婚权。[1]但是,洛克并没有彻底否定丈夫在家庭中所占据的支配地位。夏娃的顺从"不是别的,而只是每个妻子对于她的丈夫应有的从属……(亚当的)权力,只能是一种婚姻上的权力,而不能是政治权力——在家庭中丈夫作为财物和土地的所有者而具有的处理有关私人事务的权力,以及在一切有关他们的共同事务上,丈夫的意志优于他的妻子的意志"[2]。洛克批评菲尔默的父权制理论,否认政治权力的起源是父权,将政治权力的起源规定为所有人的同意。这意味着政治权力的应用须征得所有人的同意,也就必然保护所有人的权利。然而,这些个体其实并不包含女性。这使得这一政治权力实际上源于男性的同意,而不是像其标榜的那样源于所有人的同意。被洛克批评的父权制(如果将其含义理解为父亲的统治的话)并没有彻底消失,不过是演变成了男权制而已。由此看来,社会契约中原子化的个人只能是有财产的成年男性,因为只有他们才拥有想象中的平等和自由,也只有他们才能依据自己的意愿签订契约——一份自由的契约。殊不知在

---

[1] 参见[英]洛克:《政府论》(下篇),第50页。
[2] [英]洛克:《政府论》(上篇),第30页。

男孩长大成人达到理性签约年龄之前,他们的母亲付出了多少辛苦和劳作,而这些都被社会契约论者忽略不计了。

女性是如何被遗忘的,我们还可以从由启蒙思想引发的法国大革命中找到蛛丝马迹。革命的口号是"自由、平等、博爱",但"博爱"并不是所有人之间的相互关爱,而是男人之间联合起来的相互关爱。"博爱"(fraternity)一词的词根在拉丁文中的含义是"兄弟",所以革命展现的是男人们联合起来的"兄弟之爱",并不包括女人。这一结果是占人类人口一半的女性无法接受的。因此,在法国大革命中,也就是在全人类争取平等权利的最声势浩大的政治运动中,女性喊出了自己的心声:与男性平等的权利。在那时,这样的口号并不能完全被人们理解,当时对于两性关系的经典解释仍然是夏娃是由亚当的一块骨头做成的,女人是隶属于男人的财产。由此,我们也就能理解,当奥兰普·德古热(Olympe de Gouges)在1791年发表《女权宣言》时,几乎没人响应,原文最初只印了5份,并且很快被人遗忘。[1]女性没有签订社会契约,也就没有进入公共领域,不享有男性公民所享有的政治权利。女性就这样不明不白地被留在了"私人领域"——家庭之中。

婚姻契约加剧女性困境

与社会契约是假想的契约不同,婚姻契约是现实世界中决定

---

[1] 参见[法]玛蒂尔德·拉雷尔:《去他的父权制》,何润哲译,北京,中信出版社,2023年,第36~37页。

女性命运的真实契约。在传统社会中，女人的前半生一直在为这个契约做准备，而后半生则被这一纸契约所决定。在东方和西方的传统社会，婚姻契约的形式有所不同，但实质都是一样的：确定女性隶属于男性的关系，明确妻子是丈夫的财产。结婚之后，女方的一切都将属于其丈夫。正如密尔所说："为了推论出她的一切就是他的，夫妻二人被称为'法律上的一个人'，但是永不会做出平行的推论，他的一切都是她的。"[1] 在西方社会，婚姻契约是由夫妻双方签订的。这一点集中体现在西式结婚仪式中。结婚仪式实际上是一个正式的签约仪式，其中最重要的环节就是主婚人问"你愿意吗"，如果女人和男人都回答"我愿意"，这时契约就生效了。从此时开始，这一实质上不平等的契约就确定了女人的归属，她成了他的财产。在西欧许多国家，在婚礼举行前几个月还要发布结婚通告，看看其他人是否有理由反对他们的结合。例如，夫妻中一方是否已婚状态，等等。这正是在审查双方签订婚姻契约的资格，为正式的签约做准备。

婚姻契约看似公平公正，但实际上对于女性来说却可能是没有选择的选择。婚姻契约与社会契约论者所阐述的契约有着根本区别：社会契约是在假想的自由而平等的公平状态下签订的，而婚姻契约是在社会现实中签订的真实契约。在传统的父权制社会中，由于习俗、文化、权力结构等因素的影响，婚姻契约很难是一份公平的契约。因为签约者并非原子化的理性人，而是处在各种各样家庭之中的男男女女，他们的决定受到父母意志、法律制

---

[1] ［英］玛丽·沃斯通克拉夫特、［英］约翰·斯图尔特·密尔：《女权辩护　妇女的屈从地位》，王蓁、汪溪译，北京，商务印书馆，1995年，第317页。

度等各种因素的影响。例如，一个待字闺中的少女，她的婚姻契约在很大程度上并不取决于她自己的意愿。一方面，这要受到其父母意志的左右，而其父母可能考虑双方的财富、地位、阶层等多种社会因素，这些考虑扭曲了当事人自己的意愿。另一方面，随着年龄的增长，这个少女的选择越来越少。在传统父权制社会，她除了结婚之外别无出路，由此她不得不接受许多屈辱的条件。除此之外，弥漫于整个社会的对女性的固有观念，例如，女性应该承担大部分家务劳动，主要任务是生养子女，应该做温柔体贴的贤妻良母，等等，都将直接作用于婚姻契约。这些因素使得真实的婚姻契约远远偏离了契约论者构想的公平契约。正如密尔所说："在婚礼仪式上要求女方正式地答称'是'，但没有什么可以表明她的同意不是被迫的。如果父亲坚持，女儿实际上不可能拒绝听从。"[1] 婚姻契约不可能为女性争得婚姻中的平等地位，许多女性生活在重压之下，根本谈不上自由与平等。以婚姻契约来论证女性所处的境况是其自由的选择，这就像说一贫如洗的工人自由地签订了卖身契一样，只能是自欺欺人。如果这套把戏能够奏效的话，即使奴隶契约也是合法的——人生而自由，却自愿卖作奴隶。当代自由至上主义[2] 者认为发生在所有"绝望

---

[1] [英]玛丽·沃斯通克拉夫特、[英]约翰·斯图尔特·密尔：《女权辩护　妇女的屈从地位》，第315页。

[2] 自由至上主义（libertarianism）是这样一种思想：认为人们的自愿行为具有正当性，主张放任自由市场，不承认任何自愿签订的契约中包含不公平的因素。代表性的观点为："某个人可以自愿（或者允许别人）对自己做任何事情，除非他对第三方负有不做或不允许做的义务。"（[美]罗伯特·诺奇克：《无政府、国家和乌托邦》，姚大志译，北京，中国社会科学出版社，2008年，第70页。）言下之意，人们只要自愿就可以卖身为奴。

交易"中的签约行为都是自愿的，但这能为卖身为奴提供道义上的证明吗？

丈夫通过婚姻获得对妻子的所有权，这一点可以从传统父权制社会的诸多制度或习俗中找到证据。第一，一个最普遍的现象就是：家务劳动通常由女性承担，而家务劳动是免费提供的。处在传统社会中的人们并不会觉得这有什么问题。因为，在他们看来，结婚就意味着男人拥有女人的身体、她的劳动，也就自然而然地拥有她的劳动成果。干净整洁的房间，可口的饭菜，生养儿女，家庭教育，这一切都已经包含在那一纸婚约当中。女人一次性地将自己的一切出卖给了自己的丈夫。这笔买卖看起来如此不公平，但它却不断地发生。这是因为，在传统社会的法律法规下，女人只能选择与哪个男人签订这个契约（如果她有婚姻自由的话），而很难改变契约的具体条款。

第二，不承认"婚内强奸"是一种罪行，这也是女人隶属于男人的明确标志。时至今日，婚内强奸在许多国家仍然不算犯罪。这背后的逻辑当然是无形的"夫权"。如果否定"婚内强奸"的可能，这就意味着只要结婚，丈夫就对妻子拥有某种性权利，即"夫权"；相应地，妻子就失去了对自己身体的掌控权。社会契约论者洛克虽然打倒了"父权"，但"夫权"却通过婚姻契约得到了巩固。至今世界上许多国家仍然不承认"婚内强奸"是犯罪，例如阿富汗、印度、埃塞俄比亚等等。欧美国家也是很晚近才承认这一罪行。例如，英国直到1994年才废除了"婚内强奸豁免权"。我国的刑法没有单独列出"婚内强奸"的罪名，但处在婚姻关系中的人可以控告对方强奸，而如果婚姻双方正处在办理离婚手续的过程中,那么就可能判处对方强奸罪。[1] 否定"婚内强奸"这一罪名,就相当于肯定了婚姻契约剥夺了女性对自己身体的掌控权。当然,从理论上来说,妻子也可能有强迫丈夫的性行为,但通常来说,女性由于体力弱于男性而很难做到这一点。

第三,婚姻契约使得妻子成为丈夫的财产,丈夫甚至可以将妻子卖掉。换言之,丈夫对妻子的身体拥有所有权,他可以享用,也可以出卖给别人。欧洲曾出现过"买卖妻子"的交易[2],而当今世界的许多地方仍然存在着买卖妇女儿童的违法活动。在澳大利亚、美国和英国,男人们可以买到从菲律宾寄来的"邮购新娘"。这些现象充分说明,潜意识中许多人一直将妻子作为丈夫的财产,可以买进也可以卖出。18世纪小说家笛福在《罗克珊娜》(1724)中论述道:"婚姻的本质就是把自由、财产、权威和一切都让给男人,从此以后,女人实际上成为女仆,也就是说,她成为奴隶。"[3] 还有一个与此相关的现象——家暴。"家暴"通常是男人对女人的暴行。在法律严厉禁止的情况下,这种暴行为什么会一再发生而且很难受到法律的有效制裁?大概就是因为人们潜意识地认为女人是男人的财产,而对于属于自己的东西当然可以为所欲为,可以珍惜,也可以毁掉。类似的情况也发生在儿童身上。

西式婚姻中非常吊诡的一点是:女性本没有资格签订社会契约,但却被要求签订婚姻契约。女方必须说出"我愿意"婚约才

---

[1] 具体案例可参见 2021 年 11 月 17 日河北省邯郸市磁县人民法院公布的婚内强奸典型案件。

[2] 参见:Samuel Menefee, *Wives for Sale: An Ethnographic Study of British Popular Divorce*, New York: Palgrave Macmillan, 1981, pp. 160, 167.

[3] 转引自〔美〕卡罗尔·帕特曼:《性契约》,李朝晖译,第 126 页。

能生效，就好像女人真的拥有对自己生命和生活的掌控权一样。殊不知这种掌控权转瞬即逝，甚至可以说，女性被赋予的不过是将自己卖身为奴的权利。帕特曼对这一问题进行了阐释："妇女被视为不具备参与契约所必需的能力的天生的依附者；那么，为什么妇女又总是能够参与婚姻契约呢？"[1]"妇女之所以必须参与婚姻契约，原因是，虽然她们没有参与社会契约，但她们必须被纳入公民社会。公民社会的主要的制度性关系——公民、就业和婚姻，都是通过契约形成的，如果要把公民社会特有的自由关系贯穿到一切社会领域，那么婚姻也必须起源于契约。"[2]相反，中国传统社会中的婚约并不突出当事人双方的"自愿"，通常是父母之命、媒妁之言。这是从西周时期延续至今的习俗。孟子曰："不待父母之命、媒妁之言，钻穴隙相窥，逾墙相从，则父母国人皆贱之。"（《孟子·滕文公下》）婚约实际上是由夫妻双方的父母定下的，私定终身被看作大逆不道之事。婚姻契约的签约人实质上是双方的"父亲"（因为母亲对家庭中的重大事件鲜有发言权），而不是夫妻本人。但必须生活在一起的却是夫妻双方，由此生发出许多爱情悲剧。中国传统文化中最凄美的爱情故事之一"梁祝"，讲的就是两辈人之间的爱恨情仇。双方长辈的世仇成为这对青年男女爱情悲剧的根源。类似地，许多近代文化名人的婚姻也带有悲剧色彩。例如，鲁迅、胡适等拥有平等思想的知识分子都不得不接受父母包办的婚姻。人们为什么会认为父母对子女的婚姻有如此大的掌控权？究其原因，中国传统社会是一

---

1 ［美］卡罗尔·帕特曼：《性契约》，李朝晖译，第188页。
2 同上书，第189页。

个"父权"支配的社会。子女是隶属于父亲的,甚至被看作父亲的财产。正是在这种潜在的权力关系的支配下,历史上遇到饥馑年头儿便会有父母"卖儿卖女",而即使到了 21 世纪的当下,在中国农村地区仍然普遍存在着结婚时男方向女方赠送"彩礼"的现象。[1] 彩礼并不是给要出嫁的女人的,因为她的一切都将属于她的丈夫。彩礼是给生养女人的父母的。这使得婚姻变成了一桩交易,原本隶属于父亲的女儿,现在将属于她的丈夫,而彩礼就是所有权变更的费用,也就是女人被卖的"价值"。这就是为什么现代社会厌恶彩礼,因为彩礼必然加剧女性的物化,加重她们受奴役的程度。

社会契约是财产所有者之间的契约。然而,传统社会中的女性并不拥有这一权利。相反,在订立社会契约之前,女性已经成了男性的附属品。女性既是财产也是人,"女人据说同时既拥有缔结契约所必需的能力又不具备这种能力——契约要求她们的妇女属性同时既被否定又被肯定"[2]。在签订社会契约时,女性被当作男性的附属而没有资格参与契约,但在签订婚姻契约时,她们又被看作是有能力为自己做主的。尤其是在基督教婚姻仪式中,女性必须亲口说出"我愿意",这才算这份契约的达成。这实质上类似于一种"卖身为奴"的契约。婚姻契约所确立的这种隶属关系清晰地体现在契约论者的论述中。例如,康德曾举例说:指着一个人说"这是我的父亲",与指着一个人说"这是我的妻子"是不同的,前者意味着我有一个父亲,他就在那里,而后者则指

---

[1] 参见刘桓宁、项继权:《农村高价彩礼的生成机制——基于"文化—生活"的框架》,载《湖北社会科学》,2023 年第 9 期。
[2] [美]卡罗尔·帕特曼:《性契约》,李朝晖译,第 62 页。

出了"一种特殊的法律关系：一个所有者与一个被视为物的对象之间的关系，虽然在这里对象是一个人"[1]。西方传统社会对待女性的矛盾性也体现在他们对待非洲裔美国人的态度上。在《独立宣言》发表近100年后，美国仍然保留着奴隶制："南部六州在1856—1860年期间通过法律，让黑人自愿地成为奴隶。美国的国父们——特别是托马斯·杰斐逊，他直至弥留之际都还在蓄奴——宣扬过与社会契约论者尤其是洛克相似的观点；杰斐逊呼吁'每个人都拥有自己管理自己的权力。他们从自然手中获得这种权力'。"[2] 美国黑人的遭遇不禁让人们想起尼采在《查拉图斯特拉如是说》中对女人说的话：你要接近女人吗？不要忘记鞭子！在尼采心中，女人不过就是奴隶，而对待奴隶就得用鞭子。

平等权利与公平婚约

女性要如何才能获得与男性平等的对待呢？对于上述所讨论的两种契约，一方面，在社会契约理论中，人们必须承认女性生而自由，与男性一样拥有不可剥夺的自然权利。她们有资格参与订立社会契约，是平等而自由的理性订约者。只有基于这一假设，女性才能在现实政治中拥有与男性同等的公民地位和平等的政治权利。另一方面，对于现实世界中的婚姻契约，应通过法律的改进，使其成为一份公平契约。婚姻法应对人们在亲密关系中

---

1 转引自［美］卡罗尔·帕特曼：《性契约》，李朝晖译，第181页。
2 同上书，第65页。

的行为做出"底线限制",明确婚姻中双方平等的权利关系(包括结婚自由与离婚自由、性权利、财产权、对子女的抚养权等),保障两性在婚姻生活中的平等权益。

女性有资格参与订立社会契约并由此获得与男性平等的政治权利,这正是最先觉醒的女性主义者的呐喊。1791年,奥兰普·德古热在法国大革命中发表《女权宣言》,基于社会契约论中的"自然权利"学说,对照《人权宣言》的相关规定,提出了女性应该获得与男性平等的自由权、财产权、安全权、反抗压迫权、就业权等多项权利;并且认为,《女权宣言》中的17个条款是男人和女人订立的平等的契约。1792年,玛丽·沃斯通克拉夫特在《女权辩护》中论述道:"把成规惯例当作替剥夺人类(包括男人和女人)的自然权利做辩护的理由,却是我们天天接触到的一种违背常识的荒谬诡辩。"[1] 1848年,美国女性运动的先驱伊丽莎白·卡迪·斯坦顿仿照美国《独立宣言》的论述,在《权利与情感宣言》中写道:"我们认为这些真理是不言而喻的——所有的男人和女人生而平等;他们被造物主赋予了某种不可剥夺的权利,其中包括生命、自由和追求幸福。"英国政治思想家密尔也在《妇女的屈从地位》中批评道:"妇女生来就属于无资格,是现代立法中的唯一事例。除了这个涉及人类半数的例子外,没有另外的例子是由于出生的命运被排除于高级社会职能之外的。……妇女的社会从属性就这样成了现代社会制度的一个孤立事实,成了唯一违反其

---

1 [英]玛丽·沃斯通克拉夫特、[英]约翰·斯图尔特·密尔:《女权辩护 妇女的屈从地位》,第16~17页。

基本法律的事实。"[1]这些文本无一例外地承认女性与男性平等地拥有自然权利,肯定了她们是参与签订社会契约的平等的成员。因为,只有肯定女性与男性平等的"签约地位",女性才能获得平等的政治权利,并以平等的身份进入公共领域。

在婚姻问题上,如何改造传统的婚姻契约以改善女性在婚姻中所处的不利处境?我们应注意到,婚姻虽然是一种契约,但这一契约的内容实际上很少被明确地阐述(除了少数签订了婚前协议的夫妻以外)。在结婚仪式上,主婚人会让夫妻双方念一段誓词,而这些誓词通常并没有详细列出双方的权利与义务。例如,我国民政局提供的领证誓词是:"我们自愿结为夫妻,从今天开始,我们将共同肩负起婚姻赋予我们的责任和义务:上孝父母,下教子女,互敬互爱,互信互勉,互谅互让,相濡以沫,钟爱一生!"西式婚礼中通常使用的誓词则是:"我愿意和他/她成为夫妻,无论是顺境或逆境、富裕或贫穷、健康或疾病、快乐或忧愁,我将永远爱着他/她、珍惜他/她,对他/她忠实,直到永远。"无论东方还是西方,结婚誓词都非常抽象,都没有具体说明结婚之后女方是否拥有财产权、人身自由权,以及对自己身体的掌控权,等等。正如帕特曼所观察到的:"一个以'婚姻契约'为标题的文件并不存在。男女在结成夫妇时所必须签订的婚姻契约没有写成白纸黑字,然而它却成为统治着婚姻和家庭生活的法律。"[2]事实上,婚姻契约所隐含的内容(包括双方的权利与义务)是由各个国家的婚姻法确定的。因此,如果想要使得婚姻契约变

---

1 [英]玛丽·沃斯通克拉夫特、[英]约翰·斯图尔特·密尔:《女权辩护 妇女的屈从地位》,第304~305页。
2 [美]卡罗尔·帕特曼:《性契约》,李朝晖译,第172页。

成一纸公平契约，切实保障夫妻双方的平等权益，就必须订立平等对待夫妻双方的婚姻法。从这个意义上来说，婚姻法的改进是使得婚姻契约逐步公平的过程。在这一点上，国家的法律是否承认女性作为婚姻一方的独立立约能力，是否承认双方有结婚与离婚自由，是否承认女性拥有财产权，是否承认女性有掌控自己身体的性权利等，都是决定婚姻契约之公平性的关键因素。

第一，契约这一概念本身就包含着公平的含义，只有公平的契约才是真正的契约，否则就是不平等条约，就是强迫。因此，如果承认婚姻是一份契约，那么首先必须承认签订契约的双方是自由而平等的个体，他们不因为其性别而天生处于不平等的地位。契约中的所有条款都应同等地适用于双方。平等的婚姻契约的签订必须首先破除原始的性契约，从根本上确立女性的主体地位，承认她们有签订契约的平等的能力。法律必须明确规定父母、亲戚、组织等任何第三方都无权干预当事人的婚姻自由，婚姻必须出于自愿，这直接决定了人们是否有进入和走出婚姻的自由。尤其是离婚自由，这种自由是在女性运动过程中逐步得到确立的。例如，1700年以前，英国女性想要离婚几乎是不可能的，直到1857年《婚姻诉讼法》的通过，离婚还只能通过私人的议会法案才能得到批准。英国女性在1870年议会通过《已婚妇女财产法》之后才首次获得契约权，而直到1935年其立约能力才真正得到承认。[1]

在关于离婚自由的规定方面，我国的法律是颇为超前的。《中华人民共和国婚姻法》是新中国颁布实施的第一部基本法律，邓

---

[1] 参见［美］卡罗尔·帕特曼：《性契约》，李朝晖译，第192页。

颖超在该法的起草过程中发挥了重要作用。她指出旧中国的婚姻制度是片面保护男性婚姻自由的制度。"七出"列出了休妻的七种理由——不顺父母、无子、淫、妒、有恶疾、口多言、窃盗[1]，却对丈夫的行为没有任何规范。这表明封建社会的传统婚姻不过是女性隶属于男性的制度。民国时代的"六法全书"上虽有"准许离婚"的规定，但附加了各种条件，再加上法院的多方为难，实际上仍没有离婚自由。在邓颖超的一再坚持下，新中国的第一部婚姻法规定："男女双方自愿离婚的，准予离婚。男女一方坚决要求离婚的，经区人民政府和司法机关调解无效时，亦准予离婚。"这最大限度地维护了离婚自由。对于这一规定的解释，邓颖超说："我为什么主张不加条件，一方要离就可离呢？理由是中国长期停滞在封建社会，最受压迫的是妇女，婚姻问题上妇女所受的痛苦最深。早婚、老少婚、买卖婚姻、包办婚姻是普遍现象，妇女不允许离婚，所以，一方坚持要离就让离，主要根据广大妇女的利益提出。如加上很多条件，恰恰给有封建思想的干部一个控制和限制离婚自由的借口。过去没有这一条，发生很多悲剧。"[2]

2021年1月1日，《中华人民共和国民法典》正式施行，这部法典在离婚程序中增加了"离婚冷静期"的论述："自婚姻登

---

[1] 参见《仪礼·丧服》："七出者：无子，一也；淫佚，二也；不事舅姑，三也；口舌，四也；盗窃，五也；妒忌，六也；恶疾，七也。"又见《大戴礼记·本命》："妇有七去：不顺父母去，无子去，淫去，妒去，有恶疾去，多言去，窃盗去。不顺父母去，为其逆德也；无子，为其绝世也；淫，为其乱族也；妒，为其乱家也；有恶疾，为其不可与共粢盛也；口多言，为其离亲也；盗窃，为其反义也。"

[2] 徐晓兵、徐忠：《邓颖超与新中国首部〈婚姻法〉》，载《党史博采》，2010年第3期。

记机关收到离婚登记申请之日起三十日内,任何一方不愿意离婚的,可以向婚姻登记机关撤回离婚登记申请。前款规定期限届满后三十日内,双方应当亲自到婚姻登记机关申请发给离婚证;未申请的,视为撤回离婚登记申请。"(《民法典》第一千零七十七条)这一规定生效后,发生了一些女性在离婚冷静期遭遇恶意伤害的事件,使得这一规定在社会上引发了广泛争议。2023年7月20日,广州一女子在离婚冷静期遭丈夫当街杀害。[1] 由此,一些学者认为,离婚冷静期的相关规定有可能恶化女性在婚姻中的处境。例如,马智勇论述道:"由于依据实用性逻辑建构的离婚冷静期制度既未明确离婚冷静期的适用范围,也未考虑当下家庭的现状,反倒加剧了女性的不利处境,遮蔽了社会成员的家庭负担,其实施效果可能违背制度设计初衷。"[2]

目前,在世界上许多国家,人们的婚姻自由仍然受到极大限制。例如,爱尔兰实行"合约婚姻",结婚时可选择合约时间(1—100年),没有达到合约时间是不允许离婚的。即使到了合约时间,也要先分居一段时间才可以离婚。由于天主教将婚姻视作神圣的结合,所以在许多有着深厚天主教传统的国家,离婚都非常困难。在2004年之前,受天主教传统影响,智利公民是不能离婚的。还有安道尔、菲律宾、马耳他等有天主教背景的国家,离婚都是非常困难的,甚至是不可能的事情。在埃及、沙特阿拉伯等伊斯兰教国家,女性想要离婚是很困难的。沙特男人有单方

---

[1] 参见《离婚冷静期第13天,她倒在丈夫刀下》,https://baijiahao.baidu.com/s?id=1791314287111528910&wfr=spider&for=pc。

[2] 马智勇:《"离婚冷静期"制度的生成逻辑及其反思》,载《法学家》,2022年第3期。

面离婚的权利，不需要任何理由，但沙特女人只有在丈夫同意的情况下才可以离婚。日本的情况是，离婚很容易，但没有取得孩子抚养权的一方也没有探视孩子的权利，这意味着一方将永远见不到孩子。因此，许多夫妻为此而放弃了离婚。德国的离婚手续则极其烦琐，这导致德国的结婚率和离婚率也都很低。在家暴、精神虐待、男方吸毒等情况下，离婚困难加剧了女方的困境，可能引发许多人间悲剧。

第二，除了结婚和离婚自由外，婚姻契约还应说明人们是否通过订立这一契约而一次性地交出了性权利。如果回答"是"，那么夫妻双方就负有性义务，而婚内强奸的罪名就不成立。相反，如果对这一问题的回答是"否"，那么在结婚之后双方仍然保有对自己身体的掌控权，而强迫性行为就是犯罪。然而，婚姻契约对这一问题并没有说明，不仅东西方的"结婚誓词"对这一点没有说明，而且世界各国的婚姻法也大多不包含对这一问题的论述。例如，我国的婚姻法明确了夫妻双方的结婚自由与离婚自由，并对婚前、婚后的财产归属进行了详细规定，但并没有规定婚姻双方负有性义务，也没有对婚内强奸进行阐述。[1]这就说明判断一个行为是否为强奸与结婚与否无关，而婚姻契约并没有剥夺夫妻双方对于自己身体的自主权利。依据"法无禁止即自由"的原则，结婚之后，夫妻双方仍然保有对自己身体的掌控权，并不负有满足对方需求的性义务。因此，婚内强奸的罪名就应该成立。然而，目前世界上仍然有许多国家不承认婚内强奸的罪名，这一点是不合逻辑的。

---

[1] 参见《中华人民共和国民法典》第五编"婚姻家庭编"。

第三，婚姻契约不仅应保护人们的婚姻自由和性自主的权利，更重要的，它还要保护婚姻中人们的人身安全。人类社会长久以来对公共领域、私人领域的划分容易让人产生这样的误解：在公共领域国家和政府说了算，在私人领域男人说了算。在婚姻和家庭中，男性凭借其体力上的优势奠定了暴力基础，似乎应该成为家庭中的主权者。因此，如果我们将家庭看作公权力不能干预的私人区域，那么家庭中的秩序就很有可能是由男性的暴力决定的，因为只有暴力能够强制人们做自己不愿意做的事情。

在传统社会，人们通常认为家暴（丈夫打妻子、父母打小孩）是"家务事"，不应过多干涉。这正是人们将家庭当作私人领域而得出的结论。例如，汉代礼法规定，丈夫有权打骂、奴役妻子。《唐律疏议》也有规定，夫殴伤妻可以减等处刑，而妻殴夫未伤亦徒一年，殴伤则加凡人三等。然而，家庭暴力与人人平等的现代观念是背道而驰的。启蒙思想家对人类的生命、自由和财产等权利做出了论证，而这些权利不论人们处在什么领域都应该是受到法律保护的。正是在权利意识被人们普遍接受的背景下，家庭暴力给女性和儿童造成的伤害才逐步引发广泛关注。1999年11月3日，为了纪念1960年11月25日被杀害的多米尼加的米拉瓦尔三姐妹，联合国决定将每年的11月25日定为"国际消除对妇女暴力日"（也称"国际消除家庭暴力日"）。近几年来，世界上越来越多的国家颁布了《反家庭暴力法》。2016年3月1日，《中华人民共和国反家庭暴力法》正式施行，该法律规定："家庭暴力，是指家庭成员之间以殴打、捆绑、残害、限制人身自由以及经常性谩骂、恐吓等方式实施的身体、精神等侵害行为。"该法律还赋予当事人申请人身安全保护令的权利："当事人因遭受家庭暴力或者面临家庭暴力的现实危险,向人民法院申请人身安全保护令的,人民法院应当受理。"2021年实施的《民法典》也将禁止家庭暴力作为婚姻家庭的禁止性规定,明确写入法典。

第四,在财产方面,婚姻法试图分清婚前财产和婚后财产的归属。简单来说,婚前财产归各自所有,婚后财产共同所有。这非常符合人们对婚姻的直觉性理解,婚前两人各自所有,婚后两人共同分享身份和财产。然而,现实中可能的情况却是,由于社会领域的不平等状况,女性的劳动及其价值被严重低估。女性承担的大量家务劳动是没有市场价值的,而这部分劳动的价值在离婚时可能被忽略不计,这使得许多女性在离婚后处境困窘。当然,这不仅是因为婚姻契约不够公平,而且还因为婚姻契约之外的社会环境不够公平,没有给予女性在公共领域平等发展和就业的机会。带有偏见的性别分工严重贬低了女性劳动的价值,使得女性如果脱离婚姻契约就容易陷入困境,尤其是在需要抚养孩子的情况下。

从美国的情况来看,从20世纪60年代开始,美国家庭的离婚率激增,直至90年代初,白人儿童生活在单亲家庭中的比例达19.2%,而在黑人中这个比例达54.8%。[1]在离婚后,许多单亲妈妈的生活质量大幅下降。尤其是黑人单亲妈妈,她们成为政府救助的主要对象。大部分单亲妈妈都必须外出工作,但限于受教育水平,她们的工作主要集中于家政、护工、餐饮及文秘行业,这使得她们的收入普遍偏低。"1992年,在白人、黑人和拉美裔中,女性单亲家庭中6岁以下儿童的贫困率分别为60.5%、

---

[1] [美]K.法雷尔:《美国单亲家庭增加的经济因素》,王千红译,载《国外社会科学情况》,1993年第8期。

73.1%和71.8%。"[1] "根据美国女性主义者的数据调查，离婚后丈夫的生活水平较离婚前上升了70%，而妻子的生活水平则下降了40%。"[2] 由此，美国的婚姻法对离婚财产的分割遵循下述三个原则：一是最大程度保护儿童利益，二是财产分割的天平向女性倾斜，三是惩罚有婚外情的男性。

中国自改革开放以来，在经济浪潮的冲击下，离婚率也呈现出逐年上升的趋势。"从2012年的2.3%升至2019年的3.4%。"[3] 在这一背景下，离婚时夫妻双方的财产如何分割成了一个关键问题，尤其当女方是"全职太太"，离婚时其家务劳动是否能换算成财产，以及如何换算，成为引发争议的焦点问题。2001年，我国的婚姻法修正案增设了家务劳动经济补偿规定，但该规定的适用要以夫妻书面约定采取分别财产制（即夫妻双方财产AA制）作为前提，因此几乎没有在司法实践中发挥作用。直至2021年《民法典》取消了这一前提，该制度才真正发挥效力。目前，解决家务劳动补偿问题的法律依据是《民法典》第一千零八十八条："夫妻一方因抚育子女、照料老年人、协助另一方工作等负担较多义务的，离婚时有权向另一方请求补偿，另一方应当给予补偿。具体办法由双方协议；协议不成的，由人民法院判决。" 2021年2月，北京法院网报道了北京市房山区人民法院适用《民法典》新规定首次审结的离婚家务补偿案，全职太太最终

---

[1] 吕洪艳：《20世纪60年代以来美国女性单亲家庭变迁初探》，载《世界历史》，2011年第3期。
[2] ［日］上野千鹤子：《父权制与资本主义》，邹韵、薛梅译，杭州，浙江大学出版社，2020年，第82~83页。
[3] 引自民政部2012—2019年的社会服务发展统计公报、民政事业发展公报。

获 5 万元家务补偿。[1] 此案引发广泛讨论，一些人认为补偿太少，一些人认为夫妻双方都承担家务，不应有补偿。湖北省天门市人民法院也发布了一则离婚时支付家务补偿的案例，当事全职主妇离婚获补偿 1 万元，同样引发争议。该案法官对此做出解释，在《民法典》的大框架下，家务补偿的具体金额主要是考虑以下因素：双方婚后共同生活的时间，女方在家务劳动中具体付出的情况，男方个人的经济收入，以及当地一般的生活水平。[2]

综上所述，从婚姻自由、人身安全、性权利以及财产分割等方面来看，女性的平等地位在很大程度上取决于婚姻契约是否公平。在制度上，婚姻契约体现为婚姻法，而这份契约却免不了受到隐形的原始性契约的支配。虽然从有了性别平等的意识开始，人们就在努力地破除性契约的束缚，但要在现实世界中确立起一份公平契约，真正维护两性在婚姻中的平等和自由还有很长的路要走。最后，我们应该注意到以契约理论来阐释两性关系的局限性。事实上，契约思想与爱的关系是格格不入的。因为，爱是为对方着想，是以对方为目的，而契约是两个理性人之间的约定，他们所有的思考和行动都以增进自身的利益为目的。如果我们认为婚姻是因爱而结合的话，它就一定不是仅凭契约就能解释的。正是出于这一原因，世界各国的结婚誓词都没有对契约的具体内容做出陈述，而是对如何维持爱的关系进行陈述。

德国哲学家康德对婚姻的定义就是纯粹以契约来解释婚

---

[1] 参见《房山法院适用民法典新规定审结首例离婚家务补偿案件》，https://bjgy.bjcourt.gov.cn/article/detail/2021/02/id/5796456.shtml。

[2] 参见《湖北一全职主妇离婚，获"家务补偿"1万元，家务补偿该怎么算？》，https://baijiahao.baidu.com/s?id=1792783403495646600&wfr=spider&for=pc。

姻——婚姻就是两个不同性别的人，为了终生互相占有对方的性器官而产生的结合体。这一定义充分展现了以契约解释婚姻的荒谬之处。如果婚姻不过是双方永久使用对方性器官的一纸契约的话，那么人们为什么会冒着巨大风险来订立这种"永久"契约呢？考虑到诸多不可控的因素，签订一份较短期限的契约不是更理性吗？如果不谈爱仅仅将婚姻理解为关于如何使用性器官的契约的话，各式各样的性交易不是更稳妥吗？所以说，如果以纯粹的契约关系来看待婚姻，那么婚姻和卖淫的不同不过是长期租赁和短期租赁的区别而已。张爱玲在《倾城之恋》中说："没有爱情的婚姻，不过是长期的卖淫。"西蒙娜·波伏瓦也说过类似的话，妻子是终生为一个男人所雇用的人，而妓女则有很多个顾客，计件付酬。[1]事实上，如果婚姻契约只是关于性权利的一桩交易的话，那么它就必然会发展成一种普遍的卖淫契约。婚姻一定是基于爱而缔结的关系。婚姻以爱为基础，不是单纯的理性契约能解释得通的。爱是瞬间发生的，忠诚这一美德将这种关系延续下去。在爱的法定关系中，夫妻双方共享身份和财富，他们时时为对方着想，甚至愿意为对方牺牲。当然，爱可能消失。当爱消失的时候，仍然处在婚姻关系中的两个人就会为了各自的利益而争斗，此时法律就要发挥效力。以婚姻法为基础的婚姻契约为夫妻双方的行为划定了"底线"。当爱消失的时候，或者爱的天平发生倾斜、不再平衡的时候，这一公平契约就将保护双方的平等权益。人类不相信道德，所以需要法律；人类不相信爱能持久，所以缔结婚姻。

---

[1] 参见[法]西蒙娜·德·波伏瓦:《第二性》，郑克鲁译，第619页。

第四章
社会主义与妇女解放

社会主义是区别于自由主义的意识形态。以马克思和恩格斯的思想为核心的社会主义者[1]并不采用社会契约论来论证所有公民的平等权利。他们对于不平等的讨论集中在经济层面，他们反对私有制，认为正是私有制导致了人们在经济层面的不平等，使有产者和无产者之间的关系演变为压迫与被压迫、剥削与被剥削。社会主义者以"阶级"而不是以"公民"作为核心变量来分析不同人群之间的政治关系。在两性关系的问题上，社会主义者认为女性群体受压迫的主要原因是阶级压迫。因此，只有首先消灭私有制、消灭阶级压迫，才可能解放女性。女性一定能随着无产阶级的解放而获得解放。社会主义者将女性争取平等对待的社会运动称为妇女解放运动。20世纪初期俄国革命中的女性运动以及中国革命中的女性运动，都是成就斐然的妇女解放运动。

---

[1] 本章在宽泛的意义上使用这一概念，其中包括马克思主义者。

社会主义者对资产阶级家庭的批判

社会主义思想发端于16世纪初的空想社会主义（utopian socialism）。1516年，英国思想家托马斯·莫尔出版了《乌托邦》一书，这被看作空想社会主义的奠基之作。16世纪初至19世纪30年代，空想社会主义思想延续了300多年。法国的圣西门、傅立叶以及英国的罗伯特·欧文都是这一思想传统的代表。他们梦想建立一个没有剥削和压迫，实行公有制，按需分配，人人劳动的理想世界。早期的社会主义者也非常重视妇女的解放。例如，傅立叶曾说："某一历史时代的发展总是可以由妇女走向自由的程度来确定，因为在女人和男人、女性和男性的关系中，最鲜明不过地表现出人性对兽性的胜利。妇女解放的程度是衡量普遍解放的天然标准。"[1] 一些思想家甚至进行了相关的社会实验。1824年，欧文在美国印第安纳州买下1 214公顷土地，开始新和谐移民区实验，但实验以失败告终，而欧文也因此破产。19世纪30—40年代后，马克思和恩格斯在总结欧洲工人运动经验的基础上，吸收空想社会主义的思想资源，创立了科学社会主义，才使得社会主义成为指导无产阶级革命的政治思想。此后，越来越多的理论家和革命家加入社会主义阵营，不断丰富社会主义理论，并取得社会主义革命的胜利。

在两性关系以及家庭问题上，马克思、恩格斯以及德国社会

---

[1] 转引自朱丽叶·米切尔。马克思在《神圣家族》中引用了这段话，恩格斯在《家庭、私有制和国家的起源》中引用了这段话，而宋庆龄在日本所做的演讲中也引用了这段话。参见李银河主编：《妇女：最漫长的革命》，北京，生活·读书·新知三联书店，1997年，第11页。

主义理论家奥古斯特·倍倍尔都对19世纪中叶的资本主义家庭形式进行了批评。在《家庭、私有制和国家的起源》一书中，恩格斯将性别分工以及在这一基础上形成的男性与女性的对立看作阶级压迫的起源。马克思认为："最初的分工是男女之间为了生育子女而发生的分工。"[1] 在这一思想的基础上，恩格斯进一步指出："在历史上出现的最初的阶级对立，是同个体婚制下的夫妻间的对抗的发展同时发生的，而最初的阶级压迫是同男性对女性的压迫同时发生的。"[2] 在恩格斯看来，阶级压迫起源于性别压迫，而消除性别压迫依赖于消除阶级压迫，最终取决于私有制的破除。在私有制没有破除的情况下，妇女不可能获得自由，也不可能获得与男性同等的地位。恩格斯认为，资本主义社会的专偶制婚姻是在私有制的基础上建立的，私有财产制度决定了人们要采用一夫一妻的方式建构婚姻关系。因为，在资本主义家庭中，妻子和儿女都是丈夫的财产，所以妻子必须对丈夫忠贞，这样才能保证男人的财产能够代代相传。然而，在这种一夫一妻制的家庭中，女人却时时处于受压迫和被剥削的地位。恩格斯论述道："专偶制是不以自然条件为基础，而以经济条件为基础，即以私有制对原始的自然产生的公有制的胜利为基础的第一个家庭形式。"[3] 马克思和恩格斯犀利地指出，在资本主义社会的两性关系中，与专偶制相伴而行的是卖淫和通奸。

在1848年出版的《共产党宣言》中，马克思和恩格斯写道：

---

1 转引自［德］恩格斯：《家庭、私有制和国家的起源》，中共中央马克思恩格斯列宁斯大林著作编译局编译，第70页。
2 同上书，第70页。
3 同上书，第69页。

"现代的、资产阶级的家庭是建立在什么基础上的呢？是建立在资本上面，建立在私人发财上面的。这种家庭只是在资产阶级那里才以充分发展的形式存在着，而无产者的被迫独居和公开的卖淫则是它的补充。"[1]在资本主义社会中，一方面是一夫一妻的专偶制，另一方面是普遍的卖淫制度。专偶制"只是对妇女而不是对男人的专偶制"[2]，它仅仅要求女人的忠贞，丈夫则有权解除婚姻关系，赶走他的妻子，而卖淫使得性的自由继续存在，以利于男性。因此，以性爱为基础的婚姻关系是不可能在资产阶级的婚姻中出现的。恩格斯指出，贵族之间的婚姻是政治婚姻，其目的是扩大自己的政治势力，最大化家族利益。真正由夫妻双方自由选择的婚姻只有在被统治阶级中才存在，统治阶级的婚姻是被经济的影响支配的。恩格斯论述道："只有在被压迫阶级中间，而在今天就是在无产阶级中间，性爱才成为而且也才可能成为对妇女的关系的常规，不管这种关系是否为官方所认可。"[3]

奥古斯特·倍倍尔是生活在19世纪中叶到20世纪初的德国社会主义者，他以详尽的调查数据揭露了当时资本主义社会中婚姻与家庭的诸多问题。倍倍尔认为，资本主义的两性关系是极其不平等的："资本主义社会，妇女被排在第二位，排在第一位的是男人。"[4]他痛斥资产阶级的婚姻是金钱婚姻和等级婚姻，而

---

1 ［德］马克思、恩格斯：《马克思恩格斯选集》（第一卷），中共中央马克思恩格斯列宁斯大林著作编译局编译，第417～418页。

2 ［德］恩格斯：《家庭、私有制和国家的起源》，中共中央马克思恩格斯列宁斯大林著作编译局编译，第67页。

3 同上书，第77～78页。

4 ［德］奥古斯特·倍倍尔：《妇女与社会主义》，葛斯、朱霞译，第89页。

达官贵人们的聚会不过是撮合婚姻的"交易所"。他批评当时女性接受的贵族教育不过是为了结婚而进行的教育，而烦琐的服饰也严重束缚了女性的自由发展，甚至影响到她们的健康。倍倍尔观察到，在资本主义社会中，无产阶级的婚姻也不美满："朝不保夕是工人生活的特点。时乖命蹇使人恼怒、郁闷和痛苦。这种情绪首先在家庭中爆发，因为无法满足每日每时的种种生活必需，口角和吵闹时常发生，结果是婚姻破裂和家庭解体。"[1]在资本主义社会中，婚姻生活的另一面则是卖淫。倍倍尔描述了西欧社会普遍存在的卖淫现象，当时的德国虽然有"对向卖淫者提供住宅者进行惩罚"的法律，但实质上是容许卖淫的。这使得在汉堡、莱比锡、维尔茨堡等大部分德国城市都有公开的妓院。1890年夏天，在柏林举行的德国射击节上发生了100多名歌妓邀请男人们进入"射击休息"小木屋的聚众淫乱事件。这一事件引发了2 300名妇女联名向柏林市长请愿，严查并杜绝此类事件再次发生。[2]

　　卖淫的普遍存在导致性病的大面积发生。一些国家尝试通过国家监管来阻止性病的传染。例如，英国在19世纪60年代颁布了《传染病法》，该法律责令警察逮捕妓女并对她们进行身体检查，并规定如果警察怀疑任何女性是妓女就可以强制其进行身体检查，而患有性病的女性将被隔离治疗。但对于同样可能传播性病的男性该法律却没有做出任何规定。倍倍尔指出，这一法律使得"妇女被贬低为一种工具，而不再被看作人，她们被置于法律

---

[1] ［德］奥古斯特·倍倍尔：《妇女与社会主义》，葛斯、朱霞译，第121页。
[2] 参见上书，第176~177页。

保护之外"[1]。除了卖淫的情况，倍倍尔还披露了当时欧洲、亚洲和美洲买卖少女的情况，以及具体的运输路线。他痛心地写道："德国作为向半个世界输送妇女的市场，享有可悲的荣誉。"[2] 此外，倍倍尔还以大量数据揭示了 19 世纪末至 20 世纪初西欧各国以及美国婚姻家庭中存在的各种问题：离婚率上升，结婚率下降，人口比例失调（适婚女性比男性多），出生率下降，杀婴和堕胎案例增多，未婚妈妈增多，等等。倍倍尔认为："所有这一切不自然的，首先是损害妇女的状况，根源在于资本主义社会的本质，只要资本主义社会继续存在，这些状况就会日益恶化，所以资本主义社会无力消除这一祸害和解放妇女，为此必须建立另一种社会制度。"[3]

19 世纪中叶至 20 世纪初正是第一波女性运动兴起的时期。在这一时期，马克思、恩格斯、倍倍尔等社会主义思想家都对女性受压迫、受奴役的状况进行了抨击。与 17—18 世纪的启蒙思想家不同，社会主义思想家并没有借助契约理论来论证女性的平等权利。在他们看来，契约理论是虚假的、软弱无力的。例如，恩格斯就曾明确指出婚姻契约与无产阶级被迫订立的劳动契约一样，都是不公平的契约，都是处在权力支配关系中的契约。社会主义者的分析变量是阶级和所有权制度，他们相信，只有在破除私有制的基础上，男女两性才能在性爱的基础上平等地建立婚姻和家庭。只有消灭了阶级压迫，女性才能获得与男性同等的地位。总之，女性的解放与无产阶级的解放是同时发生的。

1　[德] 奥古斯特·倍倍尔：《妇女与社会主义》，葛斯、朱霞译，第 179 页。
2　同上书，第 185 页。
3　同上书，第 169 页。

成为女工

对于如何实现妇女的解放，恩格斯认为，女性首先要从父权制家庭中解放出来，进入生产领域，使其劳动具有公共的价值。因为，在父权制家庭中，"料理家务失去了它的公共的性质。它与社会不再相干了。它变成了一种私人的服务；妻子成为主要的家庭女仆，被排斥在社会生产之外。只有现代的大工业，才又给妇女——只是给无产阶级的妇女——开辟了参加社会生产的途径"[1]。然而，仅仅让女性进入生产领域并不能解决所有问题，在父权社会的私有制生产关系下，女工的处境可能非常糟糕。如日本学者上野千鹤子所言："即便女性进入了劳动力市场，但只要她们无法享有自己的劳动力所有权，女性就只会成为劳动力市场的奴隶。比如父母让女儿签订合同契约工作，其工资提前预支给父母。又如，丈夫去妻子的单位替她领取工资等行为。"[2]

倍倍尔描述了在机器化的大生产中，女工受到比男性工人更为严重的剥削："唯利是图的资产阶级社会早就看出，女工听话，好使唤，不计较，是比男人好剥削的对象。……1886年，联邦议会关于制衣业和洗涤业女工状况的调查报告表明，这些部门的女工由于工资少得可怜而不得不以卖身为副业。"[3] 倍倍尔同意马克思在《资本论》中的观点，认为已婚女性有小孩子要抚养，她们的议价能力是最低的："作为女工，已婚妇女比未婚妇

---

1 ［德］恩格斯：《家庭、私有制和国家的起源》，中共中央马克思恩格斯列宁斯大林著作编译局编译，第79页。
2 ［日］上野千鹤子：《父权制与资本主义》，邹韵、薛梅译，第19页。
3 ［德］奥古斯特·倍倍尔：《妇女与社会主义》，葛斯、朱霞译，第123页。

女'更加专心、更加温顺';她们为了养活子女,不惜付出全部力量去赚取最必需的生活费用。因此,她们的劳动量比未婚妇女甚至比男工都要大。一般说来,女工不敢同自己的劳动伙伴联合起来,提出改善劳动条件的要求。这在资本家心目中也提高了已婚妇女的身价;她们甚至经常成为资本家手中压制男工的一张王牌。"[1] 所以说,在没有根除私有制、没有改变资产阶级与无产阶级之间剥削与被剥削的关系之前,女性即使进入公共领域,参与社会化大生产,也不可能得到解放。女性的解放依赖于无产阶级革命的成功。

在无产阶级革命取得胜利之后,妇女解放运动取得了一系列重要的胜利。在俄国十月革命胜利之后,世界上第一个无产阶级政权诞生。苏维埃政权宣布废除沙皇专制政府颁布的歧视妇女的旧法律,规定了一系列保障男女平等的法律。1917年12月19日和1918年10月17日,列宁先后颁布了两个法令,废除了男性凌驾于其眷属之上的特权,赋予妇女在经济、社会和性的选择方面的全部权利,同时宣布她们理所当然地有权自由选择自己的居住地、姓名和公民权。[2] 与此同时,苏维埃政权大力提倡女性走出家庭,进入社会化大生产领域,并且认为这是妇女解放运动的正确路径。

1920年2月21日,列宁发表了《致女工》的演说:"苏维埃政权是世界上第一个也是唯一的一个完全废除了一切使妇女处于与男子不平等的地位、使男子享有特权(例如在婚姻法方面和对

---

[1] [德]奥古斯特·倍倍尔:《妇女与社会主义》,葛斯、朱霞译,第208页。
[2] 参见[美]凯特·米利特:《性的政治》,钟良明译,第258页。

子女的关系方面）的卑鄙的资产阶级旧法律的政权。……我们要使女工不但在法律上而且在实际生活中都能同男工平等。要做到这一点，就要使女工愈来愈多地参加公有企业的管理和国家的管理。……把更多的女工选进苏维埃去，不管她们是不是共产党员。只要是正直的女工，能有条有理地勤勤恳恳地工作，即使不是党员，也可以把她选进莫斯科苏维埃去！莫斯科苏维埃应当有更多的女工！让莫斯科的无产阶级证明：它准备尽力而且正在尽力反对过去的不平等制度，反对过去资产阶级对妇女的蔑视，夺取斗争的胜利！无产阶级如果不争得妇女的完全自由，就不能得到完全的自由。"[1]

列宁的演讲重申了妇女解放与无产阶级解放之间的密切关系，也强调了要增强女性在公有企业管理以及国家管理中的作用。这些都是非常进步的思想。然而，在许多当代学者看来，无产阶级的解放能够带来女性的解放，这一观点有还原论倾向。如莎朗·史密斯所言："阶级斗争通过揭示真实的阶级利益而非虚假的意识来自行解决性别歧视问题。将压迫问题还原为阶级问题。这种倾向通常还伴随着重申男性在消除女性压迫的问题上的客观阶级利益，而不是努力回答更为棘手的问题：我们如何在工人阶级内部解决性别歧视问题？"[2] 也就是说，性别歧视问题可能不完全是一个阶级压迫问题，因为即使是在无产阶级家庭中，也依然存在着性别压迫。

---

[1] 列宁：《致女工》，载《真理报》第40号，1920年2月22日。译自《列宁全集》俄文第5版第40卷，第157~158页。

[2] ［美］莎朗·史密斯：《马克思主义、女性主义和妇女解放》，金寿铁译，载《国外理论动态》，2019年第7期。

性别压迫是否会随着阶级压迫的消失而消失？这一问题可以借助表1来思考。从生产资料占有的情况可以将人们分为无产阶级和资产阶级；从性别维度可以将人们分为男性和女性。由此可能出现四种人群：资产阶级男性、无产阶级男性、资产阶级女性以及无产阶级女性。

表1　阶级压迫与性别压迫

阶级划分	男性	女性
资产阶级	资产阶级男性	资产阶级女性
无产阶级	无产阶级男性	无产阶级女性

从表1中我们可以直观地做出两个假设：第一，无产阶级男性的解放并不一定意味着无产阶级女性的解放。第二，资产阶级女性的解放也不一定意味着无产阶级女性的解放。支持第一个假设的一个明显事实是：在无产阶级家庭中，通常依然由女性承担家务劳动和养育子女的任务，而这部分劳动是无酬劳动。在许多女性主义者看来这是一种剥削。因此，即使女性能够进入社会化大生产，成为女工，她们仍然要承担生育和家务劳动。因此，她们仍然处于男性集团的压迫之下。正如凯特·米利特所言："无偿的家庭服务还在向工人阶级的男人们提供一个'软垫'，以缓解阶级制度给他们带来的冲击，让他们不时地也获得一份闲适阶级才有的精神享受。"[1]家庭及其劳动和负担的存在使得我们很难下结论说，无产阶级的解放将自动带来全体女性的解放。第二个假设涉及第三波女性运动注意到的问题：以英美国家为主要阵地

---

1 [美]凯特·米利特：《性的政治》，钟良明译，第58页。

的女性运动是由上层阶级女性发起的争取性别平等的运动。在运动不断深化的过程中，无产阶级女性与资产阶级女性逐渐分道扬镳。由上层阶级女性主导的女性运动是狭隘的，它关注的是少数精英女性如何获得与精英男性同等的机会。由此，以无产阶级女性为主体的更广大的女性提出了自己的运动纲领。下面，我将聚焦日本学者上野千鹤子阐发的马克思主义女性主义理论，以及由南茜·弗雷泽（Nancy Fraser，1947——　）等学者阐发的更广泛的女性运动纲领，深入分析阶级与性别之间错综复杂的联系。

阶级解放与性别解放

上野千鹤子认为，人类社会是由"市场"及市场以外的部分组成的。在市场中人们进行"生产"活动，然而市场并不是自足的，它需要自然界不断地向其提供"原材料"，也需要家庭不断地向其输送劳动力。因此，家庭作为市场的外部，是市场得以延续其生产活动的基础。上野将家庭中的劳动称为"再生产"，与市场中的"生产性劳动"不同，这种劳动是没有市场价值的，因为它根本就没有进入市场。但显而易见的是，这部分劳动并非没有价值。相反，没有这部分劳动，市场就不可能运行。上野论述道："家庭承载着市场中劳动力的再生产功能，是劳动力市场的终端，承担着人的投入和产出。"[1]然而，无论是在资产阶级家庭中还是在无产阶级家庭中，这种极其重要但又没有市场价值的劳

1　［日］上野千鹤子：《父权制与资本主义》，邹韵、薛梅译，第19页。

动几乎都是由女性承担的。由此,当人们在分析两性关系的时候,如果仅仅关注市场领域的劳资关系,以及劳动力的市场价值,就必然会忽略女性家庭劳动的巨大价值,以及女性在家庭中所受到的剥削。李银河在《女性主义》一书中指出:"苏联的经济学家算过一笔账:若以其他方式取代母亲和家庭女性,全社会要付出的代价约相当于每年雇用一亿名拿工资的工人,其报酬为一年1 500亿卢布(当时约合人民币5 000亿元)。中国经济学家也做了类似的测算,若把家务劳动转化为固定工资支付,每年为420亿元人民币。"[1]

人类劳动分为生产与再生产,前者是生产性劳动,发生在市场中,拥有市场价值;后者是非生产性劳动,发生在家庭中,不具有市场价值。在传统父权制社会中,生产性劳动由男性承担,再生产则由女性承担。由此,女性的劳动价值被忽略了。一个典型案例就是做饭这一劳动。传统家庭中大多是女性做饭,这一再生产劳动是没有市场价值的。但是,当做饭这一劳动进入市场领域,它就拥有了极高的市场价值,而同时,女性从事这一生产劳动的权利也几乎被完全剥夺。即使在当下社会,大厨这一职业也是被男性垄断的。世界顶级餐厅中拿着高工资的大厨绝大部分都是男性。女性的再生产劳动具有极其重要的意义,是人类社会的延续所必需的。虽然目前的经济学统计方法很难体现这部分价值,但它也可能间接体现在丈夫的收入中。上野引用了"道格拉斯-有泽法则",这一法则表明:丈夫收入与妻子的劳动参与率

---

[1] 李银河:《女性主义》,第91~92页。

成反比。[1]也就是说，女性越回归家庭，承担越多的再生产活动，则丈夫越能够全身心地投入公共领域的生产活动中，其薪酬也就越高。然而，女性在其中所做出的牺牲则完全被忽略了。

上野不仅揭示了性别分工造成的性别压迫和剥削，还对女性付出这些无酬劳动的动机——爱，进行了批判。她论述道："给'爱'和'母性'赋予象征性的价值并将其推向神坛，实际上是长久以来榨取女性劳动的意识形态机制。……'爱'，其实就是女性为了调动自己的能量，将丈夫的目的当作自己的目的的一种机制。"[2] 在上野看来，家务劳动就是以爱之名对女性进行的剥削。笔者虽然同意上野对于爱的定义——爱就是将对方的目的作为自己的目的，为对方的幸福和快乐而献身，但并不赞同她对爱的否定态度。爱是相互的，传统婚姻中大多强调女性对其他家庭成员的爱，鼓励女性为了家庭的延续而牺牲自我。这样的爱是不平衡的，最终造成女性在家庭中受剥削、受压迫的不平等地位。走出这一困境的出路并不是全盘否定爱，因为没有爱，婚姻和家庭就失去了存在的意义，而是要让爱变得平衡。换言之，要鼓励男性更多地为其他家庭成员做出牺牲，主张男性也要爱妻子、爱孩子。为了家庭的延续，男性也可以为了妻子的发展而牺牲自己的事业，为家庭的再生产付出更多时间和精力。女性单方面的爱和牺牲是不足以支撑家庭的，只会在妻子的心里种下怨恨和愤怒，最终破坏家庭关系的和谐。

上野在考察当代女性主义和马克思主义思想的基础上，辨析

---

1 参见［日］上野千鹤子：《父权制与资本主义》，邹韵、薛梅译，中文版序言，第4页。
2 同上书，第32页。

了马克思主义女性主义者的立场:"先把阶级统治和性统治分别看作独立的变量,继而解析两者相互关系中所存在的历史固有形态。从这个立场出发,近代资本主义社会中存在的固有压迫形态就是'父权制资本主义'(patriarchal capitalism)。在近代资本主义社会中,女性不仅受'资本主义'的压迫,还受'父权制'的压迫。"[1]换言之,在资本主义社会的家庭中,女性在家庭与工厂之间奔波,遭受的是"双重压迫"。马克思主义女性主义者应用马克思的阶级分析理论对家庭中的再生产进行分析:男性是再生产的统治阶级,女性是再生产的被统治阶级,并由此推出关于"性阶级统治"的理论。上野认为,这种家庭内部的"性统治"将扩展到整个社会,成为父权制。"无论在哪里,男性对女性再生产劳动的占有,以及对再生产劳动产物即孩子的占有都不会消失。其终极性统治达成了社会性的'父权制统治'。"[2]当然,作为再生产的生产工具,除了房屋及各种设施以外,"子宫"是女性身体的一部分,不是男性能够完全掌握的。[3]因此,上野认为,如果人类有一天能造出"人造子宫"的话,那将成为"父权制的乌托邦",因为那时男人将能够完全掌控"再生产"。

对于是否可以将马克思的阶级分析学说应用于家庭内部两性关系的分析,笔者认为,这是值得商榷的。因为,马克思所分析的阶级关系是"陌生人关系",无产阶级与资产阶级之间是没有

---

[1] [日]上野千鹤子:《父权制与资本主义》,邹韵、薛梅译,第7页。
[2] 同上书,第83页。
[3] 从这里我们也就理解为什么争取"堕胎权"成为女性主义运动的核心内容之一,从"性阶级统治"的观点来看,是否允许堕胎体现了两性对生产资料的争夺。

亲密之爱的,而家庭关系则不同。不同性别在家庭中的地位虽然是不同的,但他们之间有爱的纽带,这是他们当初缔结婚姻的情感基础。在爱的关系中很难以阶级压迫的话语进行解读。当然,爱的关系可能是不平衡的,甚至是不公平的,但其解决方案绝不可能是家庭内部的"阶级斗争"。

阶级关系与性别关系是两种相互独立又时常纠缠在一起的关系。阶级的消失不可能同时消除其他等级式的支配关系,压迫和剥削仍然存在于不同性别和不同肤色的人们之间。如果一个无产阶级男性娶了资产阶级女性,他或许并不会因为财富的悬殊而认为自己比妻子低一个等级,而是更可能因其"令人骄傲的性别"而展现出大男子主义的作风。正如米利特在《性的政治》一书中所言:"性的地位常常是在阶级这一变量中以表面上错综纷纭的方式体现出来的。"[1] 米利特将男性对女性的支配关系称为"性阶级",并且认为,处在较低社会阶级(例如无产阶级)的男性更倾向于彰显其在性阶级上的优越,尤其是在面对处于上层社会阶级(例如资产阶级)的女性时。女性的解放不仅需要推翻资本主义的压迫,还需要打破几千年来父权制的桎梏(在这一点上,种族平等则需要破除种族主义)。在这两者都没有破除的情况下,大部分女性处在双重的枷锁之中。这直接体现为:在公共领域(劳动力市场)中,女性受到资本的剥削,在私人领域(家庭)中,女性受到男性的剥削。

在中国的妇女解放运动中,我们也能找到性别问题很难还原为阶级问题的实例。1963年《中国妇女》杂志第6—12期开辟了

---

[1] [美]凯特·米利特:《性的政治》,钟良明译,第54页。

"女人活着为什么"的讨论专栏，1964年第4—9期又开设了"选择爱人的标准是什么"的讨论专栏。这两个专题讨论开始后，收到来自全国各地读者来信2 000份。在这些信件中，人们对职业女性的追求、工作与家庭，如何处理工作与家庭之间的矛盾等问题进行了激烈讨论。然而，这一全国性的大讨论却受到了严厉的批判。1964年第2期《中国妇女》刊发了题为"决心做坚强的彻底的革命女战士"的文章，批驳了"事业生活并重论""人才出众论""女人生育论"等观点，认为相关争论反映了一部分人没有树立革命人生观。1964年10月，《红旗》杂志第20期刊发了署名万木春的文章《怎样看待妇女问题》。该文批评"女人活着为什么"和"选择爱人的标准是什么"的讨论偏离了阶级分析。该文指出，这些问题只能按照阶级区分先进与落后、革命或反动的人生观和世界观，绝不能按照性别区分男人或女人的世界观。1964年10月28日，《人民日报》转载了该文。受到这篇批判文章的影响，1964年12月31日，全国妇联在第三届第五次执委会上承认上述讨论的方向是错误的，全国妇联领导以及《中国妇女》为此做出深刻检讨。全国妇联妇女研究所在2017年出版的《当代中国妇女运动简史（1949—2000）》中对这一批判做出了最后评价："这场讨论遭到了过火和错误的批判，是'以阶级斗争为纲'的'左'倾错误指导思想在妇女问题上的直接体现，许多性质不同的妇女问题被简单归结为阶级斗争或是阶级斗争在党内的反映。这种意识形态领域的批判不断升级，妇女工作也开始采用阶级斗争的观点分析和解决妇女问题，使妇女工作受到严重影响。"[1]

---

[1] 全国妇联妇女研究所：《当代中国妇女运动简史（1949—2000）》，北京，中国妇女出版社，2017年，第100页。

从这一事件以及全国妇联妇女研究所做的评价来看，阶级斗争无法完全解释两性关系，除了无产阶级的胜利之外，性别平等的实现还需要根除父权制的遗留。将女性解放的问题单纯归结为性别问题这是激进主义女性主义[1]的特征，而将女性解放单纯归结为阶级解放问题，这是某些社会主义女性主义[2]者的主张。这两种主张显然都是片面的。女性的解放不仅依赖于无产阶级的解放，也依赖于父权制的根除。资本主义与父权制是两种不同的压迫形式，它们的起源和发生机制有着很大区别。资本主义起源于15—16世纪的西欧，而在最初的母系社会崩溃之后，父权制就一直是人类社会的基本制度形式，距今已有五六千年的历史。这两种压迫形式，一种以生产资料的占有为依据，另一种以人们的生理性别为依据。资本主义压迫发生在市场领域，以不平等的劳动契约为标志，而父权制压迫发生在家庭领域，以不平等的婚姻契约为依托。这两种压迫制度交织在一起，无产阶级女性则可能遭受双重压榨。不仅如此，两个压迫体系还有互相加强的倾向。一方面，资本主义的市场领域一再低估女性劳动的价值（例如服务

---

1 激进主义女性主义出现于20世纪60年代，她们的基本观点是：女性受压迫的地位是由父权制造成的，只有根除父权制才能实现女性的解放，主张女性推翻男性的统治。代表人物有凯特·米利特、舒拉米斯·费尔斯通、凯瑟琳·麦金农等。
2 参见瓦勒里·布赖森对社会主义女性主义的界定："社会主义女性主义这一术语有些含混不清之处，它既被用来描述那些将社会主义与女性主义的目标联系在一起的理论（无论这些理论是否专门以马克思主义的分析为基础），也包含一些把马克思主义与激进女权主义综合起来的现代尝试。"（转引自李银河主编：《妇女：最漫长的革命》，北京，生活·读书·新知三联书店，1997年，第3页。）

员、看护、文秘、幼教等是女性能在市场上找到的主要工作，而这些工作都是低薪工作），这使得女性不得不回到家庭中。但是，家庭中的劳动又不被资本主义市场承认，这进一步贬低了女性在家庭中的地位，加强了父权制的压迫。另一方面，父权制压迫严重阻碍女性各方面能力的发展，这使得她们无法在市场上谋得高薪职业，只能从事剥削程度最高的"辛苦劳动"。正是在两个压迫系统错综复杂的相互作用之下，资本主义社会的婚姻和家庭出现了一系列问题：女性为事业牺牲家庭，或为家庭牺牲事业，全职太太得不到家人的尊重，针对女性就业的歧视，等等。

为了99%的女性主义

阶级压迫与性别压迫是两个独立产生但又交织在一起的系统，这使得女性在追求自由与平等的过程中，可能会分化成不同的阵营。正如米利特所言，在父权制社会中，"阶级的一项主要效能是让女性互相对峙。在以往的时代里，这一对峙体现在妓女和淑女有声有色的敌对情绪中，在当今则表现在职业妇女和家庭主妇之间，一方妒忌另一方的'稳固'和特权"[1]。米利特所说的这种"对峙"体现在不同阶级的女性之间。1908年，全俄第一次妇女大会在圣彼得堡召开，参加大会的代表由中上层妇女代表、下层女工代表和知识女性组成。女工代表关注经济利益和阶级问题，在大会上做了重要发言。她们认为，由于所处阶级不同，所以上

1　[美]凯特·米利特：《性的政治》，钟良明译，第58页。

层妇女与女工的利益不同；资产阶级的女权运动是自私的，她们只关心选举权问题，不关心阶级问题，应该由无产阶级代替她们来完成历史使命。这次会议的召开清楚地表明了女性并非一个整体，不同女性境况不同，利益也不同，这使得她们可能提出不同的运动目标和运动纲领。中上层妇女经济条件较好、生活优渥，她们关心的是如何像男性一样获得担任公职的权利，而下层女性生活困窘，压在她们头上的不仅有父权制压迫还有资本家的剥削。

2019年，为了呼吁更多人参加一年一度的"妇女大游行"（Women's Marches），美国的三位女性主义者辛西亚·阿鲁兹（Cinzia Arruzza）、蒂提·巴塔查里亚（Tithi Bhattacharya）和南茜·弗雷泽联合发表了《为了99%的女性主义：一份宣言》[1]，指出上层女性主张的新自由主义女性主义是少数精英的代名词，而《宣言》所倡导的是革命性的女性主义，是为99%的女性发出的宣言。该宣言对资本主义进行了鞭辟入里的批判，指出资本主义社会的三个危机：生态危机、政治危机以及社会再生产危机。

第一，与家庭类似，自然也处于资本主义大生产的"外部"。在人们用自己的劳动改造自然之前，自然在资本主义生产中是没有市场价值的，但自然向市场领域源源不断地输送着原材料，对于资本主义生产来说又是不可或缺的。在资本主义社会，自然并没有被善待。资源浩劫、环境恶化、生态系统崩溃，这些都是伴随着资本主义社会化大生产而发生的。第二，资本主义还面临着政治危机。这一危机的根本原因是本应代表广大人民的政权被资

---

[1] Cinzia Arruzza, Tithi Bhattacharya and Nancy Fraser, *Feminism for the 99%: A Manifesto*, New York: Verso, 2019.

产阶级篡夺，本该服务于公众的国家机器成为资本的仆人。民主选举被扭曲成金钱的游戏，民意得不到表达，公权力被滥用。第三，家庭处于市场的外部，女性承担了大部分再生产劳动。资本主义大生产免费获取了再生产的劳动成果，这造成女性境况的恶化、性别不平等加剧、婚姻家庭关系恶化等严重问题。社会再生产危机的根源在于资本主义社会对待再生产的态度是矛盾的。一方面，资本主义社会不承认再生产的价值，拒绝负担相应的费用；另一方面，再生产对于生产来说又是必不可少的。当女性群体已经无力承担人类社会再生产的重负，甚至拒绝再生产的时候，这个社会就走向了崩溃的边缘。由此，三位女性主义者提出，共同受到资本主义压迫和剥削的女性应该团结起来，以更为包容的态度对待她们之间的不同，联合反种族主义者、环保主义者、维护劳工和移民权利的激进主义者等各种团体，喊出革命的口号：为99%人口的女性主义是不懈地反对资本主义的女性主义——在得到平等之前永远不满足于等同，在得到公正之前永远不满足于法律权利，在个人自由建立在所有人的自由之前永远不满足于民主。代表99%的女性主义，这是妇女解放运动的最新发展。

人类社会的权力关系是错综复杂的。除了阶级关系和性别关系外，我们甚至可以加入第三变量——"肤色"，由此可能出现更多的处在不同光谱位置的人群。资产阶级白人男性，这无疑是处在"鄙视链"顶端的群体，接下来的各种集团（资产阶级白人女性、资产阶级黑人男性、资产阶级黑人女性、无产阶级白人男性、无产阶级白人女性、无产阶级黑人男性）则可能在不同境况中处在不同的位置。毫无疑问，"鄙视链"最末端的则是无产阶级黑人女性。无怪乎美国黑人女性主义者贝尔·胡克斯在《女性主义理论：从边缘到中心》一书中指出，只有当"无产阶级黑人女性"获得了平等和自由，所有人才可能得到解放，因为她们的处境是最艰难的，承受着阶级、性别以及种族三重压迫。为了99%人口的女性主义想要做的正是将绝大部分受压迫者团结起来，她们遭受的有可能是阶级压迫，有可能是性别压迫，有可能是种族压迫，也有可能是多种压迫的叠加。这些受压迫者的处境与少数女性精英是不同的。那1%的优秀女性的解放，例如她们得以担任重要的公职，得以接受精英教育，在科学文化领域做出的贡献得到承认，这些并不能代表其他遭受着多重压迫的人们得到了解放。

共产主义社会的两性关系

最后，我想讨论一下社会主义者所梦想的共产主义社会的两性关系。到那时，资产阶级被推翻，私有制被根除，而婚姻和家庭会解体吗？是否如柏拉图所构想的，人类会进入"共产共妻共子"的社会呢？恩格斯认为，专偶制的产生是为了保证财产的继承。男人是财产拥有者，他的财产必须传递到其子女手中。所以，私有制下的专偶制是对女性来说的，要求的仅仅是女性的忠贞。在私有制被破除后，人类进入公有制社会，但专偶制并不会消失，而是会成为真正的一夫一妻制："它（专偶制）不仅不会消失，而且相反地，只有那时它才能完全地实现。因为随着生产资料转归社会所有，雇佣劳动、无产阶级，从而一定数量的——用统计方法可以计算出来的——妇女为金钱而献身的必要性，也要消失了。卖淫将要消失，而专偶制不仅不会灭亡，而且最后对男子也将成为现实。……随着生产资料转归公有,个体家庭就不再是社会的经济单位了。私人的家务变为社会的事业。孩子的抚养和教育成为公共的事情;社会同等地关怀一切儿童,无论是婚生的还是非婚生的。"[1] 也就是说共产并不会导致共妻,女人不再是男人的财产,两性会在平等的基础上相爱并保持忠诚,而孩子则会得到整个社会的关爱。同样,《共产党宣言》也否定了"共产共妻"说法:"随着现在的(私有制)生产关系的消灭,从这种关系中产生的公妻制,即正式的和非正式的卖淫,也就消失了。"[2] 值得注意的是,恩格斯提出了对私生子的一系列法律限制,主张非婚生子女的平等权利。这也是一种极为进步的思想。因为,私生子遭受的区别对待与他(她)自身的努力和选择是没有关系的,换句话说,私生子是无辜的。因此,如果一个法律体系对非婚生子女区别对待的话,就是在肯定人们生而不平等,而这是没有道理的。我国《民法典》第一千零七十一条规定,"非婚生子女享有与婚生子女同等的权利",正是以人人生而平等为依据的。

倍倍尔也构想了共产主义社会的理想婚姻,到那时,绝大部分的家务劳动都能够社会化,例如洗衣做饭、照顾小孩等等。他这样描述"共产主义的厨房":"这种厨房更像一个沙龙,而不像工作间,在这里,一切技术和机械设备应有尽有。各种最麻烦、最难制作的食品可以立刻加工完成,有如在做游戏。土豆和水果电动削皮机、除核器、香肠填塞机、榨油机、切肉机、绞肉

---

[1] [德]恩格斯:《家庭、私有制和国家的起源》,中共中央马克思恩格斯列宁斯大林著作编译局编译,第81页。

[2] [德]马克思、恩格斯:《马克思恩格斯选集》(第一卷),中共中央马克思恩格斯列宁斯大林著作编译局编译,第418页。

机、烤肉机、咖啡和各种香料粉碎机、切面包机、搅冰机、拔塞器、压塞器，以及其他上百种机械用具和机器，应有尽有，使用这些电气设备和机器，只要用很少的人力便可备好几百位客人的膳食，消除污垢和刷洗餐具等同样使用各种机器。"[1]除此以外，倍倍尔还历数每个家庭设置厨房的坏处："家庭厨房对数百万妇女来说是最累、最消耗时间、最浪费的设施之一，那里对她们健康不利，使她们的情绪不佳。……废除家庭厨房对广大妇女来说就意味着一次解放。"[2]在倍倍尔看来，在破除了私有制的情况下，家庭内部劳动可以转变为社会化大生产，其中不仅包括家庭妇女日常承担的做饭、洗衣等劳动，还包括育儿。在这些劳动通过公共部门承担的情况下，女性将获得解放："妇女自由了，她们的孩子只会给她们增添生活的乐趣，却不会妨碍她们的自由，她们一旦需要帮助，那么，保育员、教师、女朋友和年轻的姑娘都会成为她们的帮手。"[3]从家务劳动中解放出来的女性将能够自由地恋爱，与男性缔结互相尊重的、平等的婚姻关系。当然，从科技进展来看，并不是所有再生产劳动都可以社会化的，其中最重要的环节——生殖还必须在私人领域由特定的一对男女完成。即使在试管婴儿技术已经成熟应用的今天，女性依然没有摆脱怀孕生子的沉重负担。因此，只有当体外生殖技术被发明出来，并且得到广泛应用，倍倍尔的构想才可能彻底实现。

经典作家的畅想也实际发生在妇女解放运动的过程中。20世

---

[1] ［德］奥古斯特·倍倍尔：《妇女与社会主义》，葛斯、朱霞译，第459~460页。
[2] 同上书，第460页。
[3] 同上书，第469页。

纪初，苏维埃政权取得革命胜利后，为了将妇女从育儿的劳动中解放出来，开始兴建托儿所。1946年，为了学习苏联的经验，中国的《妇女杂志》刊登了一系列介绍苏联托儿所的文章。其中，陈鹤琴的文章描述道："苏联托儿所的发展在世界上可以说是教育上的一个奇迹。1924—1925年，一年之间，我在欧洲，考察了11个国家的教育，没有看到像苏联那里托儿所发达的情形。托儿所好像到处都有，农村有农忙托儿所，工厂有工厂托儿所，大公司、车站、剧场附近都有托儿所。母亲带了一个小孩到街上去买东西，就可以把小孩子寄托在一个附近的托儿所里面，买了东西，仍旧把孩子抱回家去。到了晚间，两夫妇要出去看电影，听听音乐，就可把小孩子寄托在剧场的托儿所里。苏联革命成功后，就注意到托儿所的设立，1929年时有56 961张床位。每个儿童一张床位，平均每个托儿所以100张床位计算，在那个时候，就有569个托儿所。1930年时有85 537张床位，1931年有177 385张床位，1932年有365 010张床位。照过去发展的速率来看，现在应该在100万张以上了。欧美各国都是望尘莫及了。……多大的小孩子可以进托儿所呢？托儿所分三组，第一组两个月到七个月，第二组八个月到一岁半，第三组一岁半到两岁零八个月。"[1]

中国共产党很早就开始学习苏联的做法。20世纪30—40年代，中央苏区有许多妇女参加农业劳动。为了让劳动妇女尽可能地参加生产和苏维埃各方面的工作，根据毛泽东的指示，苏区中央人民政府开办了托儿所，并于1934年2月颁布了《托儿所组织条例》。该条例对托儿所的规模、作息制度、环境设备、保教

---

[1] 陈鹤琴：《苏联的托儿所》，载《妇女杂志》，1946年第7期。

人员的编制标准等做了详细的规定。20世纪50—60年代，人民公社化运动迅猛发展。1958年8月29日，中共中央政治局在北戴河会议上通过了《关于在农村建立人民公社问题的决议》。一个多月的时间里，全国农村就基本实现了公社化。1958年底，全国加入公社的农民有1.2亿多户，占全国总农户的99%以上。公社社员都到公共食堂吃饭。除了大规模开办公共食堂外，公社还兴办托儿所、幼儿园、缝纫组、敬老院等集体福利事业。到1958年底，全国26个省市统计，共建托幼组织345万多个，入托儿童达6 400多万人。到1959年底，全国农村公共食堂达391.9万个，参加食堂吃饭的达4亿人。河南省参加食堂的人数占全省农村总人口的97.8%。[1] 人民公社运动将妇女从家务劳动中解放出来，使她们有更多机会参与社会劳动，从事技术和文化的学习。据《人民日报》报道，1958年，全国解放出来的妇女劳动力有5 000万人以上。总之，家务劳动社会化、育儿社会化，以及女性进入工业化生产的公共领域，是社会主义者所倡导的妇女解放的路径。其理想形态就是共产主义社会中男女在自由平等的基础上缔结爱的关系，实现真正的一夫一妻制。

综上所述，从社会主义理论家的著作和妇女解放运动的实践来看，女性的解放是一个漫长的过程，取决于人类的科技发展以及制度进步等多种因素。阶级压迫和性别压迫是资本主义社会中女性遭受的双重压迫，妇女的彻底解放一方面要求推翻资产阶级的统治，另一方面也要求根除父权制。

---

[1] 参见全国妇联妇女研究所：《当代中国妇女运动简史（1949—2000）》，第79页。

第五章
家庭正义是否可能？

1971年，美国哲学家约翰·罗尔斯出版了《正义论》一书，此后50多年的时间里，"正义"成为西方政治哲学研究的主题之一。尤其是关于如何分配社会财富和负担的"分配正义"问题，许多著名学者参与到讨论中，并且贡献了自己的正义学说。正当学术界热议正义问题时，女性主义者却突然发现学者们讨论的正义问题似乎仅限于公共领域，并非覆盖整个社会，正义理论不适用于家庭。然而，在家庭中却存在着家暴、精神操控（PUA）、家务劳动分担不均、家庭资源分配不均等"明显的不正义"[1]。而

---

[1] "明显的不正义"这一概念是阿马蒂亚·森提出的。森认为，社会正义研究的根本目的不应该是建构一个完全正义的"理想国"，而应该是消除现实社会中"明显的不正义"。在森看来，社会中的一些现象是明显不正义的，例如强者欺凌弱者，贫民食不果腹、衣不蔽体，无辜者被随意地监禁，无家可归者流浪街头……无论出于什么理由，所有人都会认为这些社会现象是不正义的。参见［印］阿马蒂亚·森：《正义的理念》，王磊、李航译，北京，中国人民大学出版社，2012年，第2页。

且，女性往往是这些不正义的受害者。难道带领全人类追寻正义的理论家们，一不小心忘掉了占人口数量一半的女性吗？美国学者苏珊·穆勒·奥金（Susan Moller Okin）针对这一问题进行了深入剖析，批驳了认为家庭关系不需要正义原则进行规范的主张，并提出了建构家庭正义的构想。

被忽视的家庭正义

奥金在《正义、社会性别与家庭》一书的开篇指出了当代正义学说的一个严重问题：这些学说忽略了我们的社会建立在社会性别的基础上，而正义问题，关于资源的分配和劳动的分担，不仅存在于公共领域，与市场经济、税收、社会保障体系等制度设计相关，也与家庭内部的亲密关系相关。奥金罗列了忽略性别问题的许多当代学者，其中不乏世界级的知名学者，例如约翰·罗尔斯、罗伯特·诺奇克、罗纳德·德沃金、布鲁斯·阿克曼、威廉·盖尔斯敦、阿拉斯戴尔·麦金泰尔，等等。奥金指出："那些正义理论怎么能看似面对所有人，而实际上忽视了女性、社会性别以及两性之间的所有不平等？最主要的原因可能在于其理论'预设'，这样他们就不会对传统的以性别建构为基础的家庭加以探讨。另一个原因则是它们经常以一种假性、空洞的方式使用性别中立的语言。"[1]

第一，在理论预设上，现代政治理论大多以理性人为理论出

---

[1] [美] 苏珊·穆勒·奥金：《正义、社会性别与家庭》，王新宇译，北京，中国政法大学出版社，2017年，第8页。

发点。尤其是当代正义学说大多采用了社会契约论的论证结构，以理性人缔结契约的方式来论证相应的政治主张。在社会契约论中，订约者是自由而平等的理性存在者。然而，从西方哲学史的建构来看，生而平等、自由的理性人事实上是作为一家之主的男性，以他们为代表进行理论建构将不可避免地忽略家庭内部的正义问题，他们将代表整个家庭签订社会契约。正如奥金所言："几乎所有当下的理论都是以极其传统型的男性户主作为他们理论主题的'个体'。这样，正义理论中应用于两性关系或者家庭内两性关系的原则，被经常性地、心照不宣地在一开始就排除在正义理论之外。"[1]

罗尔斯就是这类学者的典型代表。罗尔斯认为，人类社会是一个合作冒险体系。人们之间既有利益的一致，也有利益的冲突。所以，人们需要正义原则对共同创造的财富以及须承担的义务进行分配。在罗尔斯的学说中，所谓"正义"就是一种在人类合作体系中划分基本的权利和义务、利益和负担的原则。[2] 罗尔斯正义学说的主体是理性人，他借助契约论的论证结构构想了理性人在"无知之幕"后对如何分配共同的财富达成一致意见。罗尔斯认为，这是一份公平的契约，因为人们是在平等而自由的状态下签订这份契约的。而且，无知之幕屏蔽了每个人的具体信息，人们在不知道自己的财富状况、所处世代、年龄性别等信息的情况下自愿签订契约。因此，这份契约能够做到一视同仁，契约的内容一定是正义的。这就是罗尔斯所说的"作为公平的正义"，

---

[1] [美] 苏珊·穆勒·奥金：《正义、社会性别与家庭》，王新宇译，第9页。
[2] 参见：John Rawls, *A Theory of Justice*, The Belknap Press of Harvard University Press, Cambridge, Massachusette, 1999, p. 5.

即通过公平的程序订立的契约就是正义的。然而，正如奥金所指出的，罗尔斯讨论的是成年理性人，他并没有考虑这些理性人是怎么长大的。在他们的成长过程中，他们的母亲付出了多少时间和精力，这些内容都被忽略不计了。当然，罗尔斯可能辩解说，他讨论的主要是以国家为视角的公共领域的财富分配问题。然而，财富分配、劳动分担、精力投入这些与分配正义息息相关的重大问题也时时发生在家庭中，而"家庭本身并没接受正义标准的检验，正义之光也从未照耀这一领域"[1]。

第二，奥金认为，家庭正义被忽视的第二个原因是"假性性别中立"。所谓"假性性别中立"指的是：表面上说的是所有人，但实际上指的仅仅是男性或女性。这种情况是由两性的生理差异或者社会性别的建构而造成的。举例说明：如果一种工作面向1.8米以上的求职者，那么，这一招聘政策只是表面上看起来对两性公平。考虑到两性的生理差异，这一政策实际上是偏向男性的。又如，康德认为"所有理性存在者都是自由的"，其实并不包含女性在内。因为，我们可以从康德的其他作品中读到，他认为女性是缺乏理性的；她们天生感性，而且应该保持感性。[2] 上述两个例子都属于假性性别中立，第一种表达试图掩盖两性的生理差异，而第二种表达则忽视了社会性别的建构。当代学者在建构他们的正义学说时也有这个问题。他们使用的都是理性人的假设，但实际上很可能并不包含女性。这就使得他们的正义学说不会考虑性别歧视等问题，也不会涉及两性关系的问题。另

---

1 ［美］苏珊·穆勒·奥金：《正义、社会性别与家庭》，王新宇译，第11页。另可参见：Francis Schrag, "Justice and the Family", *Inquiry*, Vol. 19, 1976, p. 200.

2 参见［德］康德：《论优美感和崇高感》，何兆武译，第31页。

外，假性性别中立的问题还可能出现在公共政策的表述中，奥金举出一个臭名昭著的实例：美国联邦最高法院1976年的通用电气公司诉吉尔伯特案将孕妇排除在雇主提供一般保障的残疾福利计划之外，无视在员工怀孕期间出现的并非与怀孕有关的残障情况，声称完全没有性别歧视，只是区分了孕妇和非孕妇。[1] 问题是，难道男性也可能成为孕妇吗？这样的解释真是荒唐透顶！直到1978年，美国国会才通过了《怀孕歧视法案》（Pregnancy Discrimination Act）。

　　第三，从思想史来看，家庭正义被忽视还有一个重要原因，就是在许多思想家看来，规范家庭关系的原则应该是爱，而不是权利、公平、正义等原则。后者是应用于陌生人之间的规范体系，而亲密关系中的唯一原则就是爱。社群主义者迈克尔·桑德尔是这一观点的代表性学者。桑德尔认为，家庭成员相互关爱，很少考虑按照法律或正义的原则主张自己应该得到什么利益，只有"当一个和睦的家庭陷入纷争，人们的利益逐渐分化，正义的环境渐趋敏感……古老的宽厚精神才会被一种不可非难之廉正的司法气质取代"[2]。桑德尔甚至认为，不仅亲密关系是爱的关系，而且规范陌生人关系的制度体系也应该以"仁爱"为人性假设。桑德尔反对罗尔斯的观点——"正义是社会制度的首要美德"，认为"正义仅在那些被大量分歧困扰的社会才是首要的"[3]。桑德

1　参见［美］苏珊·穆勒·奥金:《正义、社会性别与家庭》，王新宇译，第13~14页。
2　［美］迈克尔·桑德尔:《自由主义与正义的局限》，万俊人等译，南京，译林出版社，2011年，第48页。
3　同上书，第46页。

尔批评罗尔斯将原初状态的理性人设定为"相互冷淡"的，忽略了人们之间可能相互关爱的倾向。站在罗尔斯的立场上，我们可以做这样的辩护：罗尔斯想要建立的是"现实的乌托邦"，即基于现实人性的理想制度。所以，他从只关心自我利益的理性人假设出发推出正义原则。如果我们将"人性"的假设抬高，设定为"仁爱"，那么我们只能得到一个建立在"人人爱我、我爱人人"的优良人性基础上的理想制度。然而，那将是一个脱离现实的乌托邦，一个空想的乌托邦。在人性进化至理想状态前，空想的乌托邦对社会现实的指导意义是极其有限的。

上述推理对于如何建构家庭关系的规范体系也是适用的。家庭关系的第一原则确实是爱，但这并不意味着家庭内部就不应该讨论公平正义之类的问题。家庭正义是必要的，因为爱可能消失。当一方一味地要求另一方做出牺牲，当一方以暴力或非暴力手段对另一方进行控制和支配，当一方不断地压榨另一方的劳动成果，当一方以各种理由和手段限制另一方的自由发展……爱就已经消失了。这时家庭关系就必须以权利、公平、正义等规范陌生人之间关系的原则进行规范。奥金指出，家庭内部不需要正义规范的前提是，我们已经处于理想家庭之中。这样的家庭是以爱为纽带的，无论男性还是女性，甚至孩子，都会为其他成员着想，主动承担家务劳动的公平份额，为了其他家庭成员的个人发展而主动奉献时间和精力，牺牲小我而实现家庭这个大我。然而，形形色色的家庭距离理想家庭还很遥远，人性进化的速度比人们期望的要缓慢许多。因此，在现阶段，不仅陌生人之间应该建立正义的规范体系，而且在婚姻和家庭中，在亲密关系中也应该以平等、权利、正义等原则进行规范，以划定家庭成员行为的底线。正如奥金所说:"正义理论本身关注的是现实而非抽象或理想的社会体制。如果我们只关注理想的状况,那么人类社会和家庭,没有正义也可以。理想的社会大概并不需要刑事司法制度或税收,但是现实的状况并非如此。"[1]

罗尔斯在家庭正义问题上的含混

罗尔斯的正义学说是当代正义理论研究的开山之作,他的思想激发了持续几十年学术界的热烈讨论。在家庭是否需要以正义原则进行规范的问题上,罗尔斯的表述显得含混不清,这更加激起了人们对此问题的关注。下面,我将从三个方面分析罗尔斯在这一问题上表现出的迟疑。第一,罗尔斯在讨论"正义的环境"时并没有将家庭包含在内,这似乎意味着家庭中不会出现正义的问题。第二,罗尔斯认为,正义的主题是基本制度,其中包括一夫一妻制,但他并没有分析家庭内部的正义制度。第三,罗尔斯认为家庭是培养正义感的学校,但并未指明应在家庭内部建立正义秩序。

第一,罗尔斯认为,正义的问题并不是在任何场景下都存在的,例如,两个亲密的朋友就很可能不会对各自的利益和负担等问题进行严格的划分。正义问题的产生需要主观和客观两方面的条件。罗尔斯对"正义的环境"的讨论借鉴了休谟的经验主义观点。休谟在《道德原则研究》一书中将正义作为一种"警戒性

---

[1] [美]苏珊·穆勒·奥金:《正义、社会性别与家庭》,王新宇译,第38页。

和防备性的德性",认为在两种情况下正义不会有用武之地:第一,当大自然赋予人们的物产和财富极大丰富时,正义对于规范人们之间的关系来说是没有意义的。这时,人们不需要任何努力和争取就可以轻易地满足自己的需求,人们不需要相互合作以应对自然界的艰险和困难,也不会因为有限的资源而相互争斗。第二,当人们之间充满仁慈和温情、相互关爱时,正义就失去了作用。[1]基于休谟所论述的这两点,罗尔斯将"正义的环境"归结为客观和主观两个方面。在客观环境方面,罗尔斯认为,各种资源的"中等程度的匮乏"保证了人们合作的必要性和可能性。对于主观环境,一方面,所有人都有大致相近的需求和利益,这使得他们之间存在相互合作的可能;另一方面,人们的生活计划又各自不同,所以他们对于如何利用社会资源可能提出相互冲突的要求。这些相互冲突的要求在特定的价值观念的支持下还可能引发人们在哲学、宗教信仰、政治立场等方面更深刻的分歧。正是在这样的境况下,人们需要以某种各方达成共识的原则来化解彼此间的矛盾与冲突,确定利益和负担的分配。由此,罗尔斯总结道:"只要人们对中等匮乏条件下社会利益的划分提出了相互冲突的要求,正义的环境就达到了。"[2]

依据罗尔斯对"正义的环境"的规定,家庭中是否会产生正义问题呢?一方面,家庭中的资源显然处于"中等匮乏"的状态,财富、时间、精力、教育等资源并不是应有尽有。每个家庭

---

[1] 参见[英]休谟:《道德原则研究》,曾晓平译,北京,商务印书馆,2004年,第36页。

[2] John Rawls, *A Theory of Justice*, The Belknap Press of Harvard University Press, Cambridge, Massachusette, 1999, p. 110.

成员的发展都必须从家庭中汲取资源，都需要其他家庭成员的持续付出。另一方面，家庭成员虽然可能会有各自不同的价值观念，可能会提出相互冲突的要求，但大多数情况下他们却是相互关爱的，并非罗尔斯所说的"相互冷淡"。对于相互冲突的利益诉求，家庭成员之间通常能够为对方考虑，甚至牺牲自己而成就对方。当然，家庭关系可能并不总是理想的，家庭成员之间也可能为了利益纷争而大打出手。或许正是由于这种不确定性，对于家庭内部是否具备产生正义问题的条件，罗尔斯并没有深入讨论。

第二，罗尔斯将社会制度，或者说社会基本结构作为正义问题讨论的对象。罗尔斯论述道："正义的首要主题是社会的基本结构（the basic structure），或更准确地说，是社会主要制度分配基本权利和义务，决定由社会合作产生的利益之划分的方式。所谓主要制度，我的理解是政治宪法和主要的经济和社会安排。这样，对于思想和良心自由的法律保护、竞争市场、生产资料的私人所有、一夫一妻制家庭就是主要社会制度的实例。"[1] 在这段论述中，罗尔斯明确地将"一夫一妻制"作为主要社会制度的实例，也就是说一夫一妻制家庭是正义的主题之一。然而，在《正义论》一书中罗尔斯并没有深入分析家庭内部的正义问题，即使在"正义的制度"一节，罗尔斯讨论的主要也是法治、民主、行政部门等政治制度，从未涉及家庭内部的正义制度。对于这一问题，罗尔斯在《作为公平的正义：正义新论》一书中做出了详细

---

[1] John Rawls, *A Theory of Justice*, The Belknap Press of Harvard University Press, Cambridge, Massachusette, 1999, p. 6.

说明："正义的主题是社会的基本结构，而社会的基本结构被理解为社会的主要制度融合成为一种统一的社会合作体系之安排；政治正义的原则应该直接应用于这个结构，但是他们不应该直接应用于存在于它之内的众多团体的内部生活，其中包括家庭。"[1] 在罗尔斯看来，家庭与教会类似，出于文化和信仰，其内部可能呈现出不同的生活方式。正义的原则并不直接应用于各种团体内部，"但是它们确实对作为制度的家庭强加某些实质性限制，并保证所有家庭成员的基本权利、自由和公平的机会"[2]。

第三，罗尔斯认为正义的制度要成功，就必须有"正义感"的支撑。所谓正义感，指的是"运用正义原则，并按照正义原则即按照正义观点去行动的有效欲望"[3]。罗尔斯从道德心理学的角度追溯了正义感的形成。罗尔斯认为，如果一个人在亲人的关怀和爱中长大，那他就能习得爱和同情的能力。同时，这个在家庭中被孩子爱戴的家长自然地充当了一种道德权威，其言传身教将使孩子养成相应的道德情操，这正是人们形成正义感的基础，而家庭正是塑造人们的正义感的第一学校。然而，令人困惑的是，罗尔斯并没有指明在家庭内部应该建构一种正义的秩序，没有将他的一整套正义学说应用于亲密关系。其实，家庭可能是培养人们正义感的学校，也可能是延续偏见和歧视的学校，甚至可能是一个包庇罪恶、形成恶习的温床。密尔早就指出了这一点："最

---

[1] [美]约翰·罗尔斯：《作为公平的正义：正义新论》，姚大志译，北京，中国社会科学出版社，2011年，第197页。

[2] 同上书，第198页。

[3] John Rawls, *A Theory of Justice*, The Belknap Press of Harvard University Press, Cambridge, Massachusette, 1999, p. 497.

好状态的家庭是一所同情、温存、可爱的忘我的学校,对于一家之长,它更经常地是一所人性作威作福、无限制的自私放纵和根深蒂固的理想化的自私的学校。"[1] 如果家庭中没有维护各方平等的正义规则,那么家庭可能成为一所什么样的学校呢,而孩子又将在家庭中学到什么呢?如果作为未来公民的孩子没有在家庭中学到维护正义制度的德行,又怎么可能有正义的社会呢?所以说,如果家庭是塑造未来人类之正义感的学校的话,那它首先必须是一所正义的学校。

家庭正义如何可能?

奥金不满于罗尔斯在家庭正义问题上的含混不清,致力于将罗尔斯的正义学说推进到家庭领域,试图将罗尔斯的《正义论》改造为"女性主义的批判工具"。奥金系统地做了三个方面的工作:第一,打破公/私领域的划分,将规范公共领域的正义原则推进到私人领域。第二,将罗尔斯的"无知之幕"应用于家庭场景,以消除婚姻给女性带来的脆弱性。第三,将罗尔斯的正义原则,尤其是第二条原则应用于家庭,最终在全社会范围内实现家务劳动、工资薪酬、社会分工等各方面的性别平等。

第一,奥金认为,否认正义原则可以应用于家庭的最重要理由潜藏于传统的公/私领域划分,而这一划分是虚假的。从西方

---

[1] [英]玛丽·沃斯通克拉夫特、[英]约翰·斯图尔特·密尔:《女权辩护 妇女的屈从地位》,王蓁、汪溪译,第 323 页。

思想史来看，早在 2 000 多年前的古希腊，亚里士多德就对公/私领域进行了明确的区分。他将城邦事务的管理称为"政治学"，而把家庭内部的管理称为"家政学"。亚里士多德的划分逐渐被接受为政治理论的基本前提，尤其是在启蒙时代自由主义思想兴起之后，公/私领域的划分被进一步深化。公共领域是国家和政府管辖的范围，而私人领域则属于个人自由，不应受到干涉，这已成为自由主义者的基本信念。从思想流派上来看，罗尔斯的正义学说继承了自由主义对基本自由的推崇，属于自由主义的中左派别。这或许正是罗尔斯反对将正义原则应用于家庭的重要原因。家庭是传统上的私人领域，家庭内部的资源分配和劳动分担属于个人自由的范围。然而，不可否认的是，家庭很容易成为男人的城堡。因为，在家庭这种私密关系中，成年男性在体力上占据绝对优势，而家庭内部秩序很有可能建立在这一垄断暴力的基础上。20 世纪中叶，"个人的即政治的"成为第二波女性运动的口号，她们认为"私人范围内的性、家务劳动、育儿和家庭生活是政治的"[1]，正是要反对男性在私人领域的无限的自由。

奥金指出被大多数人接受为常识的公/私领域的二分实际上是虚假的。因为，国家权力无时无刻不在左右着家庭内部的权力结构，家庭并非一个完全不受公权力干预的领域。毋宁说，正是在国家的干预下，男性才维持了家庭中的支配地位。无可否认，婚姻法就是国家对于私人领域的系统性规范。国家要为所谓的私人领域划定界线，并规定其中的一系列权利义务关系：人们是否有婚姻自由、婚姻中的人身安全如何保障、家庭内部的财产

---

[1] ［美］苏珊·穆勒·奥金：《正义、社会性别与家庭》，王新宇译，第 175 页。

归属、孩子的抚养权、家务劳动是否应得到相应的报酬、人们在婚姻中是否拥有性权利和负有性义务等一系列具体问题，都是由国家建构的制度所规定的。"法无禁止即自由"，正像在公共领域人们可以自己选择穿什么衣服一样，在家庭中人们也可以选择挂什么样的窗帘。无论在公共领域还是在私人领域，人们都被禁止做一些事情，也拥有相应的自由。因此，所谓公/私领域的二分其实并不存在。男人和女人都是既生活在私人领域中，也生活在公共领域中，只是由于长年累月的歧视和偏见，女性在公共领域中只能获得极少的机会和资源，这使得她们不得不退回到私人领域，生活在男性的庇护之下。在公/私领域的问题上，罗尔斯对奥金的批评表示了某种程度的赞同。罗尔斯论述道："妇女的平等权利和她们的孩子作为未来公民的要求是不可剥夺的，而且无论她们处在什么地方，这些权利和要求都保护她们。……政治的和公共的领域，以及非公共的和私人的领域，其范围都取决于正义观念及其原则的内容和应用。如果所谓的私人领域被说成是一种不受正义支配的空间，那么根本就不存在这样的东西。"[1]在罗尔斯看来，有一些正义原则是应该应用于家庭的，例如保护平等权利和基本自由的原则，但有些正义原则却不能。那么，哪些正义原则不应该应用于家庭呢？其理由又是什么呢？

第二，罗尔斯在建立自己的正义学说时使用了"无知之幕"这一理论装置。无知之幕的设定使得理性人的签约环境更为公平。这一装置屏蔽了每个人的财富状况、社会地位、所处世代、

---

[1] ［美］约翰·罗尔斯：《作为公平的正义：正义新论》，姚大志译，第24、200～201页。

民族等具体信息，使得人们能够更为公正地制定正义原则。在《作为公平的正义：正义新论》一书中，为了回应奥金的批评，罗尔斯特地将性别这一变量也加入其中："在原初状态中，不允许当事人知道，他们所代表的那些人们占据什么样的社会位置和信仰什么样的特殊整全性学说。他们也不应当知道人们所属的民族和种族群体、性别、诸如体力和智力这样的各种自然天赋，以及正常范围内的所有其他东西。"[1] 但是，基于这一设置，罗尔斯并没有进一步考虑家庭内部的正义问题。罗尔斯的学说是以关注弱者闻名的，他通过无知之幕的设定迫使契约签订者将自己置于"最少受惠者"的位置，并由此保障社会中弱者的权益。那么，这种思想实验为什么不能应用于家庭场景呢？在无知之幕后面的签约者为什么不考虑家庭中女性所处的脆弱地位呢？奥金认为，如果无知之幕屏蔽了性别，那么原初状态中的订约者一定会关注家庭内部的正义问题。因为，一个人脆弱与否不仅仅取决于其财富、收入、社会阶层等因素，还取决于他（她）处于什么样的家庭关系中。在现实的家庭中，许多不正义的事情正在发生，甚至可以说正是婚姻和家庭造成了女性的脆弱性。在结婚生子的过程中，女性一方面付出了大量的无酬劳动，另一方面也逐渐失去了市场竞争力。这使得她们在家庭关系中争取尊重和平等对待的议价能力逐渐变低，因为她们没有可替代的选择，如果退出婚姻，境况将变得更糟。女性为家庭付出得越多，就越容易失去市场竞争力，也越依赖于男人的庇护，而这将加剧她们的脆弱性。这种脆弱性是性别歧视、文化传统以及制度体系合谋的结果。在奥金

---

[1] ［美］约翰·罗尔斯：《作为公平的正义：正义新论》，姚大志译，第24页。

看来，我们应该将无知之幕应用于家庭，以正义原则为主导实现家庭资源的公平分配和家务劳动的公平分担，彻底消除婚姻给女性带来的脆弱性。罗尔斯虽然不完全同意奥金的主张，但对婚姻带给女性的脆弱性同样感到愤怒。至于如何应对这一问题，罗尔斯认为："在特殊的历史条件下如何能够最好地解决这个问题，这不是由政治哲学决定的。"[1]

第三，罗尔斯正义学说的核心是正义的两个原则。第一个正义原则：每个人对与其他人所拥有的、最广泛的、平等的基本自由体系相容的类似自由体系，都应有一种平等的权利。第二个正义原则：社会和经济的不平等应这样安排，使它们适合于最少受惠者的最大期望利益（差别原则），同时依系于在机会公平平等的条件下地位和职务向所有人开放（公平机会的平等原则）。[2] 从上述分析来看，罗尔斯尝试将第一原则应用于家庭，保证所有人（无论在公共领域还是在私人领域）拥有平等的基本自由，这些基本自由包括：政治上的自由（选举和担任公职的权利）与言论和集会自由；良心的自由和思想自由；个人的自由，包括免除心理的压制、身体的攻击和肢解（个人完整性）的自由；拥有个人财产的自由；依照法治的概念不受任意逮捕和没收财产的自由。[3] 这意味着，如果家庭内部出现了基本自由遭到侵犯的情况，国家是一定要以强制手段干预的，例如家暴、婚内转移财产、PUA 等等。从罗尔斯的种种论述来看，他并不认为应该将

---

[1] ［美］约翰·罗尔斯：《作为公平的正义：正义新论》，姚大志译，第 201 页。

[2] 参见：John Rawls, *A Theory of Justice*, The Belknap Press of Harvard University Press, Cambridge, Massachusette, 1999, p. 72.

[3] Ibid., p. 53.

其正义理论的第二个原则应用于家庭。我们可以尝试将其应用于家庭，看看会出现什么问题。第二个正义原则主要与两个问题相关，一是保证"最少受惠者"的预期收益最大化，二是保证各方的"公平机会的平等"。简言之，第二个正义原则的目的是保证"最少受惠者利益"和各方的"机会平等"。如果在家庭场景中考虑这两个问题，就会发现：一方面，家庭中承担家务劳动的女性通常处于最少受惠者的位置。她们的劳动被认为是没有市场价值的，但又是必须做的。她们在承担生育和家务劳动的过程中逐步失去了市场竞争力，而这可能进一步加剧她们在家庭中的弱势地位。如果将第二个正义原则应用于家庭，这是否意味着应通过家庭资源的恰当安排使得女性的预期收益得到最大限度的提升？例如，像正义原则在公共领域所支持的某些税收制度那样，对家庭收入进行再分配？将丈夫收入的一部分强制转入妻子账户？另一方面，机会平等与有限的家庭资源分配息息相关。正义的第二个原则主张维护利益各方的机会平等，这是否意味着家庭中妈妈的事业发展、女儿的学业进步和事业开拓应该获得与男性家庭成员同样的支持？不应为了丈夫的事业发展而牺牲妻子的事业发展，也不应在资源有限的情况下优先支持儿子而不是女儿的学业？

从上述分析中我们看到，第二条正义原则所关注的两个主要问题在家庭中是存在的，涉及劳动分工、家庭资源分配等方方面面的决策。这是否意味着，为了维护不同家庭成员之间的分配正义，家庭内部资源应该依据第二个正义原则进行分配？如果没有这样的规范，那么家庭中"最少受惠者利益"以及各方的"机会平等"将很难得到保证，而女性很可能成为不正义的受害者。她们或许不得不承担生养孩子和家务劳动的不公平份额，或者必须为了其他家庭成员的成功而牺牲自己本该拥有的机会。其实，罗尔斯也认为正义原则应该保障家庭成员的公平机会，他一再强调女性无论身处何处（公共领域还是私人领域）都必须拥有与男性同样的"基本权利、自由和公平的机会"[1]。但是，罗尔斯并不主张将第二条正义原则应用于家庭。其根本原因在于，第二条正义原则在家庭中的应用可能会影响人们形成善观念的自由，可能会危及第一条正义原则的应用。换句话说，家庭内部的劳动分工与资源分配是受到人们的文化传统和价值观念影响的，如果强行对这些部分进行规定，就有可能侵犯人们的基本自由，而这将和第一条正义原则相矛盾。

从上述分析中我们看到，罗尔斯陷入了两难处境：如果将第二个正义原则应用于家庭，则会违背第一个正义原则；如果不将第二个正义原则应用于家庭，则无法保证家庭中各方获得"公平的机会"。这一两难处境是由个人自由与性别平等之间的张力造成的。不同的政治价值之间可能存在张力，在是否要以正义原则规范家庭关系的问题上，个人自由与性别平等之间很难两全。罗尔斯最终站在了个人自由的立场上，而奥金则站到了性别平等的一边。奥金希望能够打破公/私领域的二分，将无知之幕应用于家庭场景，在家庭内部建构资源和负担的公平分配。奥金如此描述一个实现了家庭正义的社会："无论有偿劳动还是无偿劳动，生产制造还是生育抚养，一律男女平等分担，未来社会是一个男女自由选择生活方式的社会，是一个消除性别差异的社会。"[2] 对

---

1 ［美］约翰·罗尔斯：《作为公平的正义：正义新论》，姚大志译，第199页。
2 ［美］苏珊·穆勒·奥金：《正义、社会性别与家庭》，王新宇译，第244页。

于奥金的尝试，罗尔斯回应道："奥金认为，这种批判能够从这些事实中阐发出来：首先，原初状态中的当事人并不知道他们所代表的这些人具有什么样的性别。其次，家庭和性别体系作为基本结构的组成部分应该服从于它的各种原则。我希望奥金是正确的。"[1] 罗尔斯在这里用了"希望"一词，表露了他心中的迟疑和忧虑。让罗尔斯担心的是，奥金所构想的家庭正义可能危及信仰和生活方式的自由。正如蓝江和王欢所言："这好比天平的两边，一边是性别平等，一边是族群平等和宗教信仰自由，在这两边，正义原则需要掌握好一个基本的平衡点。在罗尔斯看来，一味强求性别分工平等的奥金，只看重天平的一边，而忽略了另一边的平衡关系。"[2]

笔者认为，如何平衡个人自由与性别平等之间的两难，其关键在于对"正义原则"和"正义制度"进行区分：正义原则是一种道德原则，而正义制度是一种强制性的规则体系。如果将正义制度延伸到家庭中，在家庭内部劳动分工以及资源分配等问题上就会出现强制性的国家干预，而这对于许多人来说是不可接受的，会侵犯人们的基本自由。但是，如果仅将正义原则引入家庭，倡导家庭中的各方维护劳动分担和资源分配的公平，这并不会威胁到个人自由。我们可以通过下述对比来理解这一点：在公共领域，国家建立了包括税收、社会保障等正义的分配制度，那么当有人偷税漏税的时候，就可以进行强制性的惩罚。如果在家庭内部也有这样的正义制度，那么当某一天丈夫没有完成自己

1　［美］苏珊·穆勒·奥金：《正义、社会性别与家庭》，王新宇译，第202页。
2　蓝江、王欢：《正义原则与家庭正义——罗尔斯与苏珊·奥金的正义之争》，载《苏州大学学报》（哲学社会科学版），2013年第6期。

劳动的公平份额时，国家就必须出面进行处罚，即使当天妻子是自愿承担较多家务的。然而，这样的国家干预，一方面很难操作，另一方面也确实侵犯了人们选择生活方式的自由。当然，国家可以通过一些转移支付的方式平衡家庭内部资源分配的不公。例如，要求雇主将丈夫工资的一半直接打入家庭主妇的账户。但是，一种全方位保证家务劳动和家庭资源分配公正的强制性制度体系，很难不侵犯人们的选择自由。

　　要在家庭内部建立分配资源和负担的公平机制，就需要在家庭中设立一个公平的仲裁者。而且，这个仲裁者还必须拥有强制权力，能够实施惩罚。在人工智能技术飞速发展的今天，有学者建议在家中设置一个能够实时监测夫妻双方承担家务多少的机器人，这个检测工具能将数据传输至某个控制系统，而这个系统可以对没能公平承担家务或过多占用资源的一方实施惩罚。显然，没有人们的同意，国家和政府是不能在人们家中设置这样的监测设备的。这是对个人隐私的极大伤害。这也是为什么很难在家庭中建立正义制度的原因，过度的干预必然会威胁个人自由。尤其是在多元文化的背景下，在一些深受传统思想影响的家庭中，夫妻双方自愿选择了"男主外、女主内"的家庭模式，任何第三方都没有权力强制他们改变生活方式。当然，如果有家庭暴力发生，国家和政府是有权干预的，在证据确凿的情况下要予以制止并对施暴一方进行制裁。但由于取证困难等原因，许多实施家暴的男性还是能逃脱法律制裁。这也是许多当代女性开始在自己家安装摄像头的原因。即使这样，视频数据也不是司法机关可以随意调取的，必须得到当事人的同意。这足见家庭内部的两性关系涉及个人隐私，公权力的介入是必须谨慎的。

总之，正义应该尽量以一种"自律"的方式进入家庭，而不是以"他律"的方式。也就是说，正义原则应该成为规范家庭内部秩序的一种道德原则，但不应该在家庭内部建立强制性的正义制度。家庭内部的公平正义依靠的是家庭成员的相互体谅，很难依靠强制性的制度建设。在形成自律的过程中，教育将发挥重要的作用。作为家庭秩序的主导，父母应以身作则，自觉维护家庭内部的负担和资源的公平分配。家庭成员因为爱对方所以愿意主动承担家务，愿意奉献自己的时间和精力。他们也会因为爱而体谅对方，不会让对方过于劳累，牺牲太多。爱与公平并不矛盾，爱是无私的奉献，而被爱的一方如果心中也有爱的话，将还对方以公平。

第六章

生理性别与社会性别

人的性别是由什么因素决定的？生理因素、社会因素以及心理因素是否都会对人们的性别产生影响？人们应该以什么指标为依据来确定一个人的性别？性别是模糊不清、难以确定的吗？还是说，男性与女性的两性区分是武断的，人类社会存在着更多种类的性别？性别是人类社会伦常秩序的基础，如果从根本上模糊两性区分，将严重破坏人们之间的伦理关系。本章将结合当代学者对性别问题的讨论廓清男女两性的区分，并在此基础上强调生理性别的客观性，以及社会性别的开放性。

性别的划分

许多关注性别议题的学者都注意到，"性"并不完全是一个生理的问题，它与社会、政治、文化等相关因素有着紧密的联系。两性之间的行为区别也不仅仅是生理差异决定的,而在很大程度上是由社会和文化所建构的。例如,20世纪初,弗洛伊德在《性学三论》中有如下表述:"'男性'和'女性'的含义至少有三种用法:有时指'主动'和'被动';有时指生物学含义;有时指社会学含义。……无论从心理学或生物学的意义上看,纯粹的男性或女性是根本不存在的。"[1]法国著名哲学家波伏瓦也在其《第二性》一书中强调,"女人不是天生的,是后天形成的"。由此,20世纪60年代以来的性别平等研究者对"生理性别"(sex)和"社会性别"(gender)进行了区分。[2]"生理性别"指的是男性与女性之间的生理差异,而"社会性别"指的是生理差异之外的两性差异。例如,牛津英语词典对gender一词的定义:"和男女身体的形态、功能与性的方式不尽相同,或者不限于这些差别的,存在于男女之间的差别。"[3]英国社会学家安·奥克利(Ann Oakley)对"生理性别"与"社会性别"的定义是:生理性别指的是生物学意义上关于人类肉身的自然性特征,主要表现为男女在生殖器官方面的生理差异;社会性别则是从社会文化意义上关于男人与女人的性别身份区别,并赋予男性阳刚、女性阴柔的不同性别气质。[4]"社会性别"概念在20世纪90年代初被介绍到中

---

[1] [奥]西格蒙德·弗洛伊德:《弗洛伊德文集》(第三卷),车文博主编,长春,长春出版社,2004年,第572页。

[2] 对于sex和gender,中国学术界分别有下述三种译法:(1)"性"和"性别";(2)"生理性别"和"社会性别";(3)台湾学界分别译为"性别"和"性/别"。本书采用"生理性别"和"社会性别"的译法,以突出二者的本质差异。

[3] J. Simpson and E. Weiner, *The Oxford English Dictionary*, 2nd Edition, Volume VI, London: Oxford University Press, 1989, p. 427.

[4] 参见:Ann Oakley, *Sex, Gender and Society*. London: Temple Smith,1985, p. 16.

国，在 1995 年联合国第四次世界妇女大会（北京）上成为讨论的重点，并被引入《北京宣言》和《行动纲领》等重要文献。

从目前的医学研究成果来看，两性在生理上的差异可以归结为下述四个方面。第一，性染色体差异：男性 XY，女性 XX，这也被称为基因性别。第二，内生殖器差异：男性为睾丸、附睾、输精管、精囊和前列腺等，女性为阴道、子宫、输卵管和卵巢。第三，外生殖器差异：男性为阴茎和阴囊，女性为阴阜、阴蒂、大小阴唇和阴道前庭等。第四，性腺差异：男性的性腺为睾丸组织，女性的性腺为卵巢组织。睾丸分泌雄性激素，而卵巢主要分泌雌性激素。上述四方面的特征构成了人类的"生理性别"。

在这些区分中有两点需要特别注意。一是，有一些区分不是绝对的，例如性激素的区分。性激素的分泌对于两性的第二性征有重要作用。男性的第二性征表现为：体格高大、肌肉发达；喉结突出、声音低沉；体表常有多而浓密的汗毛，长胡须；乳房不发育等。女性的第二性征表现为：体格较男性矮小、苗条；皮下脂肪多，皮肤细嫩，汗毛细小，不长胡须；骨盆宽大，臀部大；乳腺发达，乳房大；喉结不突出，嗓音细润；月经初潮等。形成男性性征的是雄性激素，而形成女性性征的是雌性激素。人体中的睾丸、卵巢及肾上腺均可分泌雄激素，而睾丸中分泌的雄性激素也可能转化为雌性激素。因此，男性和女性的身体里都存在雄性和雌性激素，而第二性征并不是绝对的。二是，人类繁衍过程中存在着极为复杂的遗传现象，有一些人类个体就处在两性之间，既具有男性特征也具有女性特征。例如，在基因性别上，除了 XX 和 XY 两种形式外，还有极少量人口呈现出 XO、XXX、XXY、XYY 等形式，这也造成了人类基因性别的复杂性。又如，在性腺差异方面,存在性腺中同时包含卵巢和睾丸组织的情况,这被称为真两性畸形。但无论如何,从生理性别的区分来看,人类社会的绝大部分人口都可以被划分为生理上的男性或者女性,这是构成人类社会之基本结构的科学事实。

除了生殖方面的两性差异外,科学家们一直想搞清楚两性在大脑结构上是否存在差异,一些学者试图以两性在大脑结构上的差异来解释男人和女人在其他方面表现出的行为特征。19世纪初,法国解剖学家加尔和施普茨海姆创立了"颅相学",他们发现男性的大脑比女性大脑要大,并认为这是女性智力低下的原因。然而,后续的研究证明脑体积与身高体重有关,与性别无关。男女绝对头高的比例是100∶94,而相对头高的比例则为100∶100.8。成人大脑重量的平均值为:男性1388克,女性1252克。每千克体重的脑重平均值则为:男性21.6克,女性23.6克。从绝对值来看,男性的大脑更重、更大。但是,从相对值来看,女性的大脑更重、更大。由此,科学研究并没有证明两性的大脑在重量和体积方面有明显差异。当然,也有一些科学家试图从大脑结构中为两性差别寻找根据。他们认为大脑中的额叶与智力有关,而女性大脑的额叶较小,但这种说法最终也被证明是无稽之谈。[1]总之,从目前的科学研究成果来看,人类大脑的体积以及脑内各部分均无明显的男女差异。男性与女性在生理结构上存在系统性的差异,这是一个基本的科学事实,但我们并不能夸大这一事实。也就是说,男性与女性仅在与生殖相关的身体结构上存在区别,而在其他身体结构上并不存在系统性的差异。这

---

1 参见李银河:《女性主义》,济南,山东人民出版社,2005年,第103页。

一点可以从人类探索"脑性别"的历程中得到验证。

与生理性别不同,社会性别并非基于在生物学中发现的事实,而是人们从各种社会现象中总结或建构出来的。对社会性别的描述包括下述对于"女性气质"和"男性气质"的惯常说法:女人是感性的,男人是理性的;女人是温柔顺从的,男人是勇敢刚强的;女人是富于同情心的,男人是坚韧的;女人适合操持家务,照顾小孩和老人,男人适合外出挣钱;女人适合待在家庭这样的私人领域,男人适合主导公共事务……社会性别不仅体现在这些流俗的说法当中,在思想史上,许多男性思想家也刻意塑造两性之间莫须有的差异。例如亚里士多德认为女性是身体残缺的人,达尔文认为男性处在比女性更高的进化阶段。这些理论构建使得两性之间的社会差异日益深刻,两性之间的不平等也随之加深。

生理性别与社会性别之间是什么关系?学者们对这个问题一直争论不休,下面我将简述"生理决定论"和"社会建构论"两种对立的观点,并提出自己的看法。

19世纪末,一些社会生物学理论想将两性之间所有的差异都归结为生理差异。一些学者认为,女性为什么柔弱顺服、在社会分工中处于边缘化地位,这些都是因为其生理上的特征而决定的。这类学说被称为生理决定论,也被称为生理本质主义(biological essentialism),其主要观点是:女性的生理特征决定了其行为特征,并最终决定了其在社会中所扮演的角色和所处的地位。因此,性别之间的不平等是自然的,也是合理的。在这些学者看来,生理性别决定了社会性别,并最终决定了男强女弱的社会地位。两性之间的不平等既然出于自然,那就是正当的,而人类社会的制度体系应该维护这种不平等，而不是消除不平等。

生理决定论最大的理论困难，就是有些男性或女性并不具备典型的社会性别。例如，数学很好的女性，温柔善良的男性，生活中时常会有这样的个体出现。生理决定论者则认为个例并不代表整体的情况，个体差异不足以反对生理决定论。也有一些女性主义者站在生理本质主义的立场上为女性辩护。她们认为女性身体是更优越的，女性的预期寿命比男性长，婴儿期死亡率更低，女性身体的柔韧性好、耐力强，女性的语言天赋强于男性，女性更亲近自然、关爱他人、爱好和平，等等。这些女性主义者被称为文化女性主义者，代表学者有露西·伊利格瑞（Luce Irigaray）、杰梅茵·格里尔、玛格丽特·富勒（Margaret Fuller）、简·亚当斯（Jane Addams）等等。她们从女性身体出发，肯定女性自身的价值，弘扬女性精神，彰显母性力量，讴歌姐妹情谊，对20世纪中叶以来的电影、文学、戏剧等流行文化产生了巨大影响。

从波伏瓦说出"女人不是天生的"这句名言开始，一些女性主义者就不断挑战生理本质主义的论断。在大多数女性主义者看来，两性之间除了确凿无疑的生理差异外，并不存在任何"天生的"、一成不变的其他方面的差异；所谓"女性气质"和"男性气质"是人们所处的文化、社会以及制度环境造成的，是后天教育和规训的结果，而不是其原因。因此，所谓"女性气质"并非女性独有，生活中也可能出现温柔的男性，而"男性气质"也非男性独有，审慎理智的女性也大有人在。所谓"社会性别"是在生理性别基础上进行的社会建构。就像一个刚出生的女孩，如果她的父母没有特意给她准备各种粉色系的服装、床单和装饰，那么她可能不会将粉色和女性联系起来；相应地，在没有外界影响的情况下，男孩也很难将蓝色、绿色、灰色等深色调与男性联系起来。2007年，加拿大新斯科舍省的一个小镇学校里，一名九年级的男生因为穿着粉红色衣服而被霸凌。同校的几名男学生为了声援这位同学也穿上了粉红T恤。此后，加拿大每年二月的最后一个星期三被定为"粉红T恤日"（Pink Shirt Day），以此反抗男性不能穿着粉色衣服的社会性别建构。一些极端的社会建构论者甚至认为，人们的生理性别也是社会建构的，亦即，社会性别会对生理性别产生影响。例如，在越来越多的人认识到社会性别来源于社会建构、人们从原先的性别角色中解脱出来后，一些欧美国家的女性犯罪率有明显升高的趋势。这些女性表现出更强的统治欲和攻击性，她们的激素水平也发生了相应的变化。

在生理性别与社会性别之关系的问题上，笔者认为：第一，生理性别与社会性别之间有着紧密的联系。这一点可以通过医学研究的相关成果得到证明。例如，睾酮是一种雄性激素，但女性身体中也分泌这种激素。这一激素的分泌除了形成男性性征之外，对人的情绪和性格也会产生影响。睾酮水平升高时，人们可能表现出更强的竞争性和统治欲，而这些就是传统意义上的男性气质。可见，生理性别与社会性别之间是有关联的。第二，生理性别与社会性别之间存在关联，这并不能说明生理性别将决定社会性别，实际情况可能是相反的——社会性别决定生理性别。一方面，雌性激素和雄性激素都并非女性或男性专有，两性身体中都会分泌雌性和雄性激素，只是水平高低不同。另一方面，正如社会建构论者指出的，社会性别的塑造可能反过来刺激激素的分泌，甚至改变两性之间的生理差异。在传统社会性别被动摇的背景下，女性犯罪率升高，激素水平发生变化，这就是一个明证。因此，笔者认为，生理性别与社会性别之间存在紧密联系，两者之间相互作用、互为因果，是一种双向而非单向的关系。在女性的屈从地位延续了几千年，女性的社会性别受到持续贬低的背景下，我们应该更多地看到社会性别受到的文化、制度和习俗等因素的影响，而不是以生理性别为由去强化刻板的社会性别描述。换言之，我们应该更多地借鉴社会建构论的观点，而不是强调生理决定论。

两性气质的社会建构

在人类社会中，人们几乎无时无处不在进行对男性气质和女性气质的建构，这种建构最终形成了有形或无形的性别规范，规定着男人和女人的行为方式和社会地位，将所有人包裹其中。宗教、文化、制度和习俗等多种因素都参与到社会性别的建构之中。第一，从宗教层面来看，基督教、伊斯兰教和佛教是世界三大宗教，而这三大宗教的经典文本都倾向于贬低女性的价值。在基督教经典《圣经·创世记》中，第一个女性夏娃是由第一个男性亚当的肋骨造就的，这注定了男性优于女性，而夏娃偷吃了智慧之果，并教唆亚当也吃，这成了女人的原罪。伊斯兰教经典《古兰经》中也有大量贬低女性的论述，例如："男人掌管女人，因为真主把他们中的一个造得比另一个更好，因为男人用财产供养女人。所以好女人是驯服的。"（《古兰经》第 4 章第 32 节）佛教认为，女性是万恶之源。《大般涅槃经》论述道："一切女人皆是众恶之所住处……其女人者，淫欲难满。"

第二，从文化层面来看，西方社会中男性气质与女性气质的建构可能通过下述三种区分实现：一是理性与感性的区分；二是文化与自然的区分；三是哺育性与攻击性的区分。首先，始自古希腊苏格拉底的理性主义传统认为理性是人类最引以为傲的特性，而女性是缺乏理性的，所以低人一等。在社会生活中，女性也时常被要求展现自己感性的一面，各种选美活动都是从男性视角展现所谓的女性美，而那些主张禁欲的宗教人士则将女性丑化为欲望和肉体的象征。其次，由于女性承担着生育的重任，所以女性在人类文化构建中成为更接近自然的形象。"大地母亲"等隐喻强化了男性属于文化、女性属于自然的区分，而"类中心主义的自然观也注定了女性受男性支配的社会地位。再次，进化论者认为，雄性为了获得与雌性的交配权而具有攻击性。由此，在人类社会中，男性更具攻击性，而女性的家庭角色赋予其哺育性的特征。男性强壮、粗犷、能干、自信，女性娇小、细致、体贴、优雅，男性气质与女性气质的对比由此形成。与西方文化不同，东方文化在肯定两性气质区分的同时，更强调两性的协调配合，即所谓的"阴阳调和"。如汉代班昭《女诫》中的论述："阴阳殊性，男女异行。阳以刚为德，阴以柔为用。男以强为贵，女以弱为美。"当然，在这种"阴阳调和"的两性关系中，中国传统女性实际上仍然处于被限制和被支配的地位。

第三，从制度设计上来看，女性通常被排除在公共领域之外，对公共事务没有发言权。始于雅典城邦的民主制度是最重要的政治制度，而这一制度从一开始就否定了女性与男性拥有平等的政治权利。从习俗上来看，许多国家和地区都有歧视女性的陈规陋习。例如，在我国农村的一些地区，女性不能上桌吃饭，不能参与家族祭祀活动，等等。在传统社会中，溺死女婴、女子缠足、女人殉葬等等陈规陋习更是将女性贬至奴隶的卑下地位。

　　第四，社会性别的构建不仅存在于包围每一个人的文化、制度和习俗之中，甚至还存在于人类的语言当中。无论汉语还是其他国家的语言文字，都普遍存在性别歧视的现象。下面我将具体考察一下汉语和英语的情况。汉语中的性别歧视具体体现在下述六个方面：（1）在汉语的演化中，甲骨文中的"女"字是一个妇女跪坐在席子上，后来的金文、篆文中的"女"字也一直都是长跪不起的形态。（2）《说文解字》对"女"字的解释是："女"古音读"奴"，即古代奴隶。（3）从"女"的汉字多为贬义。例如，妒、嫉、婪、婢、嫖、娟、嫚、嬖、妄、妨、婿、姗，等等。（4）从词序上来看，男性总是在女性前面。例如，父母、夫妻、夫妇、爷爷奶奶、叔叔婶婶、兄弟姐妹、儿女、金童玉女、郎才女貌、才子佳人、儿女双全、夫唱妇随、男尊女卑、男耕女织、男女有别、男盗女娼，等等。（5）从称呼上来看，对女性的称呼大多含有贬义，但对男性的称呼则多为褒义。例如，古代丈夫称自己的妻子为"贱内""拙荆""糟糠之妻"，然而，妻子称丈夫为"官人""老爷"。一位帝王拥有众多妃嫔，妃嫔们自称"奴婢""臣妾"。（6）受易经的影响，"阴"对应"女性"，"阳"对应"男性"，而在"阴""阳"的区分中，含有"阴"字的词语多为贬义，例如阴森、阴险、阴私、阴毒、阴冷、阴谋、阴魂不散等；含有"阳"字的则为褒义，例如阳刚之美，等等。

　　语言中的性别歧视并非汉语独有的现象，英语、法语等西方语言中也普遍存在这样的现象。在英语中，（1）像 manageress、 citizeness 这样带有女性含义的词在日常交际中的使用频率比其相对应的男性或中性词 manager、citizen 要低得多。(2)一些男性或中性词在添加了后缀 -ess 后,可能会变成含有贬义的女性词。例如,governess 与 governor 相比,前者的地位远低于后者。(3)从词序上来说,同样是男性在前女性在后,例如 Adam and Eve,boys and girls,king and queen。(4)与女性相关的词具有贬义。例如单身男士是 bachelor,没有贬义,而单身女性则被称为 spinster,其含义是"老处女",具有贬义。[1]可见,性别歧视和社会性别已经深深嵌入人类的语言中。也就是说,人们可能一开口说话就包含了对女性的贬抑。例如,汉语里的"英雄"一词包含性别词"雄",似乎就是在暗示女性不能成为英雄。英语里的 history 是历史的意思,而这个词是 his 和 story 的合成词,是否也在向人们指明历史就是男人的故事?

语言、文化、宗教、习俗、制度……在诸种因素的作用下,人类社会中存在许多对于男性或女性的刻板印象。"刻板印象"(stereotype)指的是人们对某一类人或事物产生的比较固定、概括而笼统的看法。西方语言中的"刻板印象"一词最早来源于印刷业,指的是一种可以重复使用、无须更换的金属印版。20世纪 30 年代,沃尔特·李普曼(Walter Lippmann)使用"刻板印象"一词来解释人们对世界的偏见,指涉那些事实上并不正确的、非理性的、刻板固执的态度。[2]人类社会充斥着针对女性和男性的刻板印象,这些刻板印象不一定有官方的准确表述,但却常常存

---

[1] 参见金婕:《英汉语中性别歧视现象及其成因概述》,载《大众文艺》,2012 年第 1 期。
[2] 参见:Walter Lippmann, *Public Opinion*, New York: Macmillan, 1922, pp. 79-94.

在于人类的观念中，左右着人们的行为。美国著名政治思想家哈维·C. 曼斯菲尔德（Harvey Claflin Mansfield）在《男性气概》一书中如此描述刻板印象："基本的刻板印象当然是男人富有进攻性，而女人充满关爱。……男人在性的问题上倾向于放荡，而女人保持忠贞，或至少不那么敢于冒险；男人刚强，女人柔弱；男人坚定地主张自己，女人敏感体贴；男人寻求冒险，女人渴望安全；男人直率，女人委婉；男人想要领导，女人希望陪伴；男人不哭，女人爱哭；男人无动于衷，女人充满同情；男人冷淡，女人温暖；男人喜欢自夸和炫耀，女人谦逊谨慎；男人喜欢强迫，女人善于说服和引诱；男人声音洪亮，女人安静；男人说话简洁，女人喜欢饶舌；男人不动感情，女人抱怨不休。我们还说男人是理性的，女人是感性的。……男人是抽象主义的，女性是经验和现实主义的。"[1]

曼斯菲尔德写作的目的并不是要批评刻板印象；相反，他认为刻板印象具有某种科学权威。[2]然而，在现实生活中，关于两性的刻板印象以及在此基础上形成的性别规范却极大地限制了人们的自由，加剧了性别不平等。社会学家、人类学家、文学批评家都曾对男性气质进行过深入研究，近几年来也有多部作品出版。

英国的大卫·D. 吉尔默（David D. Gilmore）出版了《发明男性气概》[3]，此书通过大量的人类学证据说明男人并不是天生不

---

[1] [美]哈维·C. 曼斯菲尔德：《男性气概》，刘玮译，南京，译林出版社，2009年版，第36页。此书的中译者将 stereotype 译为"流俗看法"，本书依据中文学界广泛接受的翻译将其改为"刻板印象"。

[2] 参见上书，第34页。

[3] [英]大卫·D. 吉尔默：《发明男性气概》，孙伟、张苗凤译，杭州，浙江大学出版社，2021年。

同于女性的，后天的环境因素和文化影响是塑造男性气概的关键所在。美国学者顾德民（Matthew Gutmann）撰写了《生而为男？——男性气概的人类学真相》[1]，指出所谓男性气质不过是文化上的纵容，而非生理上的安排。此书在全球范围内寻找证据，试图说明男性特征因地而异，甚至因种族而异。另外，中国学者隋红升撰写了《男性气质》[2]和《跨学科视野下的男性气质研究》[3]两部著作，前一本书反思了现代男性气质在价值取向和评判标准方面的严重问题及其危害，而后一本书则从社会学、人类学、政治哲学和历史文化学等学科视角研究男性气质。

我们可以从男性气质是男性固有的（应该有的）还是社会建构的两种立场，区分与男性气质相关的研究：认为男性气质是固有的作者通常会推崇男性气质，而认为男性气质是社会建构的作者则试图解构甚至贬低男性气质。如果人们站在生理决定论的立场，强调社会性别不可改变，将社会性别固化，就会形成相应的性别规范[4]，而这些性别规范将会对人们的行为和生活造成深刻的影响。

首先，性别规范将严重限制个人自由。性别规范并非完全由生理性别决定的，在很大程度上是社会建构的结果，因此，并不

---

1 ［美］顾德民：《生而为男？——男性气概的人类学真相》，宋熙、张飒译，北京，中信出版社，2023年。
2 隋红升：《男性气质》，北京，外语教学与研究出版社，2020年。
3 隋红升：《跨学科视野下的男性气质研究》，杭州，浙江大学出版社，2019年。
4 本书并非反对所有的性别规范，而是反对基于社会性别之刻板印象的性别规范。建立在生理性别基础上的性别规范是应该遵循的，例如，女性进入女厕所和女更衣室，男性进入男厕所和男更衣室，体育竞技中的男女分组竞赛，等等。

是所有人都能够完全认同在某种境况下性别规范做出的规定。例如，在许多国家中都存在这样的性别规范，男孩通常穿蓝色、绿色、黑色等深色服装，而女孩则穿着粉红色服装。如果有一个男孩天生喜欢粉红色，那么他的这种兴趣爱好就可能受到强大的舆论压力，而这将极大地限制他的个人自由。

性别规范对个人志趣和爱好的限制普遍地存在于人们的生活中：对数学、哲学、考古感兴趣的女性，对服装表演、幼儿教育、看护服务感兴趣的男性，想要从政的女性，安于在家看孩子的男性……这些普通的人生选择都会受到性别规范的限制。性别规范为什么会对个人自由造成伤害，其根本原因在于社会性别并非完全由生理性别决定。如前所述，社会性别受到生理性别（例如性激素）的影响，但在很大程度上来源于宗教、文化、制度、语言等层面的社会建构。这就决定了并非所有生理性别为女性的人都是社会性别意义上的女性，也并非所有生理性别为男性的人都是社会性别意义上的男性。生理性别与刻板的社会性别之间总是存在这样那样的偏差。这种偏差表现在个体身上，就是某些个人的生理性别与社会性别的错位。个人在这种错位中左右为难、举步维艰，甚至引发个人命运的悲剧。处在生理性别与社会性别错位之中的个人，或者放弃个人自由，遵循性别规范；或者对抗社会性别，而承受舆论、制度及人际关系造成的压力和不公，而这两种命运对于他们来说都充满了伤害。

生理性别与社会性别的错位造成的破坏力是巨大的，一些人可能为此付出巨大代价，成为性别规范的牺牲品。通过手术来改变性别的人就是最典型的例证。变性手术对于当事人来说是极为痛苦的[1]，但为什么有些人宁愿忍受身体上巨大的痛苦也要坚持做变性手术呢？他们身为男人（或女人）却更认同女人（或男人）的社会性别。这种错位给他们造成了巨大的痛苦，正是为了保持生理性别与社会性别的一致，他们才不得不改变自己的生理性别而达至生理性别与社会性别的统一。从某种意义上来说，跨性别者实际上是性别规范的牺牲品。他们在社会中可能遭受各种非议和歧视，但最终迫使他们这样做的原因，却是针对女性或男性的刻板印象。因此，性别规范越死板，它对个人自由的限制就越强，可能给个人带来的伤害就越大。人类要获得自我发展的充分的自由，就需要破除刻板印象，这一点对于男性和女性都是一样的。

其次，性别规范不仅会限制个人自由，而且还会加剧性别之间的不平等。在传统的父权制社会中，女性大多处于被贬低的地位。她们在社会分工上被局限于家庭这一私人领域，即使走出家庭进入职场，其劳动价值也常常被低估；她们在资源分配上没有发言权，难以获取足够的教育、医疗和经济资源；她们的品性和生活方式得不到应有的尊重和承认；她们即使拥有了政治权利，也很难对公共事务产生实质性的影响……性别规范深刻地塑造了女性的生活状况，并系统性地贬低女性存在的价值。波伏瓦著作的标题"第二性"鲜明地揭示了这一点：在政治社会中，女性是低于男性的第二性别，是低于男性的二等公民。两性在经济、社会和政治等方面的不平等状况之根源都可以追溯到社会性别。正是社会性别规定了女性不能做什么、应该做什么，一个传统的守规矩的女性应该是什么样，并给这样的女性形象贴上"二等"的

---

[1] 参见金星：《金星自述变性过程》，载《大众文摘》，2015年第24期。

标签。

总之，性别规范的危害是巨大的，它一方面限制了人们的自由，无论女性还是男性都可能因性别规范而无法按照自己的意愿发展兴趣和专长。另一方面，性别规范还深刻地塑造了两性之间的等级制，女性低劣、男性高贵，这一区分的根源正是对两性气质的刻板印象。

消解性别可能吗？

对于社会性别给人们带来的困扰，许多当代研究者主张从根本上解构性别话语。这些研究者借助约翰·朗肖·奥斯汀、德里达等人的研究，试图证明不仅社会性别，而且生理性别都不过是语言和文化的操演。英国语言哲学家奥斯汀认为，人们说话的时候不仅在描述这个世界，也是在行动。正如其文集的标题"如何以言行事"[1]所指明的那样，人们说话就是在做事。当代性别研究者吸收了奥斯汀的观点，并将其应用于有关性别的语言研究中，指出有关人们生理、心理和社会的与性别相关的言说都是行动，是一种表演。在这方面做出重要著述的有约翰·瑞维尔、朱迪斯·巴特勒（Judith Butler）、拉康、特里莎·德·劳丽蒂斯（Teresa de Lauretis）、莫妮卡·威蒂格（Monique Wittig）、亚伦·H. 戴弗（Aaron H. Devor）等等。这些学者试图否定两个区

---

[1] ［英］J.L. 奥斯汀：《如何以言行事》，杨玉成、赵京超译，北京，商务印书馆，2013年。

分：一是生理性别与社会性别的区分，二是男性与女性的区分。下面，我将以巴特勒的性别操演理论（Gender Performativity）为例，具体分析如何解构有关性别的两个区分。

第一，对于生理性别与社会性别的区分，巴特勒并不像生理决定论者那样认为生理性别是社会性别的基础，也不完全赞同社会建构论者的观点——社会性别是依托于生理性别的文化建构，而是彻底颠倒了二者的关系。巴特勒认为，生理性别是人们在建构社会性别的过程中虚构出来的一个前话语的"起源"。换言之，生理性别也是社会建构，是所谓社会性别的一部分。巴特勒论述道："如果生理性别不可变的特质受到了挑战，那么也许这个'生理性别'称谓的建构跟社会性别一样都是文化建构的；的确，也许它一直就是社会性别，结果生理性别和社会性别的区分证明其实根本就不是什么区分。"[1] 也就是说，在文化建构之前根本就不存在什么生理性别。生理性别与社会性别这套话语是文化操演，是为了让人们接受男尊女卑的等级制而建构出来的，其作用相当于柏拉图理论中"高贵的谎言"。

第二，如果说生理性别是虚构出来的，那么，自然地，男性与女性之间的生理差异就是不存在的。这种说法听起来有些荒谬，然而性别解构论者确实是这么认为的。例如，戴弗指出人类可以通过变性手术而改变性别，这说明男性与女性的性别区分不是自然的，而是人为的。[2] 研究者还指出，一些人出生时拥有男女两性的性器官，而胎儿在子宫中发育的初期也无法辨认其性别。

---

1 ［美］朱迪斯·巴特勒：《性别麻烦：女性主义与身份的颠覆》，宋素凤译，上海，上海三联书店，2009年，第10页。
2 参见李银河：《女性主义》，第192页。

依据这些事实，性别解构论者认为，男性或女性的性别不是与生俱来的，而是社会建构的。在巴特勒看来，性别是一种选择，人们并不是生而为某种性别。生理性别、社会性别、男性、女性这些概念都是话语的操演："性别在霸权语言里以一种实在的面貌出现，从形而上学来说是始终如一的一种存在。这样的表现是通过对语言以及/或者话语的操演扭曲达成的，它掩盖了'生而为'某个生理性别或社会性别基本上是不可能的这个事实。"[1]

巴特勒以及其他当代性别解构论者对上述两种区分的否定有一个潜在的政治目的，就是打破"异性恋霸权"，这也是女同性恋女性主义（lesbian feminism）的主要政治目标。性别解构论被看作女同性恋者掀起的一场语言学革命。女同性恋女性主义者认为，不仅男性、女性的划分对女性造成了等级式的压迫，而且，在承认性别划分的世界中，异性恋的性倾向被看作"正常"，而其他性倾向则被看作"不正常"，这种不平等对待被称为"异性恋霸权"。女同性恋女性主义从20世纪60—70年代开始活跃，80年代在美国女兵中广泛传播。她们认为，女人离开男人将获得自由，而将自己的一生托付给女人，这是一种政治选择。许多女性做出了这样的选择，以女同性恋的生活方式来摆脱异性恋的压迫制度。因此，女同性恋女性主义也被称为性别分离主义（lesbian separationism），她们将男人看作敌人。在政治上，女同性恋女性主义者还展开了一系列运动，以争取与异性恋同等的婚姻、家庭、领养小孩等权利。目前，世界上许多国家都已废除了

---

[1] ［美］朱迪斯·巴特勒：《性别麻烦：女性主义与身份的颠覆》，宋素凤译，第25页。

将同性恋视作犯罪的法律，一些国家还承认同性恋婚姻，例如挪威、比利时、荷兰、法国、德国、丹麦、芬兰、英国、瑞典、瑞士和克罗地亚，还有美国的部分地区。

性别解构论不仅得到女同性恋女性主义者的拥护，而且还激发了模糊性别、性取向多样化的"酷儿运动"。"酷儿"一词的英文为 Queer，原意是"怪诞、奇怪"，因此，所谓酷儿就是所有不符合性与性别主流规范的性少数群体。与酷儿类似的另一个说法是 LGBTQ，一般指女同性恋者（lesbian）、男同性恋者（gay）、双性向者（bisexual）、跨性别者（transgender）、酷儿（queer）的集合。他们在集会和游行中会使用彩虹旗帜，所以也被称为"彩虹族"。酷儿理论试图消解所有与性有关的区分，不仅是男性与女性的区分，也包括同性恋与异性恋的区分。他们认为正是这些区分造成了压迫，造成了人们之间的不平等。"酷儿国"（Queer Nation）是性别解构论者的理想国，它将容纳一切被主流价值观区分为"怪诞"的类别。他们反抗所有三六九等的区分，试图打破与身体相关的任何建构。然而，在这种反抗中，他们自己却可能再次落入身份的旋涡之中。作为酷儿理论家，巴特勒非常清楚这一点。在比利时电视台 BangBang 对她的采访中，巴特勒说道："我的担心是，有一天酷儿成了一种身份。它从来就不是一种身份。相反，它是一种对身份的诘问，我想，如果它停止了这种诘问，它就失去了自己的批判力。"[1]

模糊性别的倾向不仅催生了女同性恋和酷儿国等社会运动，同时还给人们日常的政治生活带来巨大困扰。如上所述，性别解

---

[1] 引自《朱迪斯·巴特勒：酷儿是对身份的诘问》，http://www.360doc.com/content/11/0321/14/4511347_103171384.shtml。

构论者认为人类社会与性有关的语言对女性造成了巨大压迫。由此，一些学者认为，女性解放的途径之一就是改造人类的语言。例如，威蒂格主张用某人（one）代替所有代词（I, You, He, She, We, You, They）。她发明了一个新的自我，一个没有性别身份的人，这个人称代词非动物、非职务、非矿物，是不确定物。[1] 改造语言不仅是哲学家的纸上谈兵，也成为一些国家的实际政策。2019年2月，法国为推进性别平等而通过了一项"家长称谓法"。该法律规定，在中小学中提到"家长"时，统称"家长1""家长2"等等，不再区分"父亲""母亲"等等，以淡化性别差异。此法案一出，立即引发了人们的热议，许多家长都表示反对。因为，这种语言改革已经从根本上动摇了人与人之间的伦理关系。父亲、母亲、姑姑、姨妈、舅舅、伯伯……只有通过这些称谓才能确定人与人之间的血缘亲疏关系。如马克思所言，"人的本质是一切社会关系的总和"。一旦这些亲缘关系被解构了，自我、个人也就得不到确立。两性关系是所有亲缘和社会关系的基础，所以，当人们想要模糊性别这一特征时，随着两性关系的瓦解，人伦关系也就彻底瓦解了。

语言改造方面的案例还有：2017年7月，伦敦的地铁站开始使用"大家好"，而非传统的"女士们、先生们"来问候乘客。同年底，美国纽约运输部门要求地铁及巴士司机在乘客广播中停止使用"女士""先生"字眼，改为没有性别指向的"乘客""各位"等词。加拿大也受到"去性别化"的影响。2018年1月31日，加拿大参议院通过了一项名为"国歌性别中立"的法案，把原先加

---

[1] 参见李银河：《女性主义》，第191页。

拿大国歌歌词中的"统领您的众儿子"（in all thy sons command）正式改成"统领我们众人"（in all of us command）。与此同时，加拿大航空也不再使用"女士""先生"字眼。2021年1月3日，在美国第117届国会众议院开幕仪式上，为开幕仪式致"祷告词"的美国民主党籍议员艾曼纽·克里夫在向"上帝"完成"祈祷"后，除了说出"阿门"（amen）这个基督教徒在结束祈祷时常用的词语外，还令人意外地附带上一个awoman的词语。这一事件在网络上引来许多批评，网友们质问道：难道所有带有man或men的词汇都要改成woman和women吗？那样的话，英语里将出现许多奇怪的单词：recomwomendaion (recommendation)、fundawomentalism (fundamentalism)、disapointwoment (disappointment)，等等。这将引发一场语言地震，人们甚至都无法正常说话了。

在性别解构论的推动下，近几年来，欧美国家还颁布了一系列令人瞠目结舌的模糊性别的法令。2016年5月，奥巴马总统颁布了"如厕令"，该法令规定全美范围内所有接受联邦政府财政资助的学区（学校），都要为跨性别学生提供选择厕所的自由；学生可以根据自己的心理性别而不是生理性别选择进男厕所或者女厕所，如果学校不这么做，联邦政府会暂停提供教育资金。也就是说，对于跨性别者来说，他（她）如果觉得自己是女性，就可以进女厕所；他（她）如果觉得自己是男性，就可以进男厕所。2023年9月，美国加利福尼亚州通过了AB957法案，该法案将父母"对儿童性别认同或性别表达的确认"纳入儿童"健康、安全和福利"的概念中。这意味着，如果父母不同意、不支持、不接受孩子的变性要求，又有某位老师或LGBT活动家举报他们的行为，父母就可能失去对孩子的监护权。欧洲国家的法律也深受彩虹运动的影响。2013年8月，面对一名双性人，德国最高法院判定：从当年11月以后，德国的新生儿出生证明上可以选择"不确定性别"。此举被誉为欧洲的法律革命。新法律规定，民众可选择终身维持"不确定性别"。

　　与此同时，性别解构的思潮还和商业运作紧密联系在一起。在资本的推动下，一些科学家甚至做出了"做变性手术是有益的"之判断。据称，普利兹克家族（Pritzker）投入大量资金，以推动跨性别药物及性别认定护理（gender-affirming care）。根据阿谱尔（APO Research）的统计及预测，2023—2029年，变性手术市场将以10.4%的复合年增长率增长。在性别解构论的影响下，许多青少年开始怀疑自己的性别，他们尝试了切除乳房等变性手术，而为了维持自己想要的性别，他们则需要终生服用药物。目前，美国每年进行大约9 000例变性手术。2023年9月，欧美多家媒体报道了下述事件：美国高中诱导14岁少女布莱尔变性，导致其离家出走，被恋童癖拐卖、贩运、囚禁、性侵，而当地政府却认定其父母"不认同女儿是跨性别者"，并试图剥夺他们的监护权。从这些法令和相关事件来看，性别解构论深刻影响了对青少年的教育，不禁让人对下一代的健康成长以及人类社会的未来忧心忡忡。

　　性别解构论不仅导致了性别模糊，还导致了性别多元化的倾向。目前，美国官方承认的有97种性别身份，这些复杂的分类已经完全超出了普通人的理解能力。例如，美国洛杉矶一项旨在保证跨性别者基本生活的福利项目（Guaranteed Income for Transgender People）的申请网页[1]上，清晰地列出了97种性别身

1　参见 https://www.giftincome.org/copy-of-apply。

份选项。为了展现人类造词的极限，笔者参考网络上的翻译和解释，将这 97 种性别身份选项罗列如下[1]：

1.Cis-gender woman
顺性别女，自我性别感知和顺性别一致。

2.Woman
女，广义上的，无特殊修饰词或条件。

3.Transgender Woman
跨性别女，出生时生理性别为男，后通过激素手段或手术转化得更具有女性生理特征。

4.Woman of Trans experience
有跨性别经验的女性。

5.Woman with a history of gender transition
经历过性别转换过程的女性，也可能指通过手术或激素手段成为男性但是后来反悔又转回女性的人。

6.Trans feminine
跨女性化，出生时生理性别为男，但性格或行为上的自我感觉更像女，可同时又不认为自己是女性。

7.Feminine-of-center
中心女性，指为人处世更具女性特征但并不认为自己是女性的人，和上一词条的不同之处在于没有明确指定出生时的生理性别。

---

[1] 参见《97 种性别详解》，https://zhuanlan.zhihu.com/p/594817408?utm_id=0&eqid=f6a9a495003a11560000000464576351。

8.MTF (male-to-female)

男跨女，等同于 Trans woman。

9.Demigirl

半性取向/半性女，自我认同和行为举止都为女，但同时又不认同性别的二元化。

10.T-girl

跨性别女，即 Transgirl，但是相对年轻，因此用了 girl 而不是 women。

11.Transgirl

跨性别女，就是上面 T-girl 的全称。

12.Sistergirl

跨性别女，托雷斯海峡的岛民用该词描述"具有女性精神"并"在社群中充当女性角色"的个体，多为生理男性。

13.Cis-gender man

顺性别男，自我性别感知和顺性别一致。

14.Man

男，广义。

15.Transgender man

性转男，出生时生理性别为女，后通过激素手段或手术转化得更具有男性生理特征。

16.Man of Trans experience

有跨性别经验的男性。

17.Man with a history of gender transition

经历过性别转换过程的男性，也可能指通过手术或激素手段成为女性但是后来反悔又转回男性的人。

18.Trans masculine

跨男性化，出生时生理性别为女，但性格或行为上的自我感觉更像男，可同时又不认为自己是男性。

19.Masculine-of-center

中心男性，指为人处世更具男性特征但并不认为自己是男性的人。

20.FTM（female-to-male）

女跨男。

21.Demiboy

半性取向/半性男，自我认同和行为举止都为男，但同时又不认同性别的二元化。

22.T-boy

跨性别男，即 transboy。

23.Transguy

跨性别男。

24.Brotherboy

跨性别男，托雷斯海峡的岛民用该词描述"具有男性精神"并"在社群中充当男性角色"的个体，多为生理女性。

25.Trans

跨性别。多为跨性别男和跨性别女的统称。

26.Transgender

跨性别。同上，也可以指任何自我认知性别和顺生理性别不一致的人。

27.Transsexual

变性。通常属于性转的一种，可以指性别认知和自己生理性别不一致，希望通过激素或手术改变生理性别但还没有这么做的人。也被用于一部分拒绝使用 transgender 一词的性转人。

28. Non-binary

非二元性别。指不认同性别只有男女的人，简称 NB。

29. Genderqueer

性别酷儿，即 NB，非二元性别的同义词。

30. Agender

无性别，NB 的一种。

31. Xenogender

外性别，指一种"超出人类理解范围"的性别，NB 超级加强版。

32. Fem

底（bottom），femme 的简称。

33. Femme

底，也可作女性化。是 fem 的全称，泛指 LGBTQ+ 中表现得具有女性特征的人，最早是指女同双方中扮演女性角色的一方。

34. Butch

顶（top），也可作男性化。泛指行为或外表有男性特征的人，也可指女同双方中扮演男性角色或被 femme 吸引的一方。

35. Boi

同性恋，特指男同。

36. Stud

同 butch，但指黑人或拉丁裔。

37.Aggressive（AG）

女同+假小子，指行为和衣着都像男性的女同。

38.Androgyne

双性性格，或阴阳人，指行为或自我感知上同时具有男性和女性特征。

39.Tomboy

假小子。

40.Gender outlaw

此说法来自凯特·伯恩斯坦的一本书[1]，词义与NB类似。

41.Gender non-conforming

非常规性别，等同于下一条的Gender variant。

42.Gender variant

非常规性别，泛指行为举止衣着等性别表现和社会的性别期望不一致的人。

43.Gender fluid

流变的性别。

44.Genderfuck

衣着行为上故意向着传统性别期望的反面走。

45.Bi-gender

双性别，一半男一半女。在没有观察者时也不会处于叠加态。

46.Multi-gender

多性别，Bi-gender的升级版，认为自己不光同时是男和

---

[1] 参见：Kate Bornstein, *Gender Outlaw: On Men, Women, and the Rest of Us*. New York: Vintage Books, 2016.

女，还是别的性别。

47. Pangender

泛性别，一种模糊的性别概念。

48. Gender creative

该词来源于戴安妮·艾伦赛夫特的一本书[1]，实验性的性别。

49. Gender expansive

性别拓展。

50. Third gender

第三性，等于 NB。

51. Neutrois

中性，也可作"无性别"，属于 NB 的一种，在 NB 的基础上更中性。

52. Omnigender

全性别，等同于 Pangender。

53. Polygender

多性别，类似但指涉范围略小于 Pangender，poly 和 pan 的区别在于 pan 是所有，poly 是很多但不包括所有。

54. Graygender

灰性别，即 NB 之外的性别。

55. Intergender

间性别，基本等同于中性。

---

[1] 参见：Diane Ehrensaft, *Gender Born, Gender Made: Raising Healthy Gender-Nonconforming Children*, New York: The Experiment, 2011.

56.Maverique

"独行侠",认为自己的性别不与人类同流合污。

57.Novigender

不可描述的性别,认为自己的性别不能以人类语言描述。

58.Two-spirit

双灵,北美原住民用来描述社区中满足传统第三性别(或其他性别变体)的原住民在他们的文化中的礼仪和社会角色。

59.Hijra

海吉拉,印度半岛用这个词泛指双性别和跨性别者。

60.Kathoey

泰国的特殊群体,俗称"人妖",也写作 katoey。接近于跨性别者,但对于泰国人来说,属于一种第三性别,和跨性别者并不太一样。

61.Muxe

英语语境下属于 NB 的一种,墨西哥的萨波特克(Zapotec)文化用这个词指代顺性别为男,但衣着和行为更像女性的人,当地人将其视为一种第三性别。

62.Khanith/Xanith

英语语境下属于 NB 的一种,阿拉伯半岛使用这个词指代顺性别为男,但自我认知、衣着和行为更像女性的人。

63.X-gender

日本版的第三性别,属于 NB 的一种。

64.MTX

Male-to-expansive,出生时是男,后变成 NB。

65.FTX

Female-to-expansive，出生时是女，后变成 NB。

66.Bakla

菲律宾人用该词指代顺性别为男，但性别表现更像女性的人。除了基础的 NB 属性外，Bakla 似乎仅对男性感兴趣。

67.Māhū

夏威夷人曾用这个词指代顺性别为男，但性别表现并不符合男性，而更像是一种第三性别的人。

68.Fa'afafine

NB，萨摩亚人（Samoa）用这个词指代顺性别为男，但性别表现并不符合男性的人。其行为同时囊括了颇为夸张的女性行为特征和传统男性化的行为。

69.Waria

印度尼西亚人用这个词指顺性别为男但行为举止像女人的人。

70.Palao'ana

第三性别，大概是马里亚纳群岛的查莫罗（Chamorro）文化所使用的词。

71.Ashtime

第三性别，有时也作异装癖，来自埃塞俄比亚的马埃勒（Maale）文化。

72.Mashoga

NB、性转或同性恋，斯瓦希里词语。

73.Mangaiko

第三性别，刚果版。

74.Chibados
第三性别，恩东戈王国版。

75.Tida wena
性转女，印第安 Warao 族版。

76.Bixa'ah
来源不明的词语，似乎和 Rich Bixa 有所联系。

77.Alyha
性转女，特指莫哈维族（Mohave）的性转仪式，该仪式前后都不包含任何生理手段，但仪式后会将该男孩视为女孩。

78.Hwame
性转男，特指莫哈维族的性转仪式，该仪式前后都不包含任何生理手段，但仪式后会将该女孩视为男孩。

79.Lhamana
北美祖尼人（Zuni）描述在社群生活中具有女性精神并担任女性角色的生理男性。

80.Nádleehi
指纳瓦霍人（Navajo）中具有女性精神并担任女性角色的生理男性。

81.Dilbaa
纳瓦霍人中具有男性精神并担任男性角色的生理女性。

82.Winkte
也作 wíŋkte，拉科塔族（Lakota）词语，直译为"想当女人"。曾指具有女性精神并担任女性角色的生理男性，但现在也指男同性恋。

83. Ninauposkitzipxpe

黑脚族（Blackfoot）词语，指具有男性精神并担任男性角色的生理女性。

84. Machi-embra

生理双性人，直译为"男的女人"，即因为基因等问题，生殖器官不是单一的男或女，用于多米尼加共和国。

85. Quariwarmi

双性萨满，秘鲁的印加人（Inca）用这个词来指出生时呈现双性、随后担任萨满角色的个体。

86. Chuckchi

指居住于楚科奇半岛的楚科奇人。指西伯利亚一些人在18—19世纪用于指具有女性精神并担任女性角色的生理男性。

87. Whakawahine

毛利语单词，作名词时表示"具有女性精神并担任女性角色的生理男性"，作动词时表示"变成女性"。

88. Fakaleiti

汤加（Tonga）词，指采用女性着装、举止和社交方式的生理男性。

89. Calabai

布吉斯人（Bugis）的词语，描述担任女性角色的生理男性。

90. Calalai

布吉斯人的词语，描述担任男性角色的生理女性。

91.Bissu

双性人，布吉斯语版。

92.Acault

出自缅甸民间信仰，指生理男性，但是行为举止更符合女性。

93.Travesti

拉丁美洲的词语，指顺性别男，但长大后行为举止更符合女性的人，有时也作 transvestite。

94.Questioning

表格选项："仍在思考"。

95.I don't use labels

表格选项："我不用标签"。

96.Declined

表格选项："我拒绝"。

97.Not listed

表格选项："选项未列出"。

上述 97 种性别身份选项中，除了人们日常能够理解的男性、女性、跨性别者外，还包括非二元性别、无性别、灰性别等让人难以捉摸的性别分类。但事实上，这些分类以及在不同文化中的不同表达，无非生理性别、社会性别以及心理性别[1]的排列组合而已，所以归根到底还是要回到生理性别和社会性别的区分。事实

---

[1] 心理性别也叫"性别认同"，是指每个人对自己是男性还是女性的一种主观感觉。因此，心理性别的依据仍然是生理性别或社会性别，心理性别不过是生理或社会性别在个人内心的投射。

上，无论是模糊性别区分，还是造出97种性别身份，都很难从根本上解构男性、女性以及生理性别、社会性别的划分。性别解构论不仅在政治现实上是失败的，给许多人尤其是青少年带来不必要的伤害，而且在理论上也是不成立的。人类的认识就是从区分开始的。正是在给事物分类的过程中，人类形成了概念，而只有以概念为原点，人类才可能开始思考：构建概念之间的关系，推出命题和结论，并用语言描述或规范整个世界。在中国古代传说中，盘古开天辟地是世界的起源，这实际上就是在概念上对"天"和"地"进行区分。天和地不分开，就是一片混沌，冥顽不化。当然，从人类对宇宙的探索来看，天和地的区分是不准确的，然而没有这样的区分人类就不可能认识天地之间的万事万物，人类就永远处于蒙昧状态。男和女的划分也是如此，虽然这个划分并非完全准确，许多人处于这一划分之外，但是如果没有这一划分，人类就无法建构性别关系，会呈现出混沌乱伦的状态。

所谓"伦理"就是要建构秩序，没有清晰的划分就不可能有明确的秩序。当然，既定秩序有可能是不公平的，不符合人们对平等和自由的理解，但打破所有的秩序却可能让我们离平等和自由更远。在没有秩序的自然状态，最终受到伤害的必然是弱者，是儿童和女性。因此，唯一可行的道路只能是在肯定性别划分的基础上改进原有秩序，逐步实现两性的平等和自由，而不是消解所有的秩序。

如何能够摆脱"性别麻烦"？

巴特勒最有影响的著作是《性别麻烦：女性主义与身份的

颠覆》。正如此书标题所言，性别问题给现代人（无论男人还是女人）带来了一系列麻烦，甚至使人陷入困境。人们怎样才能摆脱"性别麻烦"，重建自由平等的性别秩序？当一个人在选择如何发展自身的各种能力和专长，选择如何展开自己的人生时，他（她）应该如何看待和理解性别问题给自己带来的困扰呢？面对生理性别和社会性别两种划分，我认为应坚持下述4点以重建平等而自由的性别秩序：1. 肯定生理性别的客观事实，正视两性在与生殖相关的生理结构上的区别。2. 在没有科学依据的情况下，不能夸大两性在生理上的差异，如大脑功能。3. 主观上，无视社会性别以及以社会性别为基础的性别规范。4. 客观上，通过各种制度削弱社会性别造成的不平等以及对个性发展之自由的限制。

第一，我们应该肯定两性在与生殖相关的生理结构上存在客观差异。这种差异决定了人们生活中的许多行为规则，例如生理性别为女则进女厕所、女更衣室、女宿舍，生理性别为男则进男厕所、男更衣室、男宿舍，等等。这些行为规则有着客观的生理基础，是不容许模糊和改变的。如果一个人身为男性却认为自己是女性，那么他是不能进入女厕所的，这一点是毫无疑问的。近些年，欧美国家在性别解构论的影响下出现了公共场所"去性别化"的倾向。2013年，德国柏林开始经历"公共厕所革命"，繁华的弗里德里希斯海因-克罗伊茨贝格区出现男女通用厕所。2018年1月，德国比勒菲尔德大学宣布开放4个"全性别厕所"。在厕所问题上，我认为，如果全性别厕所能够保证每个人（无论何种性别）都有独立的隐私空间，那是可以接受的。与去性别化的倾向相反，也有人提出将公共空间进一步性别化的诉求，例如，有人建议在火车列车上设立女性车厢，在游泳池中设立女性泳道，等等。我认为，在这些公共空间中人们不需要裸露隐私部位，没有必要设立专门的女性空间。如果因空调温度或游泳速度等问题发生争执，如女性乘客感觉火车车厢空调过冷，可与男性乘客协商解决；或者女性觉得男性游泳速度过快干扰到自己，那泳池里可设立慢速泳道和快速泳道予以解决。

两性在身体上存在的客观差异还将决定体育竞赛的基本规则。在体育竞赛中，身为男性的选手即使自认为是女性，或者具有女性气质（社会性别），也不能参加女子竞赛。国际赛事中有严格的标准以判断一位选手是男性还是女性，而其依据则是生理性别的4个方面。国际田联理事会强化了性别认定标准，从2023年3月31日起，作为男性经历青春期后才变性的选手，将被排除在女子组国际大赛之外。国际田联还强化了被称为"DSD选手"（性发育差异，differences in sex development）的参赛标准。将400米、400米栏、800米、1500米、1英里女子组比赛的参赛标准定为：至少6个月的睾丸激素水平保持在5nmol/L以下才能参赛。[1]（普通成年女性的睾丸激素水平为0.12~0.179nmol/L，男性则为7.7~29.4nmol/L。）这些严格的规定说明生理性别是客观的，是有严格标准予以判定的。[2] 事实上，承认两性之间的生理

---

[1] 参见国际田联关于如何认定女性选手的文件，https://worldathletics.org/news/press-release/eligibility-regulations-for-female-classifica。

[2] 2024年巴黎奥运会上，阿尔及利亚拳击选手伊曼尼·哈里夫的性别问题引起了国际社会的广泛关注。依据国际拳击联合会（IBF）的检测报告，哈里夫体内有XY染色体，生理性别为男性。但是奥林匹克委员会（IOC）却以哈里夫的护照登记为女性而允许其参加女子组比赛。哈里夫一路过关斩将并在决赛中击败中国选手杨柳，最终获得女子66公斤级拳击冠军。生理男性选手与生理女性选手同场竞技，这种不公平正是在模糊两性生理差异的基础上发生的。

差异并不会直接导致性别歧视和对女性的不平等对待。在现代女性从事的各种行业中，体育是较少性别歧视的一项[1]，而体育竞赛恰恰是在承认男女有别的基础上建立的竞争规则。所以说，在有科学依据的前提下承认并正视两性之间的生理差异不仅不会加剧性别不平等，反而能推动性别平等和女性的解放。

第二，在没有事实依据的情况下，不能夸大两性的生理差别。科学家们寻找"脑性别"的历程充分说明了男女两性的大脑并不存在系统性的差异。当然，个体之间肯定是有差异的，某个男性数学特别好，某个女性语文特别好，这些都是正常现象。但是，像"女性的大脑结构不适合学数学"或者"男性的大脑结构不适合学语言"之类的判断就涉嫌性别歧视了。因为这样的判断没有得到科学研究的证实，在大脑结构上，科学家还没有找到两性之间的确凿差异。在这里值得注意的是，并不是所有的"区别对待"都是性别歧视，例如，体育赛场上的分性别竞赛就不是性别歧视。只有那些没有客观依据的偏见，以及在此基础上形成的区别对待才是性别歧视，例如，不鼓励女性学习数学、哲学、计算机科学等学科，不鼓励女性读博士，直接拒绝女性求职者，等等。人们在社会生活中总是倾向于扩大两性的生理差异，这实际上是在为构建社会性别寻找依据。正是那些没有事实依据的、似是而非的成见限制了女性或者男性的自我发展。

第三，对于似是而非的成见以及在此基础上构建的社会性别，笔者认为，人们主观上应该选择无视社会性别，勇敢做自

---

[1] 体育领域的性别歧视不仅体现在竞争规则上，还体现在"同工不同酬"这一问题上。参见下文讨论的女足与男足"同工不同酬"问题。

己。每个人在选择发展自己的兴趣和专长时，不要考虑社会性别是如何规范两性行为的，而要回到自己的内心，思考什么是自己真正想做的事。例如，如果一个女孩想打篮球，那么她就应该勇敢地寻求各种条件去学习和实践这项体育运动，而不要考虑"女孩不适合剧烈运动""女孩不适合争抢"这类似是而非的说法。如果孩子尚小，父母也应该尽其所能去为他（她）创造条件学习想学的项目，而不是以社会性别来要求孩子。类似地，如果一个女孩想要学绣花，那她也大可不必顾虑这一想法恰好符合了社会性别，而是应该抓住一切机会去发展自己想要发展的兴趣和专长。换句话说，每个人在决定自己要做什么、要成为什么样的人时，不必考虑这一想法与社会性别的关系，也不必追问自己的想法是不是源于社会性别，而应该大胆地按照自己的想法去做。因为，只有真正无视社会性别的存在，才可能从根本上破除社会性别。如果人们总是纠结于该反抗还是顺从社会性别，那么社会性别就会一直左右人们的生活，限制人们的自由。近年来，女性争取平等地位的运动催生出一些令人费解的现象。现代社会中一些女性选择回归家庭相夫教子，却遭到另一些女性的嘲笑，认为她们屈服于社会性别。事实上，对于回归家庭的选择，只要是当事人深思熟虑并认为那是自己真正想做的事，认为那是实现自我的最佳路径，就没有什么好指责的。不能因为这一选择恰好符合社会性别的建构，就否定或贬低其价值。性别平等运动期望的是一个对男性和女性都更为包容的社会，家庭主妇、家庭主夫都不应该受到任何歧视。

第四，为了构建一个更为包容的社会，我们还应该在客观上通过相关制度的改良逐步消除社会性别的影响。事实上，要求人们在订立自己的人生计划时不考虑社会性别带来的影响,这是很困难的。试想,一个立志成为哲学家的女性,难道不需要考察一下哲学家中女性所占的比例吗？当她发现这一比例极低、几乎为零时,她仍然能够矢志不渝,坚持自己的志向吗？如果她坚持自己的志向,那么她在努力成为哲学家的奋斗历程中要经历多少困难、遇到多少障碍呢？这一切对她是否公平呢？同样的问题也适用于想成为数学家的女性、想成为物理学家的女性、想成为政治领袖的女性……人们总是综合自己的志向和外部环境两方面的因素来做出最终的理性选择。只考虑自己想要什么,而不考虑这个世界能给你什么,这样的选择是盲目的,也是不理性的。由此看来,并不是通过女性自己的选择就可能完全破除社会性别的影响。一个规范体系的成功一定是主观和客观两方面因素共同作用的结果。无视社会性别,能够从主观方面降低社会性别的影响,但并不足以破除社会性别。想要最大限度地降低社会性别对个人自由和性别平等的破坏作用,还需要在客观的制度环境上进行改良。

在一个社会中,制度体系塑造着人们的竞争规则和公共资源的分配。为了建立更公平的竞争规则,更公正地分配公共资源,我们必须从性别差异的角度对现有制度体系进行改进。一种削弱社会性别的影响、平等地对待不同性别公民的制度应该为不同的女性角色提供更为宽容的制度环境。在当下的社会环境中,社会性别深刻地塑造了女性的行为方式并贬低了女性的社会地位。一些女性选择对抗社会性别,成了"假小子",而另一些女性选择顺从社会性别,成了"真女人"。一个真正平等而宽容的社会不应该忽略社会性别造成的影响,而应该敏锐地注意到社会性别带来的危害,并通过制度改进去矫正。因此,制度建设应该做的事并不是去批评任何一种女性角色，而应该致力于为不同的女性角色提供更为公平的制度环境。

对于选择做"假小子"的女性来说，她们需要的是与男性同等的机会平等：同工同酬、同等的晋升机会、同样的劳动得到同样的肯定、同等的担任公职的机会，等等。目前，世界各国大多在法律层面上实现了两性之间形式上的机会平等。例如，就业歧视在各国的法律中都是被禁止的。但是，在实质的机会平等方面，两性还存在巨大差距。应通过"性别配额制"或者为女性开设专门的晋升通道等措施以促进两性竞争财富、名誉、职位等稀缺资源的机会平等。

对于选择做"真女人"的女性来说，她们虽然没有参与到社会化大生产之中，但却为社会化大生产做出了巨大贡献。然而，"真女人"所做的家务劳动和对家人的照顾，却难以获得应有的承认和尊重。这些劳动通常被看作没有技术含量，是低级的劳动。这是父权制体系对"真女人"的贬低和不尊重。我们应该通过制度的改进来改变这种状况。付费的家务劳动就是一种简单而有效的制度手段。一些西方学者提出企业雇主应该将员工的工资分为两份，其中一份直接付给在家庭中承担大部分家庭劳动的成员。笔者也曾提出收取"夫妻税"，以夫妻中一方工资的10%向承担家务劳动的一方付费。[1] 与此同时，对女性在家庭中所承担劳动之价值的承认也应体现在法律条文中。我国的《民法典》中就有对"家务劳动补偿"的明确规定。[2] 承认家务劳动之价值的制度设计

---

[1] 参见李石：《是否该收夫妻税》，https://mp.weixin.qq.com/s/MH22I_6eRwNVh724K1ZK-w。

[2] 参见前文对家务劳动补偿案例的讨论。

能够更好地肯定女性的劳动价值，有助于维护两性之间的平等。

综上所述，男女两性在生理上存在客观差异，生理性别是客观事实，而社会性别并非由生理性别决定，其形成过程是社会建构的结果。社会性别的存在极大地限制了个人自由，加剧了性别不平等。要破除社会性别，一方面，人们在主观上要尽量无视社会性别的规训，勇敢地发展自己的兴趣和专长，做自己真正想做的事，成为自己想成为的人；另一方面，在客观环境上，应建构对不同个人选择更为包容的制度体系，使得"假小子"能够与男性公平地竞争，而"真女人"也能够在家庭和社会中得到平等的尊重。自由与平等是人类社会追寻的共同价值，社会性别妨碍了这两种价值的实现，只有通过主观的"藐视"和客观的"重视"才可能调动一切积极因素建构更为宽容的制度环境，从根本上消除阻碍个人发展和加剧性别不平等的陈规陋习。美国女性主义者奥金在《正义、社会性别与家庭》一书中憧憬了一个没有社会性别的未来社会："我们必须致力于开创一个所有人都有可能选择自己生活方式的未来。一个公平的未来蓝图一定是没有社会性别的。在这种未来的社会结构和实践中，一个人的性别绝不会和一个人眼睛的颜色或者脚趾的长度有所关联。没有有关'男性'和'女性'的角色假定；生育不会概念性地把育儿和其他家庭责任加以区别，如果在家庭生活中男女不能平等分担，或者抚养儿童时一方要比另一方花费更多的时间，那么这会是令人吃惊、引人关注的。在未来，在每一个生活领域，从婴儿看护、各种有酬工作到高端政治领域，男女大致平等地参与其中。"[1]

---

[1] ［美］苏珊·穆勒·奥金:《正义、社会性别与家庭》，王新宇译，第244页。

第七章
身份政治与女性认同

　　人类不平等的起源到底是什么？男性与女性因为什么而变得不平等？女性的身体、女性的衣着外貌、女性的兴趣能力、女性的生活方式，女性各方面的特质是否能够得到平等的承认？女性要争取平等的承认是应该强调自己与男性的差异，还是应该强调自己与男性的共同点？女性身份的突显是否有利于性别平等的实现，还是恰恰相反？如何看待女性群体内部的差异，她们之间的不同是否意味着更加多元化的身份认同？这些问题与平等的承认相关，也与这些年来在西方社会流行的身份政治运动相关。如何争取平等的承认，如何构建女性身份，这是性别平等运动需要回答的问题。

平等的承认

"随着观念和情感的相互推动，精神和心灵的相互为用，人类便日益文明化。联系日多，关系也就日益紧密。……每个人都开始注意别人，也愿意别人注意自己，于是公众的重视具有了一种价值。最善于歌舞的人、最美的人、最有力的人、最灵巧的人或最有口才的人，变成了最受尊重的人。这就是走向不平等的第一步，同时也是走向邪恶的第一步。"[1] 这是卢梭在《论人类不平等的起源与基础》一书中所描述的人类社会产生不平等的决定性时刻。在这段话中，卢梭点明了不平等产生的重要因素——"公众的重视"，即一种公共评价。这种公共评价会对每个人进行"估价"，那些价值较高的人是公众所敬重的，而那些价值低的人则是被人看不起的。这种估价最先是一种外在的评价，但它很快就会作用于每个人的内心。任何嘴上说着"我从不在乎别人怎么看"的人，他们对自我的认识最初都来自别人的评价。这也是在幼儿教育中鼓励孩子如此重要的原因。一个人年幼的时候，他（她）的自我评价体系还没有建立起来，需要一种积极的公共评价才能协助其建立自己的自信和自尊。就像一个人要看到自己的形象就必须照镜子一样，公共评价就是这面镜子。没有公共评价，自我评价、自我价值感、自信、自尊等等都没有依据，就像海市蜃楼，自我评价最初只是公共评价的影像。

我们可以从微观和宏观两个层面来分析卢梭描述的不平等的

---

[1] ［法］卢梭：《论人类不平等的起源和基础》，李常山译，东林校，北京，商务印书馆，1982年，第118页。

出现过程。在微观层面上，正像英国的卢梭研究学者毛里斯·克兰斯顿（Maurice Cranston，1920—1993）指出的，正是当人们的"自爱心"（amour-de-soi）转变为"自尊心"（amour-propre）时，人与人之间的不平等就出现了。[1] 卢梭在《论人类不平等的起源和基础》的附录十五中详细讨论了自爱心与自尊心的区别，他认为："不应该把自尊心和自爱心混为一谈，这两种感情，无论按它们的性质或者效果来说，都是迥然不同的。自爱心是一种自然的感情，它使所有的动物都注意自我保存。……自尊心只是一种相对的、人为的，而且是在社会中产生的感情，它使每一个人重视自己甚于重视其他任何人，它促使人们彼此间做出种种的恶，它是荣誉心的真正根源。"[2] 按照卢梭的理解，自爱心是自然状态下人与禽兽共有的自然情感，它专注于自我保存；自尊心则是因人们之间的相互联系而产生的情感，自尊心的产生说明人们开始重视别人对自己的看法，这是一种社会情感。那么，为什么说自尊心的产生就标志着人类社会不平等的产生呢？

实际上，人们微观层面的心理变化，必然是由人类社会宏观层面的变化引起的。每个人内心对自己的看重是由人们对他的评价引发的。每个人产生自尊心的同时，人们之间也出现了"公共评价"。正是或好或坏，或赞赏或贬低，或仰慕或轻蔑的公众评价构成了人与人之间最初的不平等。克兰斯顿指明了这一点，他论述道："这就是卢梭关于不平等起源的所有论述，之前存在人类个体之间外貌和能力上的差异；当某些特征被赋予比其他特征更高

---

[1] 参见：Maurice Cranston, "Rousseau On Eqaulity", *Social Philosophy and Policy*, Vol. 2, No. 1, 1984, pp. 115-124.

[2] ［法］卢梭：《论人类不平等的起源和基础》，李常山译，东林校，第184页。

的评价和尊敬的时候,这些差异就转变成了不平等;当比较的观念进入人们的头脑中,人们对他人恭敬之心的要求并无止境,当这成为必需的时候,不平等就成为人类自身条件的一部分了。"[1]

既然不平等的起源是将人们分为三六九等的公共评价,以及由此而产生的一些人得不到承认的痛苦,那么对于平等的追求其本质上就是在追求平等的承认。在西方哲学史上最先对"承认"进行深入阐释的是德国哲学家黑格尔。黑格尔在其精神现象学中指出,承认是对主体性的建构,一个主体只有凭借另一主体的承认才成为一个独立的主体。当代政治思想家查尔斯·泰勒是著名的黑格尔研究专家,他从黑格尔阐述的"主奴关系"中发掘出"承认"这一政治范畴,并深入阐述了他所理解的"平等的承认",而这一概念也是引发当代身份政治运动的思想根源。泰勒首先定义了"身份"(identity)[2]的概念,"一个人对于他是谁,以及他作为人的本质特征的理解",并指出"我们的身份部分地是由他人的承认构成的;如果得不到他人的承认,或者只是得到他人扭曲的承认,会对我们的身份构成显著的影响。因此,一个人或一个群体会遭受实实在在的伤害和歪曲,如果围绕着他们的人群和社会向他们反映出来的是一幅表现他们自身的狭隘、卑下和

---

[1] 转引自刘国栋:《论卢梭的平等思想》,载《政治思想史》,2013年第1期。刘国栋在文章中批评了克兰斯顿的这段话,在我看来,他显然误解了克兰斯顿的论述,"自然的差异转变成了不平等",不是说自然的差异不存在了,而是说在差异的基础上附加了人们的优劣、好坏、美丑、善恶等等评价,而这些评价构成了人与人之间的不平等,而且,这种不平等是基于人们生理上的差异的。

[2] Identity一词有两种中文译法:"认同"和"身份"。本书将依据上下文的语境而采用不同的译法。

令人蔑视的图像。这就是说，得不到他人的承认或只是得到扭曲的承认将对人造成伤害，成为一种压迫形式，它能够把人囚禁在虚假的、被扭曲的和被贬损的存在方式之中。"[1]

承认的政治是一场追求"尊严"的运动。从卢梭点明的自尊概念能够更深刻地理解承认的政治诉求。自尊是一个人对自己的承认。按理说，自尊基于自我评价，与他人的评价无关。然而，自尊却可能受到他人的伤害。例如，一个老师当着全班同学的面训斥一个没有完成家庭作业的孩子，这在许多人看来都是伤害自尊的做法。这就说明，自尊虽然基于自我评价，但自我评价又不可避免地受到他者评价的影响。因此，当一个人不受他人尊重、被歪曲污蔑时，自尊就会受到伤害。然而，在某些语境下，我们也会认为，一个人不论怎么被污蔑，他仍然保有自己的尊严。例如，一个革命者在敌人的百般折磨下宁死不屈，我们会认为敌人对他的污蔑和残害并没有损伤他的尊严，他至死都是高尚的。在这种情况下，尊严之所以得到保存，是因为革命者始终坚定自己的信念，笃信自己行为的价值。换句话说，他对自己的评价没有受到他者的影响。由此看来，尊严不仅取决于他者评价，也取决于自我评价，两者共同决定了一个人是否拥有尊严。

自我评价与他者评价共同组成了公共评价，而公共评价才是尊严的真正来源。人们对于平等承认的诉求就发生在他者评价和自我评价产生冲突的时刻。当一个人、一个群体（女性、同性恋者、残疾人、移民）、一个民族、一个种族等等，他（们）对

---

[1] ［加］查尔斯·泰勒：《承认的政治》，董之林、陈燕谷译，载《天涯》，1997年12月。译文根据原文有略微修改。

自己的评价与其周围的人们对他（们）的评价不一致且前者明显高于后者的时候，他（们）就会感受到尊严受损的紧张，而他（们）的政治诉求就是争取平等的承认，这就是泰勒所说的承认的政治。女性运动就是典型的争取平等承认的政治。在几千年的人类历史中，女性群体经受了太多的歪曲和污名化，比如非理性、欲望膨胀、目光短浅、不具有逻辑思维能力、心胸狭隘、原罪等等，可以说一切与社会性别相关的建构都包含对女性群体的歪曲。在人类社会的各个领域，宗教、文化、制度、文字等等，都充斥着对女性群体的系统性偏见。这些他者评价与觉醒后的女性对自己的评价格格不入，而这种冲突正是女性争取平等承认的根本动力。

值得注意的是，现代女性争取性别平等的运动始于18世纪末期，但这并不意味着只是从这个时期开始才出现了贬低女性的他者评价。恰恰相反，在几千年的父权制社会中一直存在着对女性的系统性贬低。女性争取平等承认的运动之所以到18世纪末才开始大规模爆发，其主要原因是，在那一时期之前，女性群体的自我评价与他者评价之间并没有激烈的冲突。正如泰勒所言："在父权制社会，女人被迫接受她们自身卑贱低下的形象，她们已经把这样一幅自身低贱的图像内化了，因而甚至在阻碍前进的一些客观障碍已经消失之后，她们也可能无法利用新的发展机遇。"[1] 换言之，在传统的父权制社会，不仅男性对女性的评价是贬低性的，而且女性的自我评价也是贬低性的。这种情况在18

---

1 ［加］查尔斯·泰勒：《承认的政治》，董之林、陈燕谷译，载《天涯》，1997年第6期。

世纪末的西方社会，在人类争取平等、自由、博爱的过程中有了根本性的改变。

总之，自我评价与他者评价之间的错位导致了尊严受损的紧张，这种紧张促使人们寻求平等的承认。平等承认的冲动激发了女性、有色人种、同性恋群体、移民、难民等大量少数群体的社会运动。他们希望自己的身体特征、生活方式、文化传统、宗教信仰等得到承认和尊重，而这就是21世纪兴起的政治运动的主要形式——身份政治。如美国政治学学者福山所言，"内在自我是尊严的基础"[1]，"身份之所以出现，首先是由于人真正的内在自我有别于社会规范的外部世界，且外部世界对内在自我的价值或尊严不予恰当承认"[2]。

何谓"身份政治"？

福山在《身份政治》一书中追溯了身份政治的人性根源。在2 000多年前的古希腊，苏格拉底就注意到了人类灵魂中不同于理性和欲望的第三个部分——激情，并且认为激情激发人们为荣誉而战。激情又分为两种，一种是争取平等承认的激情，另一种则是被承认为高人一等的欲望；前者是平等激情，后者为优越激情。由此，追求平等或追求优越是人类心灵中的两种基本动机：当被其他人看不起的时候，人们追求平等，而当获得平等时，人

---

[1] ［美］弗朗西斯·福山：《身份政治：对尊严与认同的渴求》，刘芳译，北京，中译出版社，2021年，第15页。
[2] 同上书，第14页。

们又开始追求高人一等。高人一等是一种"位置益品"(positional good)[1],不可能人人有份,而这又激起了一些人对平等的追求,周而复始、循环往复。平等激情与优越激情的相互作用决定了身份政治的演进脉络。在为身份而战的政治斗争中,人们先是追求平等的承认,但当这一目标几乎达成时,就可能产生新的冲动,转而追求相对于其他群体的优越。如福山所言:"驱动当代身份政治的,是被社会边缘化的群体对平等承认的追求。但是,对平等承认的渴求,很容易滑向要求承认其所属群体高人一等。"[2]

在福山看来,身份政治塑造了法国大革命200年后的政治运动形态。"9·11"事件、南斯拉夫解体、卢旺达大屠杀、"伊斯兰国"崛起、旷日持久的巴以冲突……这些重大政治事件无一不包含"身份政治"的因素。其实,在身份政治运动兴起之前很长一段时间内,政治运动的关注点在经济领域,政治的核心问题是社会财富的分配问题,权力的纷争围绕贫富分化展开。人们之间的政治斗争事实上是在争夺经济利益。深刻揭示政治斗争之经济内涵的著名理论就是马克思的阶级分析学说:无产阶级与资产阶级的斗争,其根本原因在于资产阶级无偿占有了无产阶级的剩余价值,对无产阶级进行剥削和压迫。因经济利益而引发的斗争并不是你死我活的斗争,而是有协调和商量余地的。从效果来看,西方资本主义国家福利制度和社会保障体系的建立在很大程度上缓解了无产阶级劳动者与资本家之间的矛盾,避免了颠覆性的革

---

[1] 指某种东西因为稀缺而有价值,例如体育竞赛的"第一名"——如果人人都是第一名,那么第一名就没有价值了。

[2] [美]弗朗西斯·福山:《身份政治:对尊严与认同的渴求》,刘芳译,第26页。

命运动。相反，身份政治却不同，其宗旨是为尊严而战，而尊严是不容妥协的。

在身份政治运动中，我们能看到许多以理性人假设为基础的西方经济学无法解释的现象。例如，2011年以来，100余名生活在富裕西方国家的志愿者奔赴中东参与战斗，甚至进行自杀式袭击。这些志愿者大多是生长于欧洲的穆斯林移民后裔，他们原本衣食无忧，却执意要奔赴战场送命。又如，在2016年美国总统大选中，62%的白人蓝领工人将选票投给了共和党候选人特朗普。共和党在政治光谱上是右翼政党，他们历来反对以再分配的方式补贴穷人，但却得到了生活并不富裕的蓝领阶层的支持。这些案例说明，为了争取平等的尊严，人们不会因为经济利益而妥协。在许多人看来，荣誉永远高于利益，甚至高于生命。

身份政治兴起于20世纪末，这使得这一运动与互联网技术有了天然的融合。互联网与自媒体具有去中心化的平等倾向，这动摇了传统媒体的垄断地位。20世纪后半叶以来，几乎所有反抗权威的抗议行动都有社交媒体和互联网的助力，其中包括格鲁吉亚的"玫瑰革命"、乌克兰的"橙色革命"、伊朗的"绿色革命"、突尼斯起义、塔利尔广场暴动，以及美国发生的"黑人的命也是命"运动，等等。[1] 无处不在的短视频以及信息茧房的存在更容易激发人们对某种身份特征的认同，强化斗争意识，甚至引发民族主义的宗教狂热。西方政治中的民粹主义以及政治极化现象，在很大程度上源于互联网技术所激发的身份政治运动。在福山看

---

[1] 参见［美］弗朗西斯·福山：《身份政治：对尊严与认同的渴求》，刘芳译，第169页。

来,"社交媒体和互联网推动形成了独立的社群,维护这些社群不需要物理围栏,靠的是对共同身份的信仰"[1]。

在西方社会,身份政治运动还催生了"政治正确"的行为规则。在身份政治的语境下,政治正确指的是平等对待所有身份的群体,例如,对于女性、有色人种、残疾人、性少数群体等,如果某人表达源于偏见(没有科学依据)的看法,那就是在发表歧视性言论,就是政治不正确的。由于新的"身份"不断被发现,人们言论自由的边界也在不断缩小,在某些情况下甚至到了无法说话的地步。例如,对跨性别者的称呼变得极其复杂,用他(he)还是她(she),不带任何政治偏见的人都可能会犯政治不正确的错误。在欧美国家,"去性别化"成了政治正确的标志,这限制了人们在公共领域的说话方式,可参见前文提到的语言改造的案例。

身份政治虽然在现实中引发了轰轰烈烈的政治运动,但其在理论上却包含内在困境。身份政治成于"身份",也败于"身份"。其致命的问题就在于任何"身份群体"内部都存在差异。例如,同一民族的人们,可能因出生地的不同而拥有不同的生活方式;同一性别的人们,可能因所处阶级的不同而持有不同的政治主张;拥有同一文化传统的人们,可能是不同国家的公民……因此,当人们认真对待身份问题时却发现,身份是可以无限细分的,直至消失不见。身份政治的动力在于以共同的身份将人们团结起来,而被团结起来的人们却发现他们之间有如此之大的差异,以

---

[1] [美]弗朗西斯·福山:《身份政治:对尊严与认同的渴求》,刘芳译,第171页。

至于他们产生了凸显自身独特性的冲动。这种冲动将解构"身份群体",而当初却是这种冲动将人们团结起来的。由此看来,身份政治从根本上来说是"自我挫败"的,逻辑不自洽,这也是身份政治运动在走向巅峰时往往自我消解的原因。

总之,身份政治对国家和社会发展有积极的一面,但也存在极大的政治风险。身份的构建,尤其是民族身份的构建有利于民族团结、推动经济发展、增强政治参与和政治信任、扩大社会安全网、提升政府效率,等等。然而,如果过分强调身份的独特性则可能适得其反,在优越激情的推动下可能滋生极端民族主义、宗教原教旨主义、社会达尔文主义、种族主义等具有破坏性的意识形态,最终背离自由、平等、民主等基本的政治价值。

"相同"还是"差异"?[1]

女性运动具有身份政治运动的特征,是女性群体追求平等承认的斗争,因而身份政治的困难也显著地体现在女性运动中。这一运动从一开始就遭遇了是应该强调女性与男性之"相同",还是应该突显女性与男性之"差异"的两难。换句话说,是应该强调男人、女人都是"人",所以应该拥有平等的人权;还是应该

---

[1] 在许多文献中,对于女性主义内部两种立场的归纳使用的是"平等"与"差异",例如李银河的《女性主义》一书。但我认为,平等与差异并不构成一对矛盾,因为人们之间有差异,但他们可以拥有政治上的平等。女性主义者内部的矛盾立场实际上是强调两性相同,还是强调两性相异,而持这两种观点的女性主义者都支持女性拥有与男性平等的权利。

强调男人是"男"人，女人是"女"人，女人有自己的特征，所以应该得到特别的关照？在这个问题上，女性主义者内部一直存在争议。李银河在《女性主义》一书中总结了人们在这个问题上的5种不同观点，并认为这5种观点是随着历史的演进而兴起和变化的[1]：

（1）男女相异——男尊女卑，男权制、父权制
（2）男女相同——男女平等，社会主义女性主义
（3）男女相异——男女平等，自由主义女性主义
（4）男女相异——女尊男卑，文化女性主义、生态女性主义、关怀伦理学、激进女性主义
（5）男女混合——男女界限不清因此难分尊卑，后现代女性主义

在上述5种观点中，观点（1）是传统的父权制思想，包含对女性的系统性贬低，是所有女性主义者反对的，也是被现代社会抛弃的陈旧观念。观点（5）是一种性别解构论的思想，试图模糊男女两性的划分，从根本上解构人类社会的伦理关系，在政治现实中可能导致乱伦和混沌。由此，对于绝大部分女性来说具有积极意义的主要是（2）（3）（4）三种观点。观点（2）和观点（3）都强调两性的平等权利，这也是第一波女性运动的核心政治诉求。无论社会主义女性主义还是自由主义女性主义，他们都主张女性与男性拥有平等的政治权利（例如选举权和被选举权）和

---

[1] 参见李银河：《女性主义》，第18页。我依据本章论述内容对此划分做了补充。

个人权利（例如受教育权、婚姻自由、财产所有权等）。两者之间的区别在于，社会主义女性主义关注经济层面的平等，而自由主义女性主义更关注女性进入管理层和精英层的机会平等。持社会主义女性主义主张的通常是经济条件较差的下层女性，而持自由主义女性主义主张的大多是经济条件优越的上层女性。观点（4）则强调女性相对于男性的优越，她们持生理本质主义的观点，认为女性天生就是高于男性的，应弘扬女性的精神特质。这是第二波女性运动的主要立场。例如，关怀伦理学的奠基者卡罗尔·吉利根（Carol Gilligan）认为，女性天然的关怀品质和自我牺牲精神是高于男性的自我中心和攻击性的；生态女性主义（ecofeminism）者则认为女性更贴近自然，并发展出一整套女性主义生态伦理学；文化女性主义者讴歌女性的母性和姐妹精神；激进女性主义者揭示男权社会的性统治，将男人视为敌人，主张女性与男性的分离。

从强调相同到强调差异，再到最终消解差异，女性运动充分地体现了平等激情与优越激情交相辉映的发展脉络。这也构成了女性主义身份政治的两种基本立场——人性女性主义与女性女性主义。人性女性主义强调两性相同的方面，并且认为男女两性的共同之处决定了他们应该拥有平等的权利、平等的机会、平等的政治和经济地位；相反，女性女性主义认为，男女两性有不同的特质，女性应该有权以自己偏爱的方式生活，女性特征并非低人一等，要求得到平等的承认，甚至是优越于男性的。显然，第二种女性主义立场采用的是身份政治的斗争策略，她们寻求的是一种差异政治。由此，这一立场也很容易滑向对女性优越的推崇。

从女性运动的总体趋势来看，早期女性运动强调的是两性的"同"，政治目标是争取去做那些男性可以做的事，例如进入公共领域，获得选举权、受教育权等，甚至主张女性不应该结婚生子，要像男人一样生活。波伏瓦和费尔斯通都表达过类似的观点，她们建构的是等同主义的政治学。20世纪70年代后，女性运动转而强调两性的"异"，争取的是对女性特质的承认，以及对所谓女性精神的推崇。如关怀伦理学所主张的那样，女性应弘扬其传统角色，在家庭内部争取经济独立和平等地位。一些女性女性主义者不赞成女性就业，强调女人作为母亲的角色。她们发展出母爱主义政治学，关注如何改善女性作为母亲的物质条件，如何提高她们的政治地位，并把与母职相关的照护、抚育等道德价值运用于整个社会。人性女性主义和女性女性主义所主导的女性运动遵循了福山所描绘的身份政治的演进逻辑："每个被边缘化的群体都可以选择以更宽广还是更狭隘的身份看待自身。它可以要求社会像对待主流群体成员那样对待本群体成员，也可为自己的成员主张一个独立的身份，要求社会把他们当作与主流社会不同的群体来尊重。随着时间的推移，后一种选择胜出了。"[1]

　　女性主义者内部关于同与异的纷争也体现在女性的着装、美容等问题上。一方面，在资本的助推下，推崇女性之美的观点助长了消费主义浪潮，"粉红经济"成为消费市场的热点，而许多消费者也对"粉红税"怨声载道。粉红税，即女性服装、化妆品，以及其他女性用品的价格要远远高于其成本价。另一方面，强调两性趋同的观点则主张人们的着装去性别化。欧洲的一些商家率先引领去性别化的潮流。2015年，位于伦敦市中心的高档百货公司塞尔福里奇推出"去性别零售空间"，去除产品的品牌标

---

1 ［美］弗朗西斯·福山：《身份政治：对尊严与认同的渴求》，刘芳译，第107页。

签，不注明是男装还是女装。2017年9月，英国老牌的约翰·刘易斯百货公司大幅整修童装部，去掉男装和女装的标签，让所有童装走中性路线。

如何理解强调同与强调异两种不同的女性主义立场？两种立场的存在是否意味着女性主义内部将永远争吵不休，无助于女性群体的平等与解放？首先，这两种立场以及相应的社会运动都对女性地位的提升发挥了重要作用。强调同的女性主义在争取女性的平等权利方面做出了重大贡献，没有她们的艰辛努力，女性就不可能获得与男性平等的公民身份，更谈不上接受同等的教育，以及获得财产权和婚姻自由。然而，强调异的女性主义对于提升女性在文化传统和社会生活中的地位，扭转卑下低贱的女性形象也功不可没。

其次，强调同与强调异两种立场都有各自的盲区。一味地强调同可能会忽视女性生理和心理上的特质，事实上对女性造成伤害。例如，强调两性相同，主张女性可以胜任任何男性可以胜任的工作，就可能忽略女性在孕产期、生理期需要特殊关照的事实。当人们听到那些歌颂女性在孕期还坚持在艰苦的工作岗位的新闻时，总会产生一丝怀疑。这正是一味强调两性相同可能给女性身体带来的伤害。另一方面，一味强调两性相异，甚至推崇女性特质、贬低男性特质，这对于男性来说也是欠公平的。例如，关怀伦理将自我牺牲的精神归于女性，生态女性主义将与自然和谐相处的生活方式归功于女性，在没有确凿的科学证据的情况下，这些似是而非的说法都有"歧视男性"的嫌疑。"因为自己淋过雨，所以总想为人撑把伞。"女性群体在几千年来的人类社会中一直被系统性地贬低，她们不应该将这种话语霸权强加于男性，这也不是女性运动的初衷。

再次，两性之间既有相同，也有差异，这是一个客观事实。在追求女性的平等与自由的过程中，不能只看到一方面而忽视另一方面。两性之间的差异集中于与生殖功能相关的生理差异，除此之外，两性之间不存在系统性差异。延续几千年的两性之间的社会性别建构在两性之间制造了许多虚假的差异，女性争取平等的过程就是要消解这些差异。过分强调两性之间的差异，推崇所谓的女性特质，只会激起男性的不满，无助于性别平等的实现。相应地，女性的身份政治运动也应止步于"平等承认"，承认女性的生理特征（例如消除月经羞耻），承认女性孕产期的特殊需求，承认女性劳动的价值，承认女性在各方面显示出的卓越才能，承认女性担任任何工作的平等机会，等等。因为，任何寻求女性优越的企图都将适得其反。过分强调身份，也终将引发女性群体内部的身份之争，出现更多的"女性身份"，例如白人女性、黑人女性、资产阶级女性、无产阶级女性、城市女性、农村女性、职场女性、家庭主妇等等。如前所述，美国目前出现了至少97种性别身份认同类型，这种性别的过度细分事实上解构了女性身份，而这正是身份政治失败的明证。千奇百怪的性别身份会破坏女性群体的团结，最终消解女性身份，而自由和平等的实现则遥遥无期。[1]

---

[1] 女性主义身份政治的演进过程也可为中华民族的伟大复兴提供借鉴。在争取得到全世界"平等承认"的过程中，中华民族要突显自己的文化特征，但同时也要看到不同民族和不同文明的共同之处，不应过分强调自身的独特性。否则，在优越激情的推动下，文化自傲很容易滑向具有侵略性的极端民族主义，而对自身独特性的过分强调最终也可能消解民族身份。

与承认相关的女性运动

身份政治试图通过突出某种身份而引发人们关注那些长久以来被边缘化、被忽视的群体，以便善待他们，推进平等。从某种意义上来说，身份政治引发的是一场文化的革命。在这场革命中，女性对平等承认的追求体现为社会领域的一系列运动，其中包括破除对女性的刻板印象的运动，文学艺术领域对于"凝视"问题的讨论，工作场域中的反性骚扰运动，等等。

第一，女性争取平等的承认，其核心是要破除父权制社会对于女性的扭曲的承认。这种扭曲的承认集中体现为人们对于女性群体的刻板印象。刻板印象往往包含大量的偏见和成见。人类社会中大量存在的贬低女性的刻板印象正是女性的身体、能力、价值等得不到平等承认的证明。例如，月经羞耻就是对女性生理特征的贬低。这种贬低不仅来自男性的观点和视角，而且已经成为整个社会加给女性的负担，让女性自己也为此感到羞耻，似乎只能通过刻板印象来认识自身。值得注意的是，男性也可能成为刻板印象的受害者。例如，人们通常认为男性应该成为家庭经济支柱，这增加了男性的心理压力，也极大地伤害了收入较低的男性的自尊。

女性在争取平等的过程中意识到刻板印象的危害，许多女性主义者以及女性主义的艺术作品都致力于消除或扭转人们对女性的刻板印象。好莱坞拍摄了许多有强大女性、黑人和同性恋角色的电影；20世纪80年代以来，西方国家大学课程的阅读书目中增添了不少女性和少数族裔作者的作品；近几年来的诺贝尔奖多次颁发给同性恋者和女性作家。2023年上映的美国影片《芭比》

从女性视角出发，用喜剧手法讽刺了社会偏见，嘲笑了对两性都构成压迫的父权制。该片在2023年度不仅创造了14.45亿美元的全球票房[1]，还获得了奥斯卡、金球奖等多项大奖提名，是破除刻板印象的一次成功尝试。近年来，中国的影视作品也有类似倾向。例如，在2023年上映的电影《坚如磐石》中，周冬雨饰演的女警察虽然身形瘦小，却强势霸气，最后在保护男主角的战斗中牺牲；电影《封神》（一）也改变了"红颜祸水"的传统叙事，将商朝灭亡的责任归咎于纣王。这种消除刻板印象的浪潮还深刻地影响了幼儿教育和中小学教育。现在的父母和老师已经不再强调"男孩不能哭""女孩不应学足球、篮球、搏击""女孩要学习做家务，男孩不用做家务""女孩穿粉色衣服，男孩穿深色衣服"之类的教条了。这场思想文化领域的革命大大拓展了人们发展自身爱好和个性的自由。

第二，女性争取平等承认的社会运动引发了心理学、文学等领域关于凝视问题的讨论。法国哲学家福柯在《疯癫与文明》《规训与惩罚》《临床医学的诞生》等一系列著作中阐述了"凝视"这一概念。在福柯看来，凝视不是单纯的观看，而是观看主体凭借一种权力关系施加于被观看者的具体的行为，其中隐含着主体与客体、压制与被压制的关系。凝视塑造了一种权力关系，凝视者是主体，被凝视者是客体。[2] 就像人们在生活中戏谑地称女性为"观赏动物"一样，在两性关系中，男女并不是平等的观看者和被观看者。在更多情况下男性是观看者，而女性则成为被凝

---

[1] 参见《2023年好莱坞最赚钱的十部电影——芭比海默蜘蛛侠，真人超英电影风光不再》，http://content.mtime.com/article/229253727。
[2] 参见李文波：《女性凝视的批判性反思》，载《青年与社会》，2013年第5期。

视的对象。在这种男性凝视下，女性被客体化。一方面，女性行为如不遵循既定的性别规范（例如没有当好贤妻良母）就会被认为是"不守妇道"，并受到惩罚或规训。另一方面，在消费主义的浪潮中，女性成为男性消费的性对象，充斥于影视作品和商业广告的突出性特征、充满性诱惑的女性形象，正是男性想要看到的女性形象。许多电影都是以男性视角拍摄的，这些影片中的女主角或大胆性感，或柔弱白皙，而这些都是男性凝视下的女性。

女性从这种无处不在的凝视中解放的出路就只能是"以眼还眼"。一些女性主义者主张建构"女性凝视"，因为只有在两性的相互凝视中才可能建立平等的主体间关系。例如，国内著名的相亲节目《非诚勿扰》就一反古代皇帝选妃的男性凝视视角，而由男性展示自身才艺，由女嘉宾对男嘉宾进行评点，选择亮灯或灭灯，在这一过程中男性一直处于被审视的状态，这是典型的女性凝视的建构。与此同时，女性凝视还推动了娱乐界的粉丝文化，一些男明星、男模特成了众多女粉丝的审美对象，被戏谑地称为"小鲜肉"。2023年8月，TFBOYS十周年演唱会在西安举行，全国各地的几百万粉丝涌入西安，演唱会门票被炒到天价，会场外一棵树的位置都要卖到几千元，而这些疯狂的粉丝绝大部分为年轻少女。正是男女的相互凝视，尤其是女性凝视的兴起为粉丝文化和粉丝经济推波助澜。女性观看男性，这成为性别平等运动中的新动向。凝视理论经过福柯、拉康、劳拉·穆尔维（Laura Mulvey）等人的建构和演绎，已经成为对文艺作品进行分析的重要理论工具，对文学评论、艺术评论、影片拍摄等产生了深刻影响，也为人们理解两性关系提供了新的视角。

第三，如果说凝视还只是用观看来强化对女性的刻板印象，加剧女性的客体化，那么，职场中广泛存在的性骚扰就是在用行动对女性进行性侵犯。随着社会的进步，虽然有越来越多的女性进入职场，但在许多男性眼中，女性在公共领域的角色和在私人领域没有区别，依然是性对象。这正是职场性骚扰层出不穷、难以根除的根本原因。而且，女性在遭遇性骚扰后，由于权力关系的不对等，往往很难捍卫自己的正当权益，这使许多加害者逃脱了应有的惩罚。正是在这样的社会背景下，美国发生了反对性骚扰的社会运动。2017年10月，美国女星艾丽莎·米兰诺（Alyssa Milano）在社交媒体上曝光美国金牌制作人哈维·韦恩斯坦性侵多名女星的事实，并附上文字："如果你曾受到性侵犯或性骚扰，请用'我也是'（Me Too）来回复这条推文。"该事件在社交媒体上迅速发酵，Twitter、Facebook以及Instagram上成百上千人回应了此条推文，许多女性讲出了自己遭遇性骚扰的经历。在两个月内，"Me Too"运动就取得了巨大成效：几乎每天都有首席执行官被解雇，许多权力人士应声倒下、声名扫地，还有许多人被起诉。这些大胆说出自身遭遇的女性被称为"打破沉默者"。同年12月，各行各业的"打破沉默者"当选美国《时代》杂志的"年度人物"。发生在美国的"Me Too"运动对世界各国的女性运动产生了深远的影响，也引发了我国民众对性骚扰问题的关注。

近年来，我国的法律对性骚扰进行了更为严格的界定。2005年，第二次修正的《中华人民共和国妇女权益保障法》第四十条明确规定："禁止对妇女实施性骚扰。受害妇女有权向单位和有关机关投诉。"但它并未对性骚扰的行为特征做出具体界定，也没有指明有关单位和机关的责任。2021年1月1日起实施的《民法典》第一千零一十条明确规定："违背他人意愿，以言语、文字、图像、肢体行为等方式对他人实施性骚扰的，受害人有权依法请求行为人承担民事责任。机关、企业、学校等单位应当采取合理的预防、受理投诉、调查处置等措施，防止和制止利用职权、从属关系等实施性骚扰。"

根据《中华人民共和国民法典人格权编理解与适用》，性骚扰主要是与性有关的行为：性挑逗、性贿赂、性要挟、性强迫都会构成性骚扰，其形式不限于暴力强迫，更多的是非暴力性的，以言语、文字、图像、肢体行为等方式对他人实施性骚扰，如身体接触、出示色情文学图像、网上性骚扰、电话性骚扰。2023年1月1日起实施的第三次修正的《中华人民共和国妇女权益保障法》，在第二十三条第二款和第三款进一步明确了相关部门对处理性骚扰事件的责任与义务："受害妇女可以向有关单位和国家机关投诉。接到投诉的有关单位和国家机关应当及时处理，并书面告知处理结果。受害妇女可以向公安机关报案，也可以向人民法院提起民事诉讼，依法请求行为人承担民事责任。"

当然，法律的制裁仅仅是减少性骚扰事件的一个方面，从其产生的文化土壤来说，性骚扰为何频频发生，是因为女性没有得到平等的尊重。无论在私人领域还是在公共领域，她们始终被看作男人的性对象。因此，只有从根本上去除仅仅被当作性对象的刻板印象，才可能从根本上消除性骚扰。我们应该在全社会建立这样的信念：没有血缘关系的两性之间除了发生性关系之外，还可能形成许多建设性的关系模式。他们可能成为无话不谈的朋友，可能成为相互支持的同事，可能成为精诚合作的上下级，等等。只有当整个社会从根本上承认，女性除了性之外，还有许多其他方面的才干，能够为人类社会的发展做出除了性和生育之外的巨大贡献，才有可能减少甚至根除性骚扰事件。女性不应该是被性定义的，女人不是天生的性对象，她们各方面的能力应该得到平等的承认。

综上所述，平等承认是实现性别平等的前提条件，女性形象在父权制文化传统中被系统性贬低。女性运动的主要任务之一是去除女性遭受的污蔑和误解。为此，她们在文化和社会领域掀起了去除刻板印象、对抗男性凝视以及反对性骚扰等一系列运动。女性争取平等承认的斗争还在进行，这种斗争深入社会生活的每一个角落。在人类社会的所有领域，女性的每一次能力展现都在向人们证明：她们有潜力也有决心提升自己，她们的努力和成就应该得到全社会的承认。

第八章
"一元三维"正义理论

在当代欧美学术界，南茜·弗雷泽是一位有些特别的女学者。一方面，她的研究融合了英美分配理论和欧陆批判理论两大传统，发展出一种全新的正义学说；另一方面，她不仅是一位社会主义者，持偏左的政治主张，而且与中国革命有着血脉渊源。弗雷泽的姐姐嫁给了著名的美国左派、把毕生献给中国人民革命事业的阳早（Sid Engst）、寒春（Joan Hinton）夫妇的大儿子阳和平（Fred Engst）。弗雷泽本人也曾多次到访中国，她的学术作品大多被译成中文，在中国学界引发了巨大反响，其中最广为流传的就是她的"一元三维"正义理论。这一正义学说以平等参与为根基，从政治、经济和社会三个维度构想了性别平等的理想图景。

"再分配"与"承认"

弗雷泽构建"一元三维"正义学说的初衷，是弥合英美分配正义传统与欧陆承认政治传统之间的分歧。1971年，美国哲学家约翰·罗尔斯出版了《正义论》一书，深入探讨了社会中的经济不平等问题，并指出应以再分配的方式来矫正不平等，尽力提升社会合作中最少受惠者的生活前景。（参见本书第五章的讨论。）另一方面，起源于卢梭、黑格尔，完善于阿克塞尔·霍耐特、查尔斯·泰勒、福山等学者的承认政治学说却是典型的"差异政治"理论。（参见本书第七章的讨论。）这两种政治诉求有着不同的哲学根基和理论渊源。对分配正义的要求起源于个人主义的哲学预设，考虑的是个人利益的问题，而"平等承认"的思想根基则是社群主义（communitarianism），这一思想观念重视人们之间的关系。依据黑格尔的观点，没有他者的承认，一个人的主体性就无法建立起来。这两种思维模式似乎水火不容，无法达成共识；那么，在面对两性关系时，我们应该应用哪种学说呢？如果应用英美分析传统的再分配学说，那就要借助各种政策模糊两性之间的差异，尽力实现两性之间资源分配的平等。用弗雷泽的话来说，就是要消灭"性别"这一概念。相反，如果应用主张平等承认的身份政治学说，则要凸显性别差异，强调女性与男性的不同，甚至主张女性优越和优待女性。弗雷泽深刻地感受到了两种理论之间的张力，以及女性主义者的无所适从。

在弗雷泽看来，"性别"与"种族"类似，是典型的二价群体，即在经济和文化两方面都遭受不平等对待的群体。例如，美国社会中的"非洲裔美国人"，他们不仅在经济上遭受不正义分配，而且在文化层面被系统性贬低，在社会生活中受到歧视。女性群体的遭遇也是类似的：由于性别分工的存在，她们一方面被排除在高薪工作之外；另一方面，她们付出大量时间和精力的家务劳动之价值被严重低估。这造成了两性之间的经济不平等，而社会性别的建构以及刻板印象的存在又时时在贬低女性的文化价值，使女性得不到平等承认。长久以来，"男尊女卑"的等级式价值排序深入人心，任何事物只要被贴上"女人"的标签似乎就低人一等，即使男性也不例外。骂一个男人是"女人"居然成为对男性最大的侮辱！

弗雷泽认为，对女性的贬低体现为女性遭遇的一系列伤害，其中包括：性侵犯、性剥削，以及普遍性的家庭暴力；媒体对女性的平庸化、客体化、贬抑性的刻板描述；女性在日常生活领域遭遇骚扰和轻视；屈从于男性中心主义（Androcentrism）规范；体态歧视，等等。[1] 由于女性群体在经济和文化层面遭受了双重的不正义，其矫正就需要借助"再分配"与"承认"两种理论。如弗雷泽所言："性别是一种二维的社会差异，既不仅是阶级也不仅是身份群体，性别是同时起源于社会的经济结构和身份制度的一个混杂的类别。因此，理解并矫正性别的不公正，需要注意再分配和承认两方面。"[2] "再分配"与"承认"都是女性获得平等所必需的，通过再分配，女性能获得经济领域的分配正义，而通

---

[1] 参见［美］南茜·弗雷泽：《正义的中断》，于海青译，周穗明校，上海，上海人民出版社，2009年，第23页。该书将Androcentrism译为"大男子主义"，笔者依据该词的词根含义将其译为"男性中心主义"。

[2] ［美］南茜·弗雷泽、［德］阿克塞尔·霍耐特：《再分配，还是承认？》，周穗明译，上海，上海人民出版社，2009年，第15页。

过平等承认，女性将获得文化和社会领域的平等。在弗雷泽看来，再分配与承认的对立并不是必然的，女性遭受了来自两方面的压迫，她们既是被剥削的阶级，也是被蔑视的性别。

弗雷泽尝试提出能兼顾再分配和承认两种要求的矫正方案。她首先将对非正义的矫正方法分为"肯定性矫正"和"改造性矫正"两种。所谓"肯定性矫正"，就是"在不破坏社会基本安排的情况下矫正不公平的结果"[1]；相反，"改造性矫正"是指"通过重构社会基本框架来矫正不公平的结果"[2]。具体到经济不平等的矫正，肯定性矫正就是简单地在两性之间进行再分配，以缓解女性收入偏低的问题。然而，这么做却可能造成对女性的错误承认，使她们成为公众眼中好逸恶劳、贪得无厌之人。类似的情况也可能发生在对贫困者的帮扶上：贫困者获得政策资助，这可能缓解他们的经济困难，却可能使他们在公众眼中低人一等。改造性矫正则主张彻底改变两性之间的经济结构，消除公共领域和私人领域的性别分工。让女性进入高薪工作领域，让男性分担家务的公平份额。这样的矫正并不会对女性造成错误承认。

我们也可以从马克思和罗尔斯分别提出的两种不同的解决经济不正义的方案，来洞察肯定性矫正与改造性矫正之间的区别。对于工人阶级遭受的剥削和压迫，马克思和罗尔斯都试图矫正这种经济不正义。他们之间的区别在于：马克思主张彻底革命，改变生产关系，破除私有制。用弗雷泽的术语来说，这是一种改造性矫正方案。罗尔斯给出的则是肯定性矫正方案，即通过表面上

1　［美］南茜·弗雷泽：《正义的中断》，于海青译，周穗明校，第26页。
2　同上。

的再分配，以税收等政策缩小贫富差距。马克思主张打破资本主义的生产关系，将人类社会带入社会主义，而罗尔斯的方案则试图通过社会保障制度和福利制度的建立，缓解资本主义的根本矛盾，形成福利国家。

对于文化不正义的矫正同样可以分为肯定性矫正和改造性矫正两种：肯定性矫正主张维持现有主流文化，同时增进对其他文化的承认，形成主流文化多元主义。这种方式将凸显两性之间的差异，形成身份政治。相反，改造性矫正则主张彻底解构性别区分，破坏群体差异，模糊身份特征。弗雷泽将同性恋身份政治和酷儿政治进行对比，前者的主张是在异性恋主流文化中为同性恋者争取平等的承认，采用的是肯定性矫正方案，后者则意图彻底打破同性恋与异性恋的区分，模糊人们的性倾向，实现彻底的性别解构。弗雷泽关于矫正方案的主张可以总结为表2。

表2 肯定性矫正与改造性矫正

两种理论	肯定性纠正	改造性纠正
再分配	福利国家	社会主义国家
	表面性再分配，错误承认	生产关系的深层重构，矫正错误承认
承认	主流文化多元主义	解构性别区分
	保持身份特征，争取平等认同，突出群体差异	破坏群体差异，模糊身份特征

弗雷泽认为，如果我们对于经济和文化的不平等采用肯定性矫正方案，则两种矫正之间是相互矛盾的。经济领域的肯定性矫正要求一视同仁，而文化领域的肯定性矫正却要求区别对待；而且，经济领域的再分配还会加深对女性群体的偏见，加剧女性群

体遭受的文化不正义。这也是目前许多推进性别平等的政策收效甚微，甚至适得其反的根本原因。但是，如果我们对经济和文化领域的不平等采用改造性矫正方案，再分配和承认两种要求就不会产生矛盾。这是因为，两个领域的改造性矫正要求重构经济和文化秩序，倾向于模糊性别区分、一视同仁。

对于弗雷泽主张在经济和文化领域都实施改造性矫正的观点，笔者赞同经济领域的改造性矫正，但反对从根本上解构性别。一方面，在性别平等的观念指引下，我们确实应该重构性别经济结构，打破旧有的性别分工，使得男女两性在自由市场中能平等地竞争稀缺资源，在家庭中能平等地分担家务。另一方面，在性别身份上，生理性别的客观性使得我们不可能从根本上模糊性别差异。男性与女性的生理区别是客观事实，这也是人类社会伦理秩序的根基。正是因为两性的生理差异，以及在生殖过程中扮演的不同角色，人类社会才得以繁衍。如果今天的人类依据自己的喜好而随意改变性别，甚至认为自己想要什么性别就可以有什么性别，那这可能将是人类社会伦理秩序崩塌的开始。事实上，经济秩序的重建与两性的经济平等并不一定要求性别解构。只要我们对社会性别保持开放，否定生理性别决定社会性别的观念，对人们的自由选择更为包容，就能够在文化领域实现对两性的平等承认。

"一元"与"三维"

在解决了再分配与承认之间的矛盾后，弗雷泽并不满足。她意识到女性群体遭受的不正义不仅存在于经济和文化两个领域，还存在于政治领域，而政治领域的不正义恰恰是造成其他领域不正义的根本原因。政治领域的不正义有可能剥夺女性参与制定社会基本规则的平等资格，这决定了女性在经济、文化、社会以及家庭生活中遭受的不正义。代议制民主是现代国家的主要政治制度，政治领域的正义问题与代表权息息相关。在许多情况下，谁有代表权，谁就能成为规则的制定者。因此，谁拥有代表权，就是解决一切不正义的"元问题"。从这一点来说，政治领域的正义具有"元正义"的特征。这也是为什么女性运动的发端就是为了争取与男性同等的政治资格。在一个代议制民主国家中，如果女性没有代表权，那就是男人代表女人，就是男人在为女人制定规则，就是实质上的性统治。在男人的统治之下，即使男人确实为女人着想，女人也绝无自由可言。弗雷泽认为："正义理论必须成为三维性的，应该将代表权的政治维度整合到分配的经济维度和承认的文化维度之中。"[1]

弗雷泽指出了政治不正义的三个层面：普通政治错误代表权、错误建构、元政治错误代表权。第一个层面，所谓"普通政治错误代表权"，指的是"政治上的决策机制错误地否认某些人的参与机会"[2]。在这一问题上，最典型的案例就是在第一次世界大战前，女性长期被排除在政治代表之外。一战结束后，世界各国相继赋予女性与男性平等的政治代表权。从理论上来说，最理想的代表制度是"比例代表制"。按照这一制度要求，女性政治

---

[1] ［美］南茜·弗雷泽：《正义的尺度》，欧阳英译，上海，上海人民出版社，2009年，第15页。
[2] 同上书，第18页。

代表应该约占总代表数的50%。然而，世界上大多数国家目前距离这一目标还很遥远。女性想要获得与男性同等的代表份额，仍然困难重重。即使采用无性别差异规则（gender-blind rules）遴选政治代表，女性政治代表也会由于经济、文化等其他领域的不平等而大大少于男性。因此，政治代表的性别配额制是矫正政治不正义的可行方案。

弗雷泽论述的政治不正义的第二个层面涉及政治的边界设置。弗雷泽认为，在全球化进程中，政治正义是跨越国家边界的。例如，跨国公司对全球资源的掠夺，数字巨头正在构建的全球网络，在全球范围内兴起的恐怖主义，生物武器的研制，气候问题，病毒的跨国传播，等等。然而，人们总是在政治共同体内部考虑正义问题，弗雷泽将这称为"错误建构"。错误建构会将一些人错误地排除在考虑范围之外，导致一种特殊类型的"元不正义"。那些被排除在外的人们失去了汉娜·阿伦特所说的"拥有权利的权利"，面对的是"政治死亡"。例如，落后国家的普通劳动者，他们受到跨国资本的剥削，但由于正义问题被看作政治共同体内部的问题，所以他们所遭受的不正义得不到矫正。对于如何以分配正义的原则规范国际资本的运作，贫穷国家的人们没有资格发表意见或做出决策，但却要承受国际分配不正义带来的伤害。这就是政治框架的错误建构带来的不正义问题。

女性群体也可能遭遇类似的元不正义。弗雷泽认为，世界各国的女性都在与地方性的父权制做斗争，而她们的命运却取决于当地政府的意志。近些年来，伊朗、阿富汗等中东国家女性地位的倒退就清楚地说明了这一点，她们应该得到更多的国际援助和支持。2022年9月，22岁的库尔德女大学生玛莎·阿米尼（Mahsa

Amini）因着装问题被伊朗"道德警察"逮捕，三天后死于狱中。这一事件激起了伊朗民众的大规模游行。世界各国女性纷纷声援，法国演艺界 50 多位知名女演员和艺术家在镜头前剪掉自己的一缕头发，表示对伊朗女性的支持。在国际合作方面，许多女性在"妇女权利是人权"的口号下团结起来，并努力将对抗父权制的运动与国际法的改革联系起来。[1]

弗雷泽将政治不正义的第三个层面称为"元政治错误代表权"，指的是"大多数人被否定了在平等的条件下参加关于'谁'的决策制定的机会"[2]。在弗雷泽看来，"谁"能够制定规则，这是政治的"元问题"。但由于国家和跨国精英垄断了政治框架的设置，阻止了跨越国界的民主舞台的创立，屏蔽了受害者的声音，大部分人不仅被排除在规则制定者之外，而且也没有资格来决定"谁"有资格制定规则。然而，"谁"有资格制定规则将最终决定规则是什么样的。因此，不解决"元政治错误代表权"的问题，就无法解决"普通政治错误代表权"和"错误建构"的问题，也就不可能消除政治不正义。弗雷泽提出了"所有人受影响的原则"，将所有受到某种制度或社会结构影响的人作为正义主体，寻求一种更为包容的民主制度。在弗雷泽看来，谁受到规则影响，谁就有资格参与规则的制定，只有争取到元政治的民主，才可能实现政治正义。

政治领域的平等代表权、经济领域的分配正义，以及文化领域的平等承认，构成了弗雷泽正义学说的"三维"，它们围绕

---

[1] 参见［美］南茜·弗雷泽：《正义的尺度》，欧阳英译，第 14 页。
[2] 同上书，第 26 页。

着一个共同的圆心，那就是"平等参与"。弗雷泽指出，"正义的最一般含义是参与平等"[1]。正义的基础是人们在道德意义上的平等，这种平等要求人们能够以平等的身份参与社会生活，而消除不正义就是要消除人们平等参与社会生活的各种障碍。这些障碍存在于政治、经济和文化等各个领域。一些人由于被否定了平等的资格而无法参与政治决策，一些人由于经济的匮乏而丧失了平等参与社会生活的能力，还有些人由于贬低性的价值判断而在社会生活中被边缘化。政治、经济和文化领域的相关制度和政策阻碍了人们平等地参与社会生活，造成了人类社会的不正义。弗雷泽认为，我们应该以平等参与的规则来评估社会安排："当且仅当它们允许所有相关社会活动者以平等的身份参与社会生活的时候，这些社会安排才是恰当的。"[2] 弗雷泽还强调，参与平等也是一个过程性概念，可以用来评估程序的合法性："当且仅当它们能够控制包括在协商的公正与公平过程（所有人都能以平等的身份参与）中的所有人的意见的时候，这些民主程序才是合法的。"[3] 由此，以政治、经济、文化为"三维"，以平等参与为核心的"一元三维"正义理论指出了未来社会的方向。

成为普遍照顾者

如何在现实社会中实现"一元三维"学说的正义理想？尤

---

1 ［美］南茜·弗雷泽：《正义的尺度》，欧阳英译，第16页。
2 同上书，第28页。
3 同上书，第29页。

其是对于女性群体来说,一个实现了性别平等的正义社会应该是什么样的?弗雷泽首先对什么是性别平等进行了分析。对于这个问题,女性主义者内部一直存在着两种声音:一是一视同仁,二是区别对待。持第一种观点的女性主义者主张女性在目前由男性主导的社会里获得平等地位。这意味着,女性要像男性一样平等地竞争社会中的各种稀缺资源。相反,持第二种观点的女性主义者则认为,女性不应迎合男性标准。女性应该对自身的特点感到自豪,女性特质应被重新评估,并以此为基础重塑社会规则,让男性来迎合女性标准,女性应被优待。这两种观点体现在具体的分配方案中时导向了不同的社会安排:一视同仁的观点支持"普遍家计负担者"模式,而区别对待观点则支持"照顾者平等"模式。普遍家计负担者模式指的是在一个家庭中男女双方都外出挣钱,共同负担家庭开销。照顾者平等模式指的是家庭中一方外出挣钱,而另一方则在家中承担所有的养育和家务劳动工作;同时,国家以再分配的形式为在家劳动的一方发工资。弗雷泽认为,这两种方案都有缺陷,无法完全实现人们所理解的性别平等。例如,普遍家计负担者模式要求女性像男性一样外出工作,可能会强化以男性为中心的规则体系,难以消除男性中心主义。照顾者平等模式则可能加剧女性群体的边缘化,那些选择做全职太太的女性很难进入公共领域,这将不利于女性争取平等。那么,到底什么是性别平等呢?

弗雷泽提出了性别平等的七大目标:(1)反贫困:斩断女性与贫困的联系,尤其是帮助单身妈妈脱离身陷的贫困状态。(2)反剥削:保护女性的脆弱性,提升女性的议价能力,使其不受施暴的丈夫、血汗工厂的工头以及皮条客的剥削。防止三种可剥削性依赖——对丈夫或某个家庭成员的依赖，对雇主或管理者的依赖，对政府官员的武断决定的依赖。（3）收入平等：缩小两性之间的收入差距，降低性别基尼系数。（4）休闲时间平等：现代女性大多既要工作，又要照顾家庭，这使得她们的休闲时间被严重挤压，陷入"时间贫困"的境地。由此，休闲时间平等也是性别平等的重要方面。（5）平等尊重：平等尊重女性劳动的价值，反对在文化方面将女性平庸化、客体化，或纯粹看作男性主体的性愉悦对象。（6）反边缘化：一些女性常年待在家中，远离公共生活，这无助于性别平等。（7）反男性中心主义：男性中心主义将男性的生活模式作为所有人的生活规范，要求女性融入男性规定的秩序。女性即使成功融入这样的社会，在男性主导的规则中占有一席之地，也无助于性别平等的最终实现。在管理层、决策层以及高级专家团体中经常会看到作为点缀的女性成员，就属于这样的情况。

弗雷泽认为，性别平等要求上述7个目标都要实现，而普遍家计负担者模式和照顾者平等模式都只能实现部分目标。例如，普遍家计负担者模式有助于实现（1）（2）（3）（5）（6），却无法实现（4）和（7）两个目标。男女双方都外出工作，这确实有助于减少女性贫困，提升女性的议价能力，减少女性对男性的依赖，推动两性的收入平等，缓解女性在社会生活中的边缘化，但也可能严重挤压女性的休闲时间，女性不得不在职场女性和家庭女性两种角色间频繁转换；而且，这一模式并没有彻底改变男性中心的话语结构，甚至可能反过来加强男性的规则制定权。相反，照顾者平等模式有助于推进（1）（2）（4）（5）（7），却无法实现（3）和（6）两个目标。给全职太太发工资将缓解女性贫困，提升女性的议价能力，缓解女性双肩挑的劳动强度，为女性赢得平等的尊重，削弱以男性为中心的规则体系，但却可能导致女性的边缘化，也无法保证两性的收入平等。这是因为，依靠再分配的形式，在家劳动的女性只能拿到较低的工资。

鉴于上述两种模式各自的问题，弗雷泽提出了第三种模式：普遍照顾者模式。这种模式主张，在男女两性都外出工作的基础上，他们在家中也平等地承担养育和照顾的责任。弗雷泽描绘了普遍照顾者模式下的社会图景："如果男性公平分担家务劳动，普遍家计负担者模式就能更好地使休闲时间平等化，更能消除男性中心主义，而照顾者平等模式则能更好地实现收入平等，能更好地减少女性的边缘化。此外，两种模式都将促进平等尊重。"[1] 此时，社会中"所有工作的设计也都是针对作为照顾者的工人，与现在的全职工作相比，所有人的每周工作时间更短，所有人都将获得那些能够促进就业的服务的支持"[2]，例如托儿服务、家政服务等。表3显示了三种生活模式对性别平等的影响。结合本书第五章对家庭正义的讨论能看到，弗雷泽对理想的两性关系的构想与奥金对消解社会性别之后的两性关系的构想是一致的：两性公平分担家务劳动，公平竞争社会中的各种工作岗位。

---

1 [美]南茜·弗雷泽：《正义的尺度》，欧阳英译，第64页。
2 同上书，第65页。

表3　三种生活模式对于性别平等的影响

原则	普遍家计负担者模式	照顾者平等模式	普遍照顾者模式
反贫困	好	好	好
反剥削	好	好	好
收入平等	较好	差	好
休闲时间平等	差	较好	好
尊重平等	较好	较好	好
反边缘化	较好	差	好
反男性中心主义	差	较好	好

家务谁来做？

弗雷泽的性别平等思想也深刻地影响了中国的女性运动。2022年两会期间，全国政协委员、广西壮族自治区柳州市人民检察院副检察长韦震玲提交提案，建议建立家庭全职服务成员职业权利保障制度，维护家庭全职服务成员的合法权益：让"家庭主妇""家庭主夫"成为受法律保护的合法职业，享受工龄累计及劳动社会保障等待遇。这一提案一经报道即引发多方关注，因其揭示了一个长久以来存在的分配不公问题：在家庭中，照顾家人、洗衣做饭之类的家务劳动得不到承认，没有相应的经济回报，相关劳动者也没有获得应有的权益保障。这种状况对于家务劳动的主要承担者——广大女性同胞来说是不公平的。

在现代社会，许多女人和男人一样需要外出工作。尤其是在中国，据2017年《经济学家》统计，中国女人外出工作的比例占到70%，位列世界第一，几乎与中国男人外出工作的比例80%

持平。这就意味着现代女性既要外出工作，又要照顾家庭，而家务劳动是无酬劳动，很难得到其他家庭成员的尊重，也没有任何经济回报。对于家务劳动得不到公平回报这一问题，弗雷泽讨论了普遍家计负担者模式和照顾者平等模式两种解决方案。这两种解决方案各有利弊，都不完美。

第一，普遍家计负担者模式鼓励女性外出工作，为女性创造与男性同样好的就业环境，使得女性能够通过外出工作获取足够多的经济收入，并与男性共同负担家庭开支。在这一方案中，家务劳动将尽可能地市场化，由相应的专业人士来提供。例如，在夫妻双方都有全职工作的情况下，家庭清洁付费给保洁员来做，照顾小孩请专业的育儿嫂，照顾老人请专门的护工，甚至洗衣做饭也可依靠专业化的市场服务来完成。这意味着，家务劳动外包给专业机构，谁都不用做家务，只需共同负担家庭开支就行。如此一来，家务劳动的不公平回报问题就解决了。然而，这一方案在具体操作中存在着种种困难，其中最关键的就是，并非所有家务劳动都可以"外包"出去。如果所有家务劳动都让陌生的专业人士来做的话，家庭关系甚至可能被瓦解。事实上，许多家务劳动都是家庭亲密关系的重要组成部分，如果家庭成员不"亲自"付出相应的劳动，那么家庭内部的亲密关系就会受到极大损害。例如，给孩子读睡前故事，给行动不便的长辈洗脚、捶背，给婴儿喂奶……这些看似普通的家务劳动，却传递着浓浓的亲情，是家庭生活必不可少的情感表达。当这些家务劳动都让陌生人承担的时候，家庭成员可能确实轻松了许多，但家庭成员之间也可能越来越疏远。

第二，照顾者平等模式主张给家庭中主要承担家务劳动的一方发放工资，并且建构相应的劳动保障制度。韦震玲委员 2022年向全国两会提交的提案，就是这一思路。这一方案主张在承认和尊重家务劳动的基础上，将其当作一项"受法律保护的合法职业"。如此一来，主要承担这项工作的家庭成员在家庭中就能获得平等的地位，同时也能从社会中获得相应的经济回报和权益保障。从分配公正的立场上来看，该提案是符合人们对公平的理解，也并非不能实现。比如，从事家庭全职服务职业的家庭成员满足有独自全职照顾无民事行为能力的子女、失能老人及配偶等条件的，可申请获得一定的政府劳务补贴；因特殊事由、特殊时期（3岁以下哺乳幼龄教育期，照顾失能父母、配偶等）辞职回归家庭承担家庭全职服务的成员，可享受工龄累计及劳动社会保障等相关待遇；作为被服务对象的家庭成员如有固定经济收入来源的，从其固定收入中向家庭全职服务成员支付一定比例的生活费用和服务费用，等等。这一制度构想可以通过税收支持的再分配制度、修订劳动法的相关规定予以实现，根据全职家庭服务年限的长短计算工龄以及劳务补贴的具体数额。然而，许多追求性别平等的学者却强烈反对将家务劳动当作合法职业的照顾者平等模式方案。其理由是，给承担家务的劳动者发工资只会将大多数女性"锁在"家中，使她们更难挣脱家庭的束缚。这一推论是显而易见的。因为，如果所有的家庭主妇都能得到一份稳定的收入，那么她们就会安于待在家中而不是外出工作。这只会强化传统的女性角色，强化人们对女性的刻板印象——女人只适合待在家里操持家务、照顾老人和孩子。这对于促进性别平等是极为不利的。

长久以来，有一种观点认为家务劳动是无意义的、枯燥重复的劳动，波伏瓦甚至将家务劳动比作西绪弗斯推石头上山。然而，这一观点与想让男性多承担家务劳动的意图是背道而驰的，因为我们不可能一边厌恶家务劳动，一边又希望男性参与进来。将这种"人人厌恶"的劳动完全外包出去，也不符合现代社会的平等观念。难道那些贫困女性就应该承担这种令人厌恶的工作吗？把这种工作外包出去岂不变成一部分女性对另一部分女性的压迫了吗？其实，家务劳动并不是无意义的、简单重复的劳动，相反，它可能给人们带来轻松愉快的体验，甚至充满创造性。把屋子打扫得干干净净，尝试做一道从未做过的菜肴，把床上的被子搬到阳光下晒一晒，这些都是让人开心的事。家务劳动是"熵减"的过程，人们通过劳动重新获得秩序感，这本身就是愉悦身心的。而且，大部分家务劳动都是轻体力劳动，在不过量的情况下，有益于人类的身体健康。当然，相比之下现代人更愿意去健身房，但不可否认家务劳动确实能起到锻炼身体的作用，甚至更符合中国人的"养生之道"。最重要的是，家务劳动往往是爱的表达。丈夫为妻子做顿饭，妈妈为孩子缝补衣服，孩子给父母端茶送水，这些充满爱的行为可能比纯粹的物质馈赠更让人感动。试想，在每年的"三八"妇女节，如果男性都为自己身边的女性做一件力所能及的家务，是不是比过一个被消费主义裹挟的节日会更好呢？

家务劳动的公平分摊是自有劳动分工以来，人类社会就长期面临的老问题。对于这个问题，人们应该努力消除固化的性别分工，鼓励男性主动承担力所能及的家务劳动，并以此建构更为公平的亲密关系。一个幸福的家庭不一定是男人挣钱、女人承担家务劳动的家庭，但可能是一个爸爸会照顾人、妈妈事业成功的家庭。无论男人还是女人，都并非天生就"适合"做什么，而是在性别观念的作用下被塑造了某方面的能力。因此，解决家务劳动不公平分摊的关键在于打破性别规范，破除刻板印象，鼓励男性和女性共同承担家务劳动。一个幸福的家庭必须首先是一个亲密合作的家庭，也是一个所有家庭成员公平分担家务劳动的家庭。我们任何时候都不应该忘记，爱的基础是公平，是平等权益的保障。

综上所述，弗雷泽是当代著名的社会主义女性主义者，她的政治学说融合了英美分配正义和欧陆承认政治两大传统。她的正义学说以平等参与为核心，要求在两性之间实现经济上的分配正义、文化上的平等承认以及政治上的平等代表。与此同时，她还提出了性别平等的 7 个目标，并指出普遍照顾者模式是实现性别平等的正确路径。

第九章

谁之身体？谁之权利？

每个人都是自己身体的主人吗？女性能否完全掌控自己的身体？是否能决定腹中胎儿的命运？对于身体所进行的劳动，女性是否能够成为其劳动产品的所有者？人们通常直觉地认为自己的身体是完全属于自己的。然而，当思考与生育相关的问题时，答案就变得模糊。一个小宝宝，他（她）的身体从哪儿来，不是从妈妈肚子里来的吗？那他（她）的身体属于谁呢？最初属于谁，后来又属于谁？当他（她）还没有降生的时候，谁有权决定其命运呢？上述这些烧脑的问题都与人们对自己身体的权利相关。在政治哲学讨论中，由洛克、诺奇克、斯坦纳等学者所代表的自由至上主义者阐发了自我所有权（self-ownership）学说，尝试解答上述问题。

我的身体是完全属于"我"的吗?

"自我所有权"指的是,每个人对自己的身体、身体所进行的劳动,以及劳动所产生的劳动成果拥有一种不容他人侵犯的专属权利。这一概念表达了这样的政治信念:每个人都是自己的主人,我拥有我的手、我的腿、我的大脑、我的思想,以及我身体所进行的劳动;不经过我的同意,其他人不可以对我和我的财产做任何事情。这一概念始自英国政治思想家洛克。洛克在《政府论》(下篇)中论述道:"每个人都拥有对于自己的人身(person)的所有权;除了他自己,任何别人对此都没有权利。我们可以说,他身体的劳动以及他双手的工作都属于他自己。"[1] 洛克虽然描述了"自我所有权"的含义,但他本人并没有使用"自我所有权"这一术语,这一术语是在当代政治哲学讨论中产生的。

当代自由至上主义学者进一步强化了洛克的观点,在"自我所有权"概念的基础上界定了"完全的自我所有权",并形成"完全的自我所有权论"(full self-ownership thesis),以下简称"自我所有权论"。这一理论有下述四方面的特征。

第一,自我所有权论将洛克所说的"人身"直接等同于"身体"[2],认为人们对自己的身体和身体所进行的劳动拥有一种不容

---

1 [英]洛克:《政府论》(下篇),叶启芳、翟菊农译,第18页。
2 洛克所说的"人身"除了人的身体外,还涉及人的思想。当然,如果我们持唯物主义观点,认为任何思想都来源于大脑内部的活动;那么,人们对自己身体及其劳动的所有权就必然包含了人们对自己思想的所有权。因此,自我所有权也包含这样的含义:人们对自己的思想拥有一种不容侵犯的权利。这种权利在政治现实中衍生为"知识产权"。从学理上说,知识产权理论属于所有权理论的一部分。对于知识产权的深入讨论可参见《政府论》(下篇)第十章。

侵犯的权利。第二，自我所有权论强调的所有权包括行为者对其身体的所有权和行为者对其身体所进行劳动的所有权两部分。第三，自我所有权论赋予人们对自己身体及其劳动在逻辑上最强的[1]控制权和转让权。其中，控制权指的是使用的自由权、准许他人使用或占有的权利，以及主张他人不经允许不得使用或占有其身体的权利；转让权指的是将自己对其身体或劳动的所有权转让他人的权利。[2]第四，自我所有权论将"自愿"作为转让或放弃行为者对自己身体或劳动之所有权的依据。也就是说，自我所有权论并非主张行为者的身体或劳动绝对不容他人的侵占或使用，而是强调没有当事人的同意，其他人不能侵占或使用。言下之意即，在当事人同意的情况下，其他人可以侵占或使用某人的身体或劳动成果，这并没有侵犯当事人的自我所有权。

从理论上来说，自我所有权给予了女性最全面的对自己身体的控制权。女性既然拥有自己的身体，那么她就可以随意处置自己的身体。在自我所有权的论证下，下述权利都"应当"正当地属于女性：女性可以将自己的身体当作生孩子的工具——代孕；女性可以将自己的身体当作别人享乐的工具——卖淫；女性采取避孕措施应不受任何人干涉；女性应该拥有堕胎的权利；女性应该成为自己劳动成果的完全的拥有者——财产权，等等。然而，

---

[1] 所谓"逻辑上最强的"是指最大的强度和最广的延展度。最大的强度是指任何其他道德考量都不能超越对所有权的考量（例如，那些与人类福利相关的道德考量）。"最广的延展度"是指在相关条款允许的范围内最全面的霍菲尔德式权利清单。参见：*The Oxford Handbook of Distributive Justice*, edited by Serena Olsaretti, London: Oxford University Press, 2017, p. 132.

[2] 参见：*The Oxford Handbook of Distributive Justice*, edited by Serena Olsaretti, London: Oxford University Press, 2017, pp. 130-132.

在历史上，甚至时至今日，人们对于女性是否应该拥有上述所有权利一直争论不休。这与父权制的传统观念相关，也与自我所有权论本身可能导致的悖论有关。

"身体发肤，受之父母"，《孝经》中的这句话并非一种象征性的描述，而是一个事实陈述。我们每个人的身体都是从父母那里脱胎而来。这一事实引发了斯坦纳所说的"普遍的完全自我所有权之悖论"（paradox of universal full self-ownership）。斯坦纳将这一悖论陈述如下[1]：

（1）所有人（最初[2]）都是自己的主人，这在逻辑上是可能的。

（2）所有自我所有者（最初）都拥有他们的劳动成果。

（3）所有人（最初）都是其他人劳动的成果。

（4）所以，所有人（最初）是自我所有者，这在逻辑上不成立。

这一悖论中的前提（3）指的是：所有人都是其父母或监护人的劳动成果，也就不可能完全属于自己。换言之，从自我所有权论出发，孩子的归属权利是不清晰的，他们最开始是父母的劳动成果，这似乎推翻了自我所有权论的前提——每个人都是自己

---

[1] 参见：Hill Steiner, *An Essay on Rights*, New Jersey: Blackwell Publishers, 1994, pp. 246-249.

[2] "最初"（originally 或者 initially）是指在行为者通过契约转让某些权利，或某些权利遭到侵犯之前。参见：*The Oxford Handbook of Distributive Justice*, edited by Serena Olsaretti, London: Oxford University Press, 2017, p. 131. fn9.

身体的所有者。斯坦纳对这一悖论的解决方案是质疑父母对其子女的所有权，并因此改写（3），从而消除悖论。斯坦纳认为，父母在生产和抚养子女的过程中，其所有的劳动都必须作用于特定的生殖系遗传信息（germ-line genetic information），而这一遗传信息来自其祖父母、曾祖父母，甚至可以追溯到最远古的人类。因此，这种遗传信息并不完全属于生产和抚育孩子的父母，而应该将其看作一种自然资源。由此，生产和抚育孩子的父母并不拥有对孩子的完全的所有权。

斯坦纳将人的一生分为成年和未成年两部分。他认为，在一个人成年之前，从精子、卵子的结合到胚胎发育，再到身心成长，这一过程是其父母的劳动作用于生殖系遗传信息的生产过程，而在一个人成年[1]之后，这个人的生长和新陈代谢就只与其自身身体的活动相关。在这一过程中，由于生殖系遗传信息是自然资源，不属于生产后代的父母，这使得"普遍的完全自我所有权之悖论"中的前提（3）不成立。由此，结论（4）也不成立，整个悖论也就解决了。也就是说，在一个人成年之前，他（她）是其父母借助自然资源的劳动成果，而在其成年之后，其身体就完全属于他（她）自己，他（她）成了自己的主人。由此，所有人最初拥有完全的自我所有权，这在逻辑上是成立的，不会导致悖论。笔者认为，斯坦纳的解释是有问题的，因为，如果一个人最开始是其父母的劳动作用于生殖系遗传信息的成果，成年之后又是自己劳动作用于生殖系遗传信息的成果，那么这个人从来就没

1　这里所谓"成年"是指当一个人成为一个自主的道德行为者（autonomous moral agent）时，通常理解为当一个人成长到18岁的时候。

有完全属于自己,而是部分地属于自己,部分地属于其父母,部分地属于大自然。这样一来,自我所有权的前提就不成立。

对于上述问题,在自由至上主义阵营内部,不同学者之间的观点也是不一样的。例如,洛克认为,人是上帝的造物,所以人不可以自杀,也不可以卖身为奴。而诺奇克却认为洛克的观点是家长制式的,人完全拥有自己的身体,所以人可以自杀,可以卖身为奴,女性可以代孕,可以卖淫。总之,每个人都拥有最强的对自己身体的掌控权利。下表列出了洛克、诺奇克和斯坦纳对下述三个问题的不同答案:1.一个人是否拥有自身;2.一个人是否可以卖身为奴(这可能导向奴隶制)或自杀;3.孩子是不是母亲的劳动成果?(如果回答"是"的话,可能导向母权制)

表 4 自由至上主义者的不同观点

学者	问题 1	问题 2	问题 3
洛克	是	否(人是上帝的造物)	否(人是上帝的造物)
诺奇克	是	是	是
斯坦纳	是	是(人们可以卖身为奴,但其他人没有权利接受)	否(人部分地属于自然)

从上述表格中我们看到:第一,诺奇克的观点代表了最强的自我所有权论。然而,肯定每个人对自己身体的完全的权利却可能导向一些与人们的道德直觉相违背的后果。一方面,如果某样东西完全属于谁,那他(她)就可以毁掉这样东西。所以,如果人的身体是完全属于自己的,那么他(她)就可以自残、自杀、卖淫、代孕、卖身为奴,等等,而这就向奴隶制敞开了大门。另

一方面，从自我所有权出发，诺奇克不得不肯定孩子是母亲的劳动成果。这一结论不仅颠覆了自我所有权论的前提，而且将赋予母亲随意处置孩子的权利，而这是不可想象的。对于诺奇克的主张，奥金一针见血地指出："诺奇克的个人主义只剩下母权制、奴隶制和反乌托邦。"[1]

第二，斯坦纳的观点比诺奇克稍弱。一方面，他尽力否认孩子完全属于父母，指出父母是取用了生殖系遗传信息才生出了孩子，父母对孩子并不拥有完全的权利。另一方面，斯坦纳也尽力避免自我所有权论可能导向的奴隶制。斯坦纳在《左派自由至上主义及其批评》一书中讨论了一种可能的解释[2]：完全自我所有权赋予人们转让自身的权利，但是并没有赋予其他人接受这些权利的权利。按照这种说法，完全的自我所有权使得人们可以将自己卖身为奴，但却没有人有权利去购买其他人。由此，卖身为奴的事件就不可能发生。相应地，卖淫、代孕、器官买卖等这些违背人道的自愿交易也都不被允许。例如，就器官买卖而言，人们虽然拥有出卖自己器官的权利，但其他人却没有权利接受被出卖的器官。但是，这种解释也仅仅是为了杜绝卖身为奴、卖淫、买卖器官等交易，对于自杀、自残这类违背道德直觉的行为，如果仅仅立足于自我所有权论，就无法在规范的意义上禁止其发生。

第三，在基督教思想的影响下，洛克的思想最为保守，他直接否认了人们有自杀、自残、卖身为奴的权利，也不认为孩子是父母的财产。洛克的理由是：人是上帝的造物。然而，这种说法

---

[1] [美]苏珊·穆勒·奥金:《正义、社会性别与家庭》，王新宇译，第111页。
[2] 参见: Peter Vallentye and Hill Steiner (ed.), *Left Libertarianism and Its Critics: Contemporary Debates*, New York: Palgrave Macmillan, 2000.

却会彻底否定人对自身的权利。因此，洛克的观点虽然符合基督教传统的道德规范，逻辑上却并不自洽。

自我所有权论之悖论暴露出的一个问题就是儿童权利的保护。一个人在最初的时候必须是自己的主人，否则他（她）就不可能拥有任何东西[1]；然而，一个人在其生命开始时，实际上是女人的天然能力形成的劳动产品。那么，人最初属于谁呢，是属于自己还是属于其母亲？如果从理论上肯定孩子是其母亲的财产，那么母亲就可以随意处置自己的孩子。这不仅会解构自我所有权论，而且也使儿童权利受到极大威胁。诺奇克当然无法接受这一结论，他不得不发出这样的疑问："'父母'制造了自己的孩子，他们是否拥有自己的孩子？"[2] 奥金毫不留情地指出，诺奇克的理论将直接导致儿童权利得不到保护。诺奇克虽然将权利看作对每个人行为边界的约束，但他认为要获得这种保护，一个人必须"有或者争取一种有意义的生活的能力"，"依照一些选择接受的总体思路来规范和指导生活"的能力。由此，"一个婴儿在获得诺奇克所说的道德边界约束来保护他的权利免于侵害之前，很长时间需要依赖于他人的善意，不能视自己为有不可侵犯的权利"[3]。

事实上，父母与孩子的关系很难以劳动产品和所有权来解释，只有引入"爱"的概念才解释得通。孩子不是父母的财产，他的生命属于他自己。只是在他（她）成年之前，父母应协助其

---

[1] 洛克对财产权的论证是思想史上的经典论证，是财产权理论的根基。在洛克的论证中，财产权的来源就是自我所有权。

[2] 转引自［美］苏珊·穆勒·奥金：《正义、社会性别与家庭》，王新宇译，第112页。

[3] 同上书，第119页。

增进自身的福祉。父母不可能利用孩子来牟取自己的利益。父母的劳动和付出都是爱的行动，是以孩子为目的，而非以自身为目的。极具讽刺意味的是：自由至上主义者自私自利的理论事实上建构在父母（尤其是母亲）完全利他的行为之上。一个人，如果他（她）从诞生的那一刻开始就完全属于自己的话，那这一切都是父母无私的馈赠。在人类社会中，儿童权利被母亲侵犯的情况并不常见，而母权制社会在人类历史上也是转瞬即逝的（如果真的存在过的话）。这说明，即使理论上可以论证母亲对孩子的所有权，母亲也会因为爱而很轻易地放弃这种权利。或者说，儿童权利是因父母的爱而得到保护的。

关于自我所有权的争论，向我们提出了一个问题：生产性劳动与再生产劳动（生育）是否有根本性的区别？生产性劳动能够确定人们对其劳动产品的所有权，但生育劳动是否无法为一个人对另一个人的所有权提供论证？任何在理论上没有搞清楚的问题都可能在现实中引发争议和混乱，甚至引发激烈的政治斗争。最典型的与女性身体权利相关的政治斗争，就是贯穿女性运动全程的避孕和堕胎议题。

避孕与堕胎

女人的身体是属于自己的吗？当人们考察与生育相关的问题时，这一命题的真假就变得含混不清。女性是否对自己的身体有完全的掌控权利，是否有权采取避孕措施？在人类还没有发明科学的避孕方法的时代，女性一生中得花费 10 年左右的时间生育孩子，而今天的女性大概只需花费3—4年的时间。这一切都得归功于避孕措施的普及。避孕药的发明将性爱和生育分开，使得人类可以仅享受性爱而不必生育，这极大地拓展了女性对自己身体的掌控权。然而，在女性争取自由和平等的过程中，她们采取避孕措施的权利却不断受到阻挠。

19世纪末期，美国的一些社会团体掀起了一场旨在给国家带来"社会纯洁"的运动，他们反对节育，认为这是导致已婚男人追求婚外性行为的原因。1873年，美国通过了《康斯托克法案》，这部法律的全名是《制止淫秽文学和不道德使用物品贸易和流通法》。该法律的积极倡导者康斯托克不仅反对淫秽和"肮脏的书籍"，而且反对节育和堕胎，还反对相关信息的流通。支持这部法律的人认为反对节育有利于家庭和女性健康。然而，事实却恰恰相反。禁止女性采取避孕措施给许多女性带来巨大伤害，尤其是对于经济条件较差的女性。一位工人阶级女性在写给美国妇女改革家玛格丽特·桑格（Margaret Sanger）的信中说道："请告诉我怎样才可以不再怀孩子。我只有26岁，已经是5个孩子的母亲了。……上次我怀孕6个月流产，从此一直体质虚弱。……我丈夫外出找工作，我不得不独自养家糊口。我得努力工作，所以，如果再生孩子的话，我会累死的……"[1] 从这些文字中我们不难体会不断怀孕和生产给女性施加的沉重负担，以及对她们身体带来的伤害。

20世纪初，一些妇女改革家开始反对《康斯托克法案》。艾

---

[1] ［美］德博拉·G.费尔德:《女人的一个世纪：从选举权到避孕药》，姚燕瑾、徐欣译，北京，新星出版社，2006年，第74页。

玛·戈德曼（Emma Goldman）是一位无政府主义者，她信奉自由恋爱，并认为只有通过有效的节育措施，妇女才能获得对自己身体的支配权，也才可能享有真正的性自由。戈德曼积极向大众做节育演讲，示范避孕工具。后来她被捕入狱，据说是因为她到处宣扬"妇女不需要总是沉默着迎合男人的性要求"。避孕措施将性爱与生育分离，使得两性可以享受性爱而不受生育之累，这也间接地唤醒了女性的性意识。在争取避孕权的运动中，越来越多的女性意识到，女性也是有性欲的。在性爱过程中，她们不需要迎合男性的性要求，女性的性满足也是同样重要的。阴蒂快感等女性体验成为女性在性爱中追求的目标。与此同时，生产性爱用品的商家也开始研发适用于女性的产品，甚至还出现了专门讲解女性性爱的课程。

戈德曼的思想影响了许多女性，被称为美国计划生育运动创始人的玛格丽特·桑格就是其中一位。和戈德曼一样，桑格也认为妇女解放是从获得对自己身体的支配权开始的，采取避孕措施是一种个人保护和个人自由。桑格还认为限制家庭人口是社会进步的必然步骤。1914 年，桑格创办《叛逆妇女》杂志，向工人阶级妇女传播节育知识。这本杂志后来被美国邮局宣布为淫秽书籍。桑格还撰写了《家庭局限》一书，详细介绍各种避孕方法。1916 年，桑格在纽约开设了美国第一个节育诊所，开业仅 10 天就有 500 名妇女来访，但该诊所很快被纽约市警察局关闭，桑格被指控分发"淫秽"材料，被判入狱 30 天。桑格出狱后并没有停止其为女性争取合法避孕权利的努力，她组织了一系列旨在使节育合法化的政治运动。1929 年，在桑格以及其他改革者的不懈努力下，《康斯托克法案》放宽限制；1936 年，美国联邦上诉法院判定，依据医生处方散发、邮寄避孕药具合法。1965年，在桑格去世前一年，美国最高法院废止了禁止私人使用避孕药具的法律。从那时开始，美国女性终于可以合法地采取安全的避孕措施。

如果说经过半个世纪的斗争，女性是否有权避孕的问题已经尘埃落定，那么，时至今日，女性是否有权堕胎的问题仍然是引发美国社会激烈争端的政治问题。从20世纪60年代开始，美国兴起了反堕胎的社会运动，各州相继实施了禁止堕胎法。与此同时，非法堕胎成为最广泛的节育手段。但是，由于设备简陋、卫生条件恶劣，非法堕胎常常导致妇女不育和死亡。据统计，在20世纪50年代，美国施行了约100万次非法堕胎，有1 000多名妇女因医生缺乏经验或手术不清洁而发生腹部感染，一些妇女则终身不育，或患慢性病。大多数实行堕胎术的诊所只对收取费用感兴趣，费用通常高达1 000美元，现金支付，妇女如果支付不起就被赶出诊所。有时，妇女还被迫在手术前与男医生发生性关系。出于速度和自我保护的考虑，医生通常拒绝使用麻醉，因为妇女清醒过来费时过长，会增加被人发现的危险。在手术过程中，妇女对发生的一切一无所知，没有关于节育方法的讨论，没有大出血与感染的充分预防措施。贫穷的妇女和黑人妇女在堕胎时尤其要承担风险。1969年，死于非法堕胎的妇女中有75%是黑人妇女。[1]

从20世纪70年代开始，美国的一些州放松了堕胎法的限制，在某些情况下允许堕胎，例如，强奸或乱伦导致的怀孕，怀

---

[1] 参见［美］德博拉·G.费尔德：《女人的一个世纪：从选举权到避孕药》，姚燕瑾、徐欣译，第278~279页。

孕者不足 15 岁，或孕期在怀孕者前次月经之后的 24 周内，等等。1970 年，一位化名为"简·罗伊"的已婚孕妇指控得克萨斯州一位地方检察长阻止其堕胎。这就是著名的"罗伊诉韦德案"。1973 年，美国联邦最高法院以 7 票对 2 票裁定：堕胎应该是妇女与医生之间的决定。这一判决将女性的堕胎权归为受到宪法保护的个人隐私权。依据最高法院的判定，在妊娠期的前 3 个月，只有妇女及其医生有决定是否堕胎的合法权利，而在随后的 3 个月中，各州可以规范堕胎程序，以利于孕妇健康。这一判决被称为"罗伊判例"。在这一判决之后，由于非法堕胎而死亡的妇女大大减少。然而，罗伊判例却引发了美国社会长时间的政治对抗。"在美国 200 多年的历史中，从来没有一个判例像联邦最高法院 1973 年的罗伊判例那样，在整个社会引起如此广泛和持久的对立。"[1] 主张女性权利的人认为罗伊判例是一次重大的胜利，捍卫了女性掌控自己身体的权利，而反对堕胎的人则认为这是在犯罪，是在杀人。以天主教会、基督教原教旨组织以及"生命权利"组织为核心的反堕胎人士四处游说，甚至采用恐吓、威胁、谋杀医生，在诊所引爆炸弹、喷洒有毒气体等暴力手段，阻止女性堕胎。

　　罗伊案例不仅激起了美国民间的政治斗争，也激化了民主党和共和党之间的斗争。在共和党执政期间，历任总统都将推翻罗伊判例作为自己任期内的主要政治目标，而民主党的总统则致力于维护罗伊案例的判决。例如，共和党前总统里根曾说："一个社会抹杀人类生命一部分——胎儿的价值，这个社会也就贬低了

---

[1] 方流芳：《罗伊判例：关于司法和政治分界的争辩——堕胎和美国宪法第 14 修正案的司法解释》，载《比较法研究》，1998 年第 1 期。

全部人类生命的价值。"[1] 民主党前总统克林顿却在 1996 年否决了一项禁止妊娠后期堕胎的提案。美国总统影响堕胎议题的一个重要手段是提名联邦最高法院的大法官。在美国的法律体系中，最高法院的 9 名大法官是以法律手段解决一切社会争端的最终判定者。因此，他们的政治立场显得尤为重要。而且，美国的法官是终身制，这意味着任命一名最高法院的大法官可以对政治格局产生长时间的影响。例如，在"罗伊诉韦德案"之后，支持罗伊判例的联邦最高法院大法官一度成为少数，这期间通过了一系列旨在削弱堕胎权的法案，直到克林顿在 1993 年和 1994 年分别任命两位最高法院大法官，双方的力量对比才发生了变化。然而，2017 年共和党总统特朗普上任，他在 4 年总统任期内任命了 3 名最高法院大法官，这使得反对堕胎的政治力量再次胜出。尤其是在 2020 年疫情期间，最高法院大法官、著名的女性主义者，露丝·巴德·金斯伯格（Ruth Bader Ginsburg）感染新冠病毒后由于胰腺癌引发的并发症去世，这是对支持堕胎权的政治运动的重大打击。2022 年 6 月 24 日，美国联邦最高法院以 5 票赞成、4 票反对推翻了确立堕胎权的罗伊判例，使得女性的堕胎权不再受宪法保护。做出这一判定的 9 位大法官中有 6 位是保守派，其中 3 位都是共和党总统特朗普任命的。在这一判定做出后，美国全国爆发了大规模暴力抗议，进一步加深了政治撕裂。民主党总统拜登对此判决的评论是："美国最高法院的判决让美国倒退了 150 年。"150 年前，正是《康斯托克法案》通过的那一年。

1　R. Regan, "Abortion and the Consciences of the Nation", in J. D. Bulter and D. F. Walert (ed.), *Abortion, Medicine and the Law*, New York: Facts on File Publications, 1986, pp. 352-353.

在两种政治力量的不断斗争中，是否允许堕胎成为美国社会的一处疮疤，时至今日仍然血流不止。支持堕胎一方的口号是"生育选择是我自己的事"（Reproductive Choice I Made Mine），而反对一方的口号则是"不应有杀人的隐私"（No Privacy To Kill）。由此看来，双方的分歧依然是胎儿的归属问题，它到底是母亲身体的一部分，还是一个拥有"自我"的生命。是否允许"堕胎"涉及两个理论问题：（1）孩子是不是母亲身体的一部分？（2）胚胎在什么时候可以被算作有生命的人。对于第一个问题，我们可以参考前述讨论的自我所有权论及其悖论。如果我们采用洛克和斯坦纳的较弱的自我所有权论，就能得出结论：孩子并不是父母的财产，他（她）的身体不属于其父母，父母也就不能随意处置其生命。由此，堕胎是否合法的问题关键在于胎儿什么时候可以算作生命主体。当他（她）被看作生命的那一刻，母亲就不能单方面停止其孕育了。关于胎儿在什么时候能算作拥有"自我"的生命，有下列几种不同的说法：第一，在1860年之前的美国社会，在胎儿首次胎动之前的堕胎并不算犯罪。当时的宗教观念认为，只有在胎动之后灵魂才会出现，也就是将胎动当作生命的信号。第二，1989年，美国法院在"韦伯斯特诉生育健康服务中心案"中宣称"人的生命始于受孕之时"。事实上，对于那些誓死反对堕胎的人来说，除了坚信生命是上帝创造的之外，他们还相信当精子和卵子结合时，一个人类生命就诞生了，而堕胎就是在杀人。

从上述分析中我们可以看到，一个社会是否允许女性堕胎，允许女性在什么时间期限内堕胎，这取决于人们对人类生命的理解。如果允许女性在整个怀孕期间都可以堕胎，那么这个社会所理解的人类生命的起点就是婴儿降生之时；如果允许女性在怀孕3个月内堕胎，那就是将发育3个月的胚胎作为人类生命的起点；如果允许女性在胎动之前堕胎，那就是将胎动作为人类生命的起点；如果完全禁止堕胎，那就是将受孕作为新生命的起点。当然，除了这一最基本的逻辑推导之外，还有对女性健康和男女双方生育权的考虑。怀孕3个月之前的人工流产对女性健康的影响要远远小于3个月之后，越接近分娩，流产对女性身体的伤害就越大。在生育权的问题上，我国的《妇女权益保障法》第32条明确规定："妇女依法享有生育子女的权利，也有不生育子女的自由。这一规定保障了女性的生育自由。"值得注意的是，虽然怀孕和生产都是在女性的身体中发生的，但男性事实上也拥有生育权。生养后代的权利是属于夫妻双方的。因此，避孕、堕胎、生产等相关决定都应该由男女双方协商一致决定，不应由男方或女方单方面决定。当然，生育对女性身体和生活的影响要远远高于对男性的影响。由此，在生育后代方面，男方应充分考虑女方的意见，以女方的健康和自我发展为重。对于这一点，《妇女权益保障法》第二十一条第三款有明确规定："医疗机构施行生育手术、特殊检查或者特殊治疗时，应当征得妇女本人同意；在妇女与其家属或者关系人意见不一致时，应当尊重妇女本人意愿。"

女性财产权与同工同酬

女性对自己身体的权利不仅体现为生育权，还体现为对自己劳动成果的拥有。启蒙时代，洛克从自我所有权出发，论证了财产权，这成为现代社会自由市场的根基。在洛克看来，人们因为拥有自己的身体而拥有身体的工作和劳动，并因而拥有其劳动成果。然而，这一推理对女性似乎并不适用。在人类社会的历史上，女性很长时间都没有获得与男性同等的财产权。她们要么没有资格继承家族的财产，要么无法拥有自己的劳动成果。丈夫或者父母代领女性工资的情况在19世纪的英国时有发生，而英国的法律曾经禁止男性向妻子支付家务劳动的费用。这一法律的理论基础显然是妻子本身就是丈夫的财产，而她所付出的劳动自然也是属于丈夫的。中国古代限制寡妇再嫁的"贞洁观"，事实上也是为了阻止女性将本属于她的财产带走。可见，在19世纪中叶的女性运动之前，私有财产制度不是性别中立的，它保护的并不是所有人平等拥有的财产权，而仅仅是男性家长的财产权。女性之所以没有获得财产权，并不是因为她们没有付出劳动。恰恰相反，无论在家庭中，还是在市场中，女性都付出了艰辛的劳动。事实上，当资本主义生产方式在西方刚刚兴起时，资本家为了节约成本，更愿意雇用女工和童工。长久以来，女性没有获得财产权的根本原因是：在父权制社会中，女性被视作男性的财产，婚前是父亲的财产，婚后是丈夫的财产。因此，作为财产本身，女性没有主体性，当然也就不可能拥有任何权利。

在女性财产权的问题上，我国的《宪法》、《民法典》和《妇女权益保障法》都有明确的规定。具体到女性对家族财产的继承方面，《民法典》第一千一百二十六条规定："继承权男女平等。"然而时至今日，在许多情况下，女性的财产权仍然经常受到侵犯。例如，在中国农村，由于男系继承制发挥着实质性的作用，出嫁的女性是很难继承家中的财产的。尤其是那些嫁到外地的农村女性，在土地承包经营、集体经济组织收益分配、土地征收或者征用的补偿费使用，以及宅基地使用等方面都难以得到公平的对待。尤其是家族中的宅基地、房屋等固定资产，基本上都由家中的男性继承。[1] 然而，农村妇女法律意识相对淡薄，很少有女性拿起法律武器捍卫自己的平等权利。

依据洛克对财产权的论证，女性付出的劳动决定了她们对自己劳动产品的权利。然而，在社会现实中，女性劳动的价值却经常遭到否认，或者被贬低。20世纪60年代的民权运动之前，美国的普遍情况是："丈夫可以控制妻子的收入；如果没有遗嘱，妇女只能继承丈夫遗产的三分之一，而州法律却给予鳏夫对亡故妻子财产的完全控制权。丈夫可以决定妻子的合法居所、非婚生子女的抚养责任由母亲承担。妇女被禁止从事某些职业，同工不同酬天经地义。"[2] 由此，"同工同酬"一直是女性运动的重要目标之一。"同工"与"同酬"是两个概念。女性很难获得高薪工作，无法与男性"同工"，这是女性工资水平普遍低于男性的主要原因。因此，消除就业歧视的要旨在于"同工"，只有首先做到"同工"，才可能从根本上提升女性在公共领域的社会地位，以及女性的收入。

女性所追求的"同工同酬"目标，直接体现为缩小两性在经济收入上的差异。在社会现实中，造成女性收入普遍低于男性的原因有两个：一是，长久以来，女性被限制进入高薪行业；二

---

1 参见向小丹：《无处赋予的财产权：制度转型中的来沪农村女性婚姻移民》，载《上海交通大学学报》（哲学社会科学版），2017年第6期。

2 ［美］德博拉·G.费尔德：《女人的一个世纪：从选举权到避孕药》，姚燕瑾、徐欣译，译者序，第3页。

是，女性所从事的工作的价值被系统性地低估了。一方面，由于教育、习俗、观念等因素的影响，女性缺乏或者被认为缺乏进入高薪行业的能力。在社会性别的建构下，女性被认为缺乏理性能力、技术能力、领导能力、组织能力、决策能力，等等，而这些能力都是现代社会的高薪工作要求的重要能力。在教育没有平等化、就业歧视没有被完全消除之前，女性很难成为政治领袖、知识分子、金融分析师、工程师、科学家、军事统帅，等等，当然也就无法获得较高的工资。另一方面，女性如果走出家庭进入公共领域，她们可能从事的工作非常有限，通常是女性家务劳动的延伸。例如，餐馆服务员、医院里的看护、幼儿园的阿姨、住家的保姆、领导的秘书，等等。这些劳动在家庭中是无酬劳动，进入市场后则是低薪工作。这类工作实际上是很有意义的，从业人员也是很稀缺的资源。例如，日本社会是一个老龄化的社会，需要许多看护，这些稀缺的看护人员常被称为"粉领"，因为她们的护士服是粉色的。她们提供的服务虽然供不应求，但其酬劳依然很低。在日本的看护行业中，从业者大多数是女性。护工群体中正式员工的平均工资是21.5万日元，非正式员工是17.7万日元，在64个行业中排最后一位。[1] 这是女性劳动的价值被系统性低估的明显标志。除了酬劳低之外，女性在市场中所从事的工作还有可能贬低女性的人格，加剧性别不平等。最近有传闻说有些住家保姆可以为主人提供"跪式服务"[2]，这样的工作无论工资有

---

1 参见［日］中村淳彦：《东京贫困女子》，傅棭译，北京，人民文学出版社，2021年，第200页。
2 参见《上海富太月薪14万，找"跪式服务"保姆，你会接受吗？》，https://www.163.com/dy/article/I4KAUBSL05563O27.html。

多高都不可能提升女性的地位，反而进一步加剧了女性的从属地位。

女性被排除在许多工作之外，这种情况在第一次世界大战时有了根本性的改观。一战将欧洲大部分国家卷入其中，男人上战场，女人不得不外出承担大部分工作。工厂、医院、学校，到处都是女性的身影。她们为前线战士制造弹药，在战场上救治伤员，在学校里教育孩子……女性真正成了社会生活的主力军。当战争结束的时候，女人们已经找不到充分的理由将自己限制在家庭之中。战争让她们发现了一个基本事实，那就是：女性可以从事绝大部分男性从事的工作，将女性排除在高薪工作之外是没有道理的。也正是在第一次世界大战之后，争取性别平等的运动取得了实质性进展。新西兰、澳大利亚、英国、美国、法国、苏联等世界上许多国家的女性先后获得了与男性平等的选举权和财产权。然而，时至今日，女性与男性在收入水平上仍然存在较大差距。从目前的状况来看，美国女性收入在男性的70%~80%左右。[1] 2020年，中国女性的收入为男性的63.8%。[2] 这些数据说明导致女性收入偏低的两个因素，就业歧视以及女性劳动价值被贬低，还没有被完全消除。

从世界范围来看，各国女性一直在进行争取"同工同酬"的斗争。2019年3月8日，美国国家女子足球队28名球员以性别歧视为由，将美国足球协会告上法庭，并根据《同工同酬法》向足协索赔6 600万美元。2021年10月，美国足协和美国女足就

---

[1] 参见［美］南茜·弗雷泽：《正义的中断》，于海青译，周穗明校，第49页。
[2] 参见刘利群、张立主编：《中国妇女百年发展报告（1921—2021）》，北京，社会科学文献出版社，2021年，第176页。

该案达成和解。美国足协承诺女足在旅行、住宿、比赛草皮及人员配置方面获得与男足相同的待遇，并将推动同工同酬改革。美国导演安德里亚·尼克斯·费恩和肖恩·费恩把美国女足争取同工同酬的过程拍成了纪录片《给老娘冲》（Let's Fucking Go），引发了广泛的社会关注。2022年2月7日，中国女足3∶2逆转韩国队，时隔16年再夺亚洲杯冠军。解说这场比赛的黄健翔在赛后发了一条微博："足协请按照男足奖金标准双倍给女足发奖金！"这一事件也引发了人们对中国女足尚未与男足"同工同酬"的关注。尤其是在中国男足屡战屡败却仍然拿着远远高于女足队员的薪酬的情况下，这一同工不同酬现象更是引发了广泛的社会不满。2018年，挪威成为全球首个男女足同工同酬、薪资平等的国家。然而，由于足球比赛的历史沿革、市场机制、商业运作模式等原因，中国女足要实现同工同酬还有很长的路要走。[1]

从整体情况来看，改革开放之后，我国男性与女性的收入差距有扩大的趋势，存在着非正规就业女性化以及农业就业女性化的趋势。而且，女性在向白领行业扩张的过程中也往往遭遇"玻璃天花板"，晋升到管理层的女性明显低于男性。[2] 目前，有几个有利因素有助于缓解这一问题。一是人工智能的普遍应用将进一步降低两性体力差异带来的工作水平差异。例如，有学者指出，技术变革倾向于提升认知技能的相对价格，降低运动技能的相对价格。然而，男女两性在认知技能方面并没有明显的区别，所

---

[1] 参见周昊鲲：《从女权主义视角看职业女足同工同酬问题》，载《西部学刊》，2020年第21期。

[2] 参见杨旻：《劳动力市场的性别不平等：职业性别分割与两性收入差距——性别分层与劳动力市场研讨会综述》，载《妇女研究论丛》，2009年第1期。

以，技术变革，尤其是各类机器的大规模使用，将拉低性别基尼系数，减少两性收入差距。[1] 二是随着女性受教育程度的提升以及女性能力在各领域的展现，社会性别和与之相应的性别规范正在逐步淡化。2021年12月21日，中国国家统计局发布《中国妇女发展纲要（2011—2020年）》终期统计监测报告。该报告显示，全国各类高等教育中女生占比均超过男生。以2020年为例，高等教育在校生中女研究生人数为159.9万人，占全部研究生的比重达到50.9%；普通本专科、成人本专科在校生中女生分别为1 674.2万人和450.6万人，占比分别为51.0%和58.0%。从这些数据来看，两性之间在教育水平上已经实现了平等，而且女性略胜一筹。这为女性的自我发展和能力提升创造了良好的条件，同时也说明我国的妇女发展取得了举世瞩目的成就，绝大部分女性能够接受高等教育、研究生教育，这在20年前还是不敢想象的。因此，我们也有足够的理由相信，在不久的将来，社会的变革将进一步打破女性遭受的就业歧视，重估女性劳动的价值，为更多女性创造展示自身才能、获得社会承认的舞台。

综上所述，始自洛克的自由至上主义者对于人们对自己身体、身体所进行的劳动，以及劳动产品的不可剥夺的权利进行了论证。然而，对于女性来说，洛克所论证的自我所有权、对自己的劳动成果的权利、财产权、财产继承权等权利却长期得不到实现。自我所有权涉及女性是否有避孕和堕胎的权利，而财产权则涉及女性继承权、同工同酬以及两性收入差距等问题。性别平等

---

1 参见：Ge S., Zhou Y., 2020, "Robots, Computers, and the Gender Wage Gap", *Journal of Economic Behavior & Organization*, 178, pp. 194-222.

要求人们平等地对待男性和女性,女性拥有与男性平等的掌控自己身体的权利,并拥有自己的劳动成果,以及在公共领域拥有与男性平等的就业机会,这些都是妇女解放运动志在实现的目标。

第十章
对待性的不同态度

性是人类繁衍的根本动力。在人类社会的历史上一些人将其视为恶魔,另一些人则将其视为生命中最宝贵的东西。一些人主张压抑性欲,一些人主张满足性欲,还有一些人主张升华性欲。女人对自己身体的权利是否意味着女性的性解放?我们应该以什么样的态度对待性?面对好奇而兴奋的青少年,什么样的性教育是恰当的?本章尝试分析与性相关的一系列复杂问题,并阐述笔者认为正确的对待性的基本态度。

什么是"性革命"?

在延续几千年的父权制社会里,人们将"性"束缚于婚姻之中,为了维护男性家长的私有财产,采用一夫一妻或一夫多妻制;强调女性婚前贞洁,婚后忠贞,从一而终。中国古代社会还为那些丈夫去世长年不改嫁，或自杀殉葬的妇女修建"贞节牌坊"，以示表彰。这种婚姻制度虽然束缚女性欲望，却为男性欲望大开方便之门，与婚姻制度相伴而行的是一度繁荣的娼妓行业。在婚姻与卖淫两种体制并行之下，男性得以保全自己的财产又能获得性满足，而女性则被教导要克制自己的欲望。一边是性压抑，另一边则是卖淫和性病。性道德的双重标准揭示了两性之间深刻的不平等。随着女性运动的兴起，在一两百年的时间里，人们对待性的态度发生了巨大的转变：从20世纪初期开始，"未婚女孩不是处女"不再是不光彩的，甚至恰恰相反；婚前同居逐渐被人们接受，甚至被看作是必要的；女子缠足、贞洁带、贞节牌坊这些陈腐的束缚不再被看作必要的而是对女性的残害；女人们逐渐意识到，如果自己不愿意，即使在婚姻中也可以拒绝性要求；婚外恋、婚外性行为不再被视为不可饶恕的罪恶，等等。这些变化与人们思想的解放和社会制度的变革息息相关，而奥地利心理学家赖希提出的"性革命"理论则在其中发挥了重要作用。

威廉·赖希是奥地利著名心理学家、精神分析学派代表人物、马克思主义者，被誉为"性革命"理论的奠基人。他的主要著作有《辩证唯物主义和精神分析》《性高潮的功能》《性格分析》《法西斯主义的大众心理学》《性革命——走向自我调节的性格结构》等。赖希曾是弗洛伊德的得意门生，但因其革命性观点遭到精神分析学派和马克思主义者的双面夹击，并最终与弗洛伊德分道扬镳。赖希毕生的志愿就是将弗洛伊德关于性的心理学与马克思的革命学说结合起来，通过性解放实现社会解放。他创立了弗洛伊德－马克思主义流派，主张改造社会制度和婚姻制度以实现人们的性满足。

赖希不仅构建了性革命的理论，还进行了一系列社会运动和实践。1929—1930年期间，他先后在维也纳和柏林创办了多家性卫生诊所，服务于青少年，致力于为女性争取三项权利——妊娠中断权、避孕权和自由恋爱婚姻权。1931年，赖希将德国各地80多个性改革组织的35万名成员组织起来，成立了德国无产阶级性－政治联盟，还组建了性政治出版社，出版了一系列传播性解放思想的书籍。成千上万的青年男女受到赖希的影响，掀起了一场轰轰烈烈的性－政治运动。赖希还曾被丹麦的性改革党拥立为终身主席。然而，这些声势浩大的政治运动受到了保守派的强烈抵制，赖希在欧洲各国都不受欢迎，无奈之下他只能前往美国。但在美国期间，他却因研制"生命能储存器"而被告上法庭，最终死于狱中。

赖希与弗洛伊德的分歧是他走向性革命的关键。弗洛伊德认为，人格由本我、自我、超我三个部分组成。本我是潜意识中的本能和冲动。自我介于本我与外部世界之间，为了适应现实而对本我加以约束。超我则是一个道德化的自我，指导自我遵循理想原则。人类的性欲属于本我，弗洛伊德通过治疗精神病人发现，当性需求得不到满足的时候就会被压抑成为无意识冲动，甚至诱发神经症。弗洛伊德认为，这种心理问题一方面应借助精神分析疗法予以医治；另一方面，性压抑也不完全是坏事，它可以使人们从本我上升到超我，取得精神文化领域的自由。事实上，人类的文明恰恰是建立在适当的禁欲之上的。[1]赖希反对弗洛伊德所说

---

1 参见［奥］西格蒙德·弗洛伊德：《自我与本我》，林尘等译，上海，上海译文出版社，2011年。

的通过压抑性欲而使其升华的观点,他指出:"现在已有的历史证据表明这个观念是错误的,因为存在着这样高度文明的社会,在这一社会中没有抑制,其成员却享受着完全自由的性生活。"[1]在赖希看来,得不到满足的性欲只会导致心理疾病,而心理问题的最终解决依赖于社会制度的变革。应该改变的是社会制度,而不是人性,一场解放性欲的革命迫在眉睫。

心理学家研究发现,人类有许多反社会的无意识,例如,在性行为中伤害女性、割掉男性生殖器、吃他人的粪便、性谋杀等等。如果对反社会的无意识不加管束,就会引发社会混乱。因此,人们主张建立严格的道德秩序。但赖希认为,正是因为建立了道德秩序,人们天然的性欲才被压抑成为反社会的无意识;并不是因为人们有反社会的无意识,才需要以道德秩序进行约束,而是因为有了约束,人们受了压抑,才产生了反社会的无意识。为了在社会中存活下来,人们必须控制这些冲动,而许多人为此付出了代价,患上了不同程度的精神疾病。在赖希看来,自然的性欲总是与次级的反社会的无意识相伴而生。尤其是当自然的性欲受到压抑的时候,就会生发出反社会的无意识。道德秩序只应该惩罚那些反社会的次级冲动,而不是人们的自然的生物需求。"严厉的道德原则的存在永远意味着:人的生物的、特别是性的需求没有得到满足。任何道德调节本身都是一种性否定(life-negating),说到底,社会革命最重要的任务是确保人们充分实现自己的潜力,获得生活的满足。"[2]

---

1 [美]威廉·赖希:《性革命:走向自我调节的性格结构》,陈学明、李国海、乔长森译,北京,东方出版社,2010年,第9页。
2 同上书,第21页。

对于人的本能欲望，赖希主张满足而不是压抑。在赖希看来，性欲得不到满足大概率会导向两种结果，一种是心理疾病，另一种则是性犯罪，或是两者都有。只有很少的人才能将其升华成文化。"未得到满足的利比多（libido）[1]不但强化了原始的、幼稚的冲动，而且也造就了新的、最具有反社会性的、像裸露癖和性谋杀这样的冲动。"[2]赖希在讨论婴儿固恋（infentile fixation）时指出："只有在找到一个满意的性配偶并经历真正的满足时，女孩子才能摆脱对其父亲的固恋。"[3]类似地，"一个性谋杀犯只有当他有希望过正常的性生活时，他才会放弃其病态的性目标"[4]。赖希斥责禁欲主义的道德说教将导致"性萎缩"，而最终使得"神经症成为群众性问题"。禁欲主义的道德理论将性欲禁锢在婚姻当中，还试图将其与生儿育女联系起来，限定性冲动的目的是传宗接代。赖希嘲笑这种观点是一种压抑人的方式：如果一个女人有5个孩子的话，那她一生只能有5次性生活。作为心理医生，赖希从实际的病例得出结论，那些表现出性冷淡或性否定的人，就是这种禁欲主义的牺牲品："在否定性欲的社会秩序条件下，最健康的人受苦最深。"[5]

赖希主张从"改造教育"和"改造婚姻"两方面进行社会革命。在性教育方面，赖希认为，对青少年的教育应抛弃过去对

---

1 弗洛伊德首先使用的术语，指的是性本能。
2 ［美］威廉·赖希：《性革命：走向自我调节的性格结构》，陈学明、李国海、乔长森译，第15页。
3 同上书，第14页。
4 同上。
5 同上书，第7页。

"性"的否定:"普遍的性教育的出发点总是对性欲做否定性的估价。普遍的性教育的指导原则是伦理学的观点,而不是卫生学的观点。它的结果是患精神病和性倒错。"[1]在赖希看来,性冲动具有天然的合法性,不应该压抑,而应抛弃性否定教育,代之以性肯定教育,积极推进青少年的性启蒙,保护青少年的性权利。性否定教育以及婚姻道德的灌输只会导致性压抑、神经症、性倒错、卖淫和性病。赖希尝试讨论,对于青少年的性教育可以进行到哪一步?例如,青少年是否可以观看性交的场面?什么是性行为的恰当年龄?然而,对于这些敏感问题赖希并没有得出最终的答案。他的基本观点是,青少年从性成熟(15岁左右)到被道德和法律允许性实践,其间要经过数年;这段时间里,无论他们是否手淫,对于青少年来说都是痛苦的煎熬。这是错误的,他们应该有享受性满足的权利。在性启蒙教育的具体方式上,赖希认为:"首先,必须不怕难为情,不抱否定态度;其次,必须开门见山,不躲躲闪闪;再次,只有允许青少年书面提出问题,他们的强烈兴趣才会显示出来。"[2]

对于婚姻制度,赖希同意恩格斯的说法,认为父权制婚姻的实质是对男性家长的财产保护。它一方面允许男性的婚外性行为,另一方面要求女性禁欲。坚守婚姻道德的禁欲主义者还试图说服女性将生育和性联系起来——性欲的满足不是目的,生育才是目的,并由此反对使用避孕药,反对堕胎。这种婚姻道德压抑了人们的自然欲望,与人性相违背,导致各种心理疾病。赖希

---

[1] [美]威廉·赖希:《性革命:走向自我调节的性格结构》,陈学明、李国海、乔长森译,第61页。
[2] 同上书,第85页。

认为，要想将人们从神经症中解救出来，不能只靠心理分析，而要从根本上打破禁欲主义的婚姻道德，解除父权制婚姻。在赖希看来，"传统道德的意识形态支持着独裁主义的婚姻制度。独裁主义的婚姻制度阻碍人们认识性满足的重要性，它意味着对性的否定"[1]。

20世纪30年代，赖希曾应邀访问苏联，苏联在十月革命后解除了一系列陈旧的婚姻束缚，这让他深受鼓舞。赖希高度评价了列宁颁布的两项法令——《婚姻解除法》和《公民婚姻、儿童及公民登记法》。这两项法令取消了男人在家庭中的支配权，给予妇女在经济和性行为方面的完全自主权，并宣布妇女可以自由决定其姓名、户籍和国籍。赖希看到人们为新的婚姻制度欢呼雀跃，这更坚定了他将性革命看作社会革命之内核的观点。然而，赖希并没有彻底否定一夫一妻制婚姻，他认为改造婚姻的关键是使婚姻"性爱化"，反对金钱婚姻、政治婚姻，使性爱成为婚姻的基础。在赖希看来，人类应该回归母权制家庭，那种婚姻制度与财产保护没有关系。这种家庭建立在性肯定而不是性压抑的基础上，青少年的性欲可以随意满足，恋父情结和恋母情结也不会受到谴责。把人们联系在一起的是一个共同的母亲，没有经济压迫也没有政治统治，所以也不需要塑造一种支撑这些制度的独裁。那是一个原始的共产主义时代，一个没有国家和阶级的社会。赖希将苏联社会革命中的婚姻制度改革看作父权制家庭向母权制家庭的回归，并且认为后者就类似于马克思所说的"新的共

---

[1] ［美］威廉·赖希：《性革命：走向自我调节的性格结构》，陈学明、李国海、乔长森译，第34页。

产主义集体的家庭"[1]。

赖希的性革命理论还将性心理与政治革命联系起来。赖希认为社会革命与性革命关系紧密,父权制家庭就是独裁主义国家的繁殖土壤。赖希指出,独裁主义国家为什么要建立性压抑的婚姻制度,是因为他们需要具有独裁主义性格的顺民。性压抑意味着一个人要压抑自己内心的自然冲动,这一过程会使人形成"独裁主义的性格结构",这种性格结构要求自己的内心服从外在的权威,这样的人对地位比他高的人俯首帖耳,对地位比他低的人横行霸道。与此同时,人们由于内心真正的渴望无法得到满足,所以产生破坏性。赖希反思希特勒统治时期的德国,指出当时有那么多人心甘情愿地充当炮灰,与当时人们所承受的性压抑有关。性压抑导致的独裁主义性格,使得普通人充当了维护法西斯主义极权统治的工具。赖希指责希特勒实行的严格婚姻制度,剥夺女性受教育、外出工作、参与政治等平等权利,将女性和生育捆绑在一起,将所有人都变成了奴隶。赖希指出,父权制婚姻是为独裁主义统治服务的,"父亲是国家权威在家庭中的代表"[2]。他认为:"家庭具有双重的政治功能:(1)通过削弱人的性欲使自己繁衍。通过坚持父权制家庭,它也保持了性压抑及其结果——性混乱、精神病、心理变态性犯罪。(2)它产生了害怕权力、害怕

---

[1] 这种看法遭到了许多学者的反对,马克思主义者认为赖希曲解了马克思的理论。参见陈学明:《评威廉赖希及其〈性革命〉》,见[美]威廉·赖希:《性革命:走向自我调节的性格结构》,附录,第 312 页。

[2] [美]威廉·赖希:《性革命:走向自我调节的性格结构》,陈学明、李国海、乔长森译,第 72 页。

生活的奴隶，从而能够使一小撮人一直有可能统治群众。"[1]在赖希看来，要推翻独裁统治，就要打破独裁主义的性格结构，通过性满足而形成一种自我调节的性格结构，解放人们的生命能量。因此，要建立民主主义的新社会，就要进行性革命。

赖希的性革命理论显然具有唯性主义的特征。一方面，他将性满足作为人类幸福的核心，既夸大了性需求的重要性，也夸大了性压抑的严重后果。这与他身为心理医生有很大的关系。他日常接触的病人大多是性压抑的牺牲品，但这并不意味着性压抑必然导致心理疾病。事实上，所有人都承受着或多或少的性压抑，但神经症患者、性倒错以及性犯罪却是极少见的案例。另一方面，赖希认为社会革命的核心是性革命，这也夸大了性革命的意义。社会革命或许包含性革命，例如，列宁就曾坦言"共产主义并不认为有必要提倡禁欲主义，而是通过一种令人满足的爱情生活，享受生活和生命力的快乐"[2]。但是，社会革命是涉及政治结构、经济制度、文化传统等方面的更深广的社会变革，不是仅仅通过性解放就能实现的。

在性革命思想的影响下，20世纪50年代发生了人类性史上的重大事件。1954年，英国上议院辩论同性恋问题，内政大臣委托约翰·沃尔芬登爵士调查同性恋和卖淫是否应视为犯罪。经过三年的调查研究，沃尔芬登委员会建议，不应将同性恋和卖淫视为犯罪，这就是著名的《沃尔芬登报告》。此后，包括英国在内的许多国家都修改了相关法律，不再将同性恋、卖淫以及婚外性

---

[1] ［美］威廉·赖希：《性革命：走向自我调节的性格结构》，陈学明、李国海、乔长森译，第76页。
[2] 同上书，第271页。

行为视为犯罪,人们获得了更大的性自由,而这也引发了西方社会青年男女的性狂欢。

20世纪60年代,欧美国家掀起性解放运动。性革命的思想化身为"随兴皆可性"的大旗,人们以各种形式纵欲。许多青少年以赖希对青少年性权利的论述为依据过着"群居"生活,甚至导致滥交和性混乱,而处于婚姻之中的人们也完全不顾道德的约束,换妻、"淫趴"、性虐待、跨代性等都是具体表现。曾一度活跃于欧美国家的嬉皮士被看作性革命的化身,他们寻欢作乐、聚众淫乱、吸食毒品,对青少年造成了恶劣的影响。西方国家的性解放运动还带来了艾滋病流行、毒品泛滥、家庭解体等严重的社会问题。例如,在15~19岁的少女中,性病率从20世纪60年代中期性革命刚刚兴起时接近于零,一路攀升到21世纪初期的50%。未婚少女怀孕率也不断升高,至今仍居高不下。[1] 性革命还加剧了家庭的解体,离婚率持续上升。欧美国家性解放运动的实际走向或许已经严重偏离了赖希提出性革命的初衷。赖希曾明确反对纵欲主义,反对性犯罪和性混乱。然而,性解放运动所主张的僭越伦理和过度纵欲使人类与动物无异,有损于人类社会的进步。

"赞成性"与"否定性"

对于轰轰烈烈的性解放运动,女性主义阵营中存在着两种

---

[1] 参见齐麟:《从婚姻与家庭功能看性革命》,载《西北人口》,2001年第1期。

相互矛盾的观点——"赞成性"（Pro-sex）与"反对性"（Anti-sex），前者是自由主义女性主义的观点，后者则是激进主义女性主义的主张。自由主义女性主义者是拥抱性解放的，她们认为，既然在传统的父权制婚姻关系中只有女性欲望被压抑，那么实现两性平等的方式就应该是解放女性欲望，让女人与男人一样获得性自由。相反，激进主义女性主义者则认为，应该以要求女人贞洁的道德标准来要求男性，以实现两性之间的性平等。自由派的女性主义者包容所有形式的性表达，例如色情文艺、同性恋、虐恋、同性恋中的模拟男女角色（阳刚—阴柔）等；并且将追求性满足作为女性运动的主要目标之一，例如，维多利亚·伍德哈尔（Victoria Woodhull）曾公开支持女性的性自由："我是一个主张性爱自由的人。我有着不可转让的、宪法赋予的也是天赐的权利，我想要爱那个人就可以爱那个人，想要爱多久就可以爱多久。只要我愿意，就可以每天换一个情人。"[1] 然而，艾滋病的大流行导致了人们对性的恐惧。激进派女性主义的观点逐渐占了上风，她们主张以女性认同的道德原则约束性，而不是去适应男性的性开放。她们向男性提出了守贞洁的要求。激进派的代表人物是凯瑟琳·A.麦金农（Catharine A. MacKinnon）和安德丽娅·德沃金（Andrea Dworkin），她们认为性交易、虐恋、色情文艺、强制婚姻、性暴力等不平等的性关系会加剧女性的客体化，因此在性行为方面应该有更严格的道德约束。激烈反对两性关系的女性主义者也被戏称为"麦德分子"（MacDworkinites）。激进派对于男性贞洁的呼吁也引发了一些男性的焦虑，例如，英国哲学家罗素

---

[1] 转引自李银河：《女性主义》，第228页。

就曾满怀忧虑地说道："男女平等所要求的，不仅涉及政治问题，而且也与性道德相关……那些争取女性权利的先锋分子是一批极为严厉的道德家，他们希望用以前束缚女人的那些道德锁链来束缚男人。"[1]

女性主义者内部的矛盾立场集中体现在对待淫秽色情品的态度上。以美国的麦金农、德沃金，英国的罗塞尔、艾森为代表的激进派强烈反对淫秽色情品。她们认为，生产和售卖淫秽色情品不仅会加剧女性的物化，而且会诱导针对女性的暴力。在这些淫秽品中，女性被捆绑、鞭打、强迫、虐待，尤其是那些包含暴力元素的淫秽品，例如虐杀电影，被指责在实际生活中导致了男性对女性的暴力。麦金农喊出了"色情是理论，而强奸是实践"的口号，她在《言词而已》等著作中痛斥将女性作为虐待对象的淫秽品，并揭示了在制作淫秽色情品的过程中贫困女性遭受的剥削和伤害。麦金农认为："色情文艺通过其制作和使用影响了世界，它假设了女性存在的意义以及被看、被对待的方式，建构了女性是什么，可以怎样被对待，以及男人可以如何对待她的社会事实。"[2]

麦金农与德沃金联手，于20世纪80年代在美国多个城市展开反对色情出版物的运动，她们取得的最大胜利是：1983年，麦金农和德沃金起草的反淫秽品提案在明尼阿波利斯市被批准通过。但是，在1986年，美国联邦最高法院以违宪提案的名义驳回了反淫秽品提案，认为其与宪法第一修正案对言论自由的保

---

[1] 转引自李银河：《女性主义》，第246~247页。
[2] ［美］凯瑟琳·A.麦金农：《言词而已》，王笑红译，桂林，广西师范大学出版社，2005年，第35页。

护相违背。这一判决突显了支持与反对淫秽色情业两派的根本分歧。支持淫秽色情业的人认为,淫秽色情品涉及言论自由和出版自由,应该受到宪法的保护。支持淫秽色情品的女性主义者被称为"反审查制度派女性主义"(Feminism Anti-censorship Taskforce),她们认为"反淫秽品女性主义"(Women Against Pornography)夸大了淫秽品的危害,而言论和思想自由是确定不移的天赋权利;况且,淫秽色情品的消费者中有约一半为女性。[1]当然,麦金农并不认为淫秽品仅仅是"思想和语言",在她看来,说就是做,淫秽品就是实实在在的"行动"。支持淫秽色情品的一方还认为,淫秽色情品事实上有助于减少性犯罪。这方面著名的案例是20世纪60年代进行的"丹麦实验":丹麦在1967年和1969年分两步放开淫秽色情品市场,其直接结果是猥亵儿童、露阴癖、观淫癖、强奸、猥亵等的犯罪率大幅下降。[2]

"赞成性"与"反对性"这两种对立态度也体现在对于卖淫的不同看法上。卖淫指的是自愿进行的性交易。由于卖淫是双方自愿的,因此,卖淫是没有受害者的,交易双方各取所需。依据英国政治思想家约翰·斯图亚特·密尔的观点,如果一种行为并没有伤害任何人,那么它就不应该受到限制。[3]由此,许多自由主义者认为,卖淫不应该被视作违法行为,不应该订立禁止卖淫的法律。有许多国家也据此而将卖淫合法化。例如,世界上给妓女颁发执照、设立红灯区的国家或城市有英国、法国、瑞典、荷兰(阿姆斯特丹)、德国(汉堡)等。1959年,联合国文献《关于个

---

[1] 具体统计数据参见李银河:《女性主义》,第250页。
[2] 参见李银河:《女性主义》,第238页。
[3] 参见[英]约翰·密尔:《论自由》,许宝骙译,北京,商务印书馆,2005年。

人和卖淫中的交易的研究》提出，卖淫不应当被视为犯罪。在这一点上，我国的刑法也不惩罚卖淫者和买淫者，而是惩罚强迫、组织、容留他人卖淫者。[1]

在是否允许卖淫的问题上女性主义者处于两难的境地：一方面，如果她们承认女性对自己的身体有完全的掌控权，那么她们就没有理由禁止卖淫，因为女性有权以自己的身体牟取经济利益；另一方面，卖淫将使女性彻底物化，使女性的身体成为消费品，这显然无助于两性的平等，也无助于女性获得真正的自由。在社会现实中，卖淫非法化和卖淫合法化这两种政策都可能有各自的问题。卖淫非法化客观上可能恶化妓女的处境，使她们受到组织卖淫者的盘剥和压榨，无助于妓女权益的保护。相反，卖淫合法化则可能危及婚姻关系的稳定，也会加剧全社会对女性的歧视。由此，一些女性主义者选择了折中的立场：将卖淫"非罪化"，即认为卖淫不是违法的，但却是不道德的，是不道德的自愿行为。另外，在保护妓女的基本人权方面，女性主义者也积极行动。例如，美国的纽约市、西雅图市、加利福尼亚州、夏威夷州等地都有"保护卖淫者协会"，妓女们还通过罢工和示威游行来争取自己的权利。

对于卖淫为什么是不道德的，反对卖淫与支持（或不反对）卖淫的双方之间仍然有许多无法调和的主张。下面列出反对与支持卖淫双方针锋相对的5组观点供读者思考：

---

[1] 参见《中华人民共和国刑法》第八节第三百五十八条至第三百六十二条"组织、强迫、引诱、容留、介绍卖淫罪"的相关规定。

（1）反对：出卖性是出卖"自身"。支持：出卖性与出卖"劳动"没有根本区别，卖淫提供的是"服务"[1]。

（2）反对：性行为以爱为基础才是道德的。支持：结婚多年的夫妻之间也没有爱，为什么他们的性行为是道德的。

（3）反对：性行为是自愿的，不应该与钱相关。支持：性交易也是自愿的，结婚也是自愿的，这两者都与钱有关系。

（4）反对：卖淫包含着性剥削，组织者和黑社会对妓女的剥削。支持：卖淫合法化能减轻剥削。

（5）反对：卖淫将女性商品化、物化。支持：所有女性角色都将女性物化，包括家庭、职场、（婚姻）市场。

我们很难对上述争论给出标准答案。在笔者看来，卖淫之所以是不道德的，可以依据德国哲学家康德的道德律令——将所有人当作目的：显然，性交易的双方都没有将对方当作目的，嫖客将对方身体当作自己享乐的工具，而卖淫者则将自己的身体当作赚钱的工具。如本书序言所述，将对方当作目的是爱的标志。性交易中的双方是为了快乐和金钱，因而没有将对方当作目的，是无爱之性。

如何规范"性"

虽然女性主义者内部对于与性相关的诸多问题存在争议，但

---

[1] 在这一点上也可参考中国古代艺人遵守的原则——卖艺不卖身。

他们有一点是共同的，那就是他们都认为理想的性关系是建立在两个平等的主体之间的，是自愿而平等的亲密关系，而这也是我们理解与性相关的一系列复杂问题的基本原则。从这一基本原则出发，笔者将尝试讨论如何规范性行为。

第一，性是人类的自然需求，性满足是一件增进福祉的好事。"在身体上，长期性压抑会导致人们的机体抗病能力下降，导致性功能抑制和障碍，严重者会恶化为性淤积综合征，男性由于精液的淤积会导致充血性前列腺炎。女性会发生阴道废用性萎缩，分泌物减少或干燥，抗病能力下降，引起阴道炎、子宫内膜炎、附件炎。有的女性如在阴道干燥时偶尔进行一次性交，会导致性交痛、阴道痉挛、出血，并对性交有反感。在心理上，长期性压抑，大脑便会抑制性欲，性格会因此而改变，如性情抑郁、动辄发火等。还可能出现种种神经官能症的症状，如睡眠障碍、神经衰弱等表现。严重的性压抑还可能导致性变态。"[1] 值得注意的是，性需求虽然是人类的自然欲求，却不是必需的。与维持人类生命的衣、食、住、行等基本需求不同，性需求得不到满足，并不会影响人的生存。性需求的满足，其前提是双方的自愿，所以性不是社会分配的对象。在一个国家中，如果有人吃不上饭、上不起学，国家有责任通过再分配满足其基本需求。但是，如果一个人通过自己的合法努力找不到合适的结婚对象或性伴侣，国家没有责任为其分配伴侣。国家和政府可以做的仅仅是不要干涉个人的选择，确保恋爱自由和婚姻自由。

---

[1] 冯栀子：《性压抑带来的危害，不可忽视》，载《人生与伴侣》，2020年第10期。

第二，自愿而平等的性才是合法的。性关系不是男性对女性的统治，不是男性力量的耀武扬威，而是两情相悦、肌肤相亲。人们在和谐的性关系中体验到的是自由和平等，而不是施虐和受虐。虐恋并不是一种健康的性关系，而是人性之恶的发泄。虐恋中充斥着性暴力，可能给性关系中的弱者带来极大伤害。任何强迫的性关系都是不合法的，无论是否处在婚姻之中。性关系是否合法，不仅与自愿相关，还与年龄相关。如果年龄太小，即使是"自愿的"，也是违法行为。例如，《中华人民共和国刑法》第二百三十六条第一款和第二款规定："以暴力、胁迫或者其他手段强奸妇女的，处三年以上十年以下有期徒刑。奸淫不满十四周岁的幼女的，以强奸论，从重处罚。"也就是说，对于不满14周岁的幼女，即使她"同意"，与其发生性关系也是违法的，也被视作强奸。

性同意年龄（age of consent）是法律拟定的、个人在法律上能够对性行为做出"有效同意"的最低年龄。世界各国法律都有关于性同意的年龄规定。根据 Legal Ages of Consent By Country 网站[1]对全球201个国家和地区性同意年龄的统计，尼日利亚最低，为11岁；巴林最高，为21岁；澳大利亚为16岁；美国大部分州在16～18岁之间；韩国为19岁。性同意年龄高于14岁的有147个国家，占统计总数的73%。考虑到世界上有76%的国家将性同意年龄设定在16周岁及以上，近年来也有学者撰文建议提高我国法律对性同意年龄的设置。[2] "性同意"内涵丰富，

---

1 参见 www.ageofconsent.net/world。
2 参见姚鹏：《提高未成年人性同意年龄至16周岁》，载《中国妇女报》，2020年5月24日。

包括下述内容：（1）性同意是自由自愿的，不是在任何胁迫、操纵、酒精或药物的影响下做出的表达。（2）性行为过程中可随时表达"不同意"。（3）同意一件事不等于同意所有事。"我觉得一个女的如果答应跟一个男的单独吃饭或看电影，就是答应跟这个男的上床了。"这种理解是错误的。（4）知情同意，对于是否使用避孕措施、双方身体状况等的情况都知晓。（5）不应道德绑架，不应以"不同意就是不爱我"之类的语言进行胁迫。

第三，合法的性行为应在安全卫生的条件下进行。人类社会的历史证明，色情业的繁荣与性解放运动都会带来性病大流行。16世纪前后是欧洲性意识觉醒的时期，也是梅毒大爆发的时代。在伊丽莎白女王时期，伦敦有超过20%的人被梅毒感染。20世纪80年代，艾滋病在美国爆发。这种病最初在男同性恋之间快速传播，随着同性恋运动以及范围更广的性解放运动展开，最终波及全世界。艾滋病的传播方式包括血液传播、母婴传播，以及性传播，在男性同性恋间的感染率十分高。从1988年的汉城奥运会开始，形成了奥运会期间发放避孕套的传统，就是为了避免艾滋病的流行。因此，安全卫生是安全性行为的基本准则。

第四，最好的性是爱的体现。性是爱的最终实现，建立在平等关系上的爱，最终体现为平等的性关系。如果性关系是主动与被动、施虐与受虐的不平等关系，那么爱的关系就会失去平衡，最终导致爱的破裂。无爱之性是纯粹的欲望，无助于人性的升华。欲望的发泄只能带来空虚和无聊，而不是满足和希望，纵欲过度对健康无益。

第五，婚外性行为会带来伤害。婚姻的基础是性爱，因此，婚外性行为意味着对爱的背叛，会给婚姻中的另一方带来极大伤害。当然，现实中存在着无爱的婚姻，即使因爱结合，爱也可能逐步消退，只剩下纯粹的财产关系。然而，婚姻并非一定是爱情的坟墓。只要夫妻双方共同进步，相互欣赏，就永远会有新鲜感，爱情就不会消失。如果一方不断提升自己，而另一方原地踏步，那么，不进步的一方当然会被嫌弃。因此，我们应该改良相关的制度安排，让女性在婚后也能拥有与男性同等的自我提升的机会。没有了爱情的婚姻就像没有灵魂的空房子，失去了存在的理由，无爱的婚姻终将解体。

总之，最完美的婚恋关系是性、爱、婚姻三者的统一。然而，在现实生活中，这三者有可能发生错位和分离，出现无爱婚姻、无性婚姻、无性的爱、无爱的性、婚外性、婚外恋等各种不完美的形态。这或许就是托尔斯泰所说的："幸福的家庭都是相似的，不幸的家庭各有各的不幸。"人生总是不完美的，这可能才"完美"。然而，个人应如何选择？只要心中有爱，就不会只考虑自己。把伤害降到最低，不做过多的道德评判，这或许就是我们应该遵循的原则。

第十一章
环境保护与女性发展

自工业革命以来,人类社会进入了飞速发展的时代,社会财富激增,科技成果不断涌现。然而,这种经济增长是以掠夺自然资源、破坏生态环境为代价的。资本增长的逻辑背后是地球环境惨遭荼毒。1962年,美国科普女作家蕾切尔·卡森(Rachel Carson)出版了《寂静的春天》一书,此书以大量数据和事实揭示了过度使用农药和化肥对地球环境造成的破坏:土壤、水源被有毒化学药品污染,昆虫、鸟类、鱼类等地球生命遭到毁灭性打击。人类社会飞速发展的另一面可能是温室效应、臭氧层耗竭、酸雨、滥伐森林、土地退化、水资源滥用、珍稀动物灭绝等严重的环境问题。此书的出版唤醒了人们的环保意识,越来越多的人意识到:只有一个地球,它是目前人类在宇宙中唯一的家园。世界各地的人们纷纷成立环境保护组织,越来越多的人加入环保运动中。女性,因其与大自然的天然联系而成为环保运动的主力军,而环境保护运动不仅改变了人与自然的关系,也改变了女性自身。

女性与自然

"我们是鸟儿的蛋。鸟蛋、花、蝴蝶、兔子、乳牛、绵羊;我们是毛虫;我们是常春藤的叶子和攀墙花的枝丫。我们是女人。我们从波浪中升起。我们是瞪羚、鹿、大象和鲸,是百合花、玫瑰和蜜桃,我们是空气、火焰,我们是牡蛎和梨。我们是姑娘。我们是女人,是自然。尽管他说他听不见我们的声音。但我们却在倾听。"[1] 这段文字引自文化生态女性主义开创者苏珊·格里芬(Susan Griffin)的《女人与自然:她内在的呼号》中的"序诗"。此书虽然没有以严格论证的形式阐述其观点,但却撼动了西方文化中对于自然和女性的基本看法——女性被等同于自然,女性和自然同为被利用和掠夺的对象。在女性主义者看来,这正是随着人类社会的发展,地球的生态平衡被打破、自然资源遭掠夺、女性被不平等对待的根本原因。

回溯 2 000 多年的西方思想史,古希腊的苏格拉底占据极为重要的地位。他代表了西方学术的一个重要转向,就是从自然转向人。在西方思想传统中,苏格拉底被誉为"将哲学从天上拉回人间的第一人"。在将目光转向人类社会的同时,苏格拉底也对人与自然进行了二分。在苏格拉底之后,通过柏拉图、亚里士多德,以及众多思想家的建构,人与自然被截然分开,而文化与自然的二元划分逐渐与男人和女人的区分相对应:男人是主动的、女人是被动的,男人代表了人类的理性和文明,而女人则更接近

---

1 [美]苏珊·格里芬:《女人与自然:她内在的呼号》,毛喻原译,重庆,重庆出版社,2007年,第1~2页。

自然、肉体和欲望。男人是公共领域的公民，而女人则属于私人领域，没有资格参与公共事务。例如，亚里士多德也曾表达女性是自然的、被动的、属于私人领域的，男性是理性的、主动的、是公民等类似主张。在漫长的中世纪里，女性也一直被看作是远离神性的，与人的欲望相关。上帝的形象从来都是男性，女人不过是用男人的一块骨头做成的，她们是属于男人的私人财产。

14世纪，西方社会进入文艺复兴时期。告别了信仰时代，人类再次将目光投向自身，开始欣赏自己的身体、理性和欲望。这是一个将人"神化"的时代，对于人的解放有重要意义，但也助长了人类的自大：人成为"万物之灵"，凌驾于其他物种与生态环境之上。正如恩格斯所言："这是人类以往从来没有经历过的一次最伟大的、进步的变革，是一个需要巨人并且产生了巨人的时代，那是一些在思维能力、激情和性格方面，在多才多艺和学识渊博方面的巨人。"[1] 文艺复兴运动之后，人类中心主义逐渐占据了西方文化的主流，而人类征服自然、将其彻底"对象化"的重要步骤则是随后发生的科学革命。

16—17世纪发生在西欧国家的科学革命提倡实验验证的研究方法，将自然看作被观察、被解剖、被研究，以及被征服和利用的对象。正如《自然之死》一书作者卡洛琳·麦茜特（Carolyn Merchant）所说："16、17世纪之际，一个已有生命的、女性的大地作为其中心的有机宇宙形象，让位于一个机械的世界观，这里，自然被重新建构成一个死寂和被动的、被人类支配和控制的

---

[1] [德]马克思、恩格斯：《马克思恩格斯选集》（第三卷），中共中央马克思恩格斯列宁斯大林著作编译局编译，北京，人民出版社，2012年，第445页。

世界。"[1] 在这场智识领域的革命中,我们仿佛看到男人们高举着"理性"的大旗,在"知识就是力量"的口号中,冲向自然、女性,以及那些被看作是被动的、欲望的、肉体的存在。当培根、哈维、笛卡尔、牛顿等伟大的科学家们发表改变人类历史的学说时,欧洲的"女巫"正在被成批地残酷杀害。据统计,在15—17世纪的300年中,欧洲约有200万人因巫术被处死,其中绝大部分是女性。在这场以"祛魅"为特征的思想革命中,许多无辜的女性成了献祭的牺牲品。

人与自然的割裂在科学革命之后越演越烈。人类借助科学技术征服自然、利用自然造福人类,这样的思想观念已经深入人心。18世纪60年代,西欧国家发生了工业革命,资本主义大生产的经济增长模式不断扩张。人类社会的发展被单纯地定义为经济指标的增长,以开发和利用包含其他所有生物在内的自然为代价。大量消耗自然资源、大规模消费的资本主义生产方式,不仅造成了全球范围内的贫富不均,也给地球环境造成前所未有的破坏。1968年,罗马俱乐部的一批经济学家发表了题为"增长的极限"的研究报告。他们运用系统动力学对人口增长、农业生产、自然资源、工业生产和环境污染五大变量进行了实证性研究。该研究的结论是,假如世界人口、工业化、污染、粮食生产与资源消耗按当时的增长趋势继续下去,全球的经济增长将在100年内达到极限。[2] 毋庸置疑,以消耗资源和破坏环境为代价的经济增

---

1 [美]卡洛琳·麦茜特:《自然之死》,吴国盛等译,长春,吉林人民出版社,1999年,前言,第3页。

2 参见[美]德内拉·梅多斯、丹尼斯·梅多斯、[挪威]乔根·兰德斯:《增长的极限》,李涛、王智勇译,北京,机械工业出版社,2013年。

长模式是不可持续的。然而，要从根本上改变人类社会的发展模式，就必须彻底颠覆科学革命以来人们所持的机械的自然观，重塑人类社会的价值体系。

深层生态学是当代环保运动的理论根基。这一学说反对割裂地看待人与自然，通过揭示不同生物之间的深层联系，阐发一种整体主义的自然观。挪威哲学家阿恩·纳斯是深层生态学的创建者，他认为人与自然的区分是武断的，人、动物、植物以及周围的环境是一体的，他们之间存在着复杂的共生关系，达成生态平衡。由于不同生物之间存在着相互依存的关系，所以任何物种遭殃都会波及生态系统中的其他生物。例如，当人类大量使用杀虫剂杀死害虫时，以昆虫为食的其他生物就可能因食物缺乏而数量锐减，而有毒性的杀虫剂最终会富集到食物链顶端的人类体内，对人类的身体健康造成伤害。浅层生态学的立场是为了人类的利益而利用和开发自然。与之相反，深层生态学认为，要保持生态系统的完整性就必须改变人类与自然的关系，改变长久以来的人类文化和社会制度，重新看待人与自然。深层生态主义者主张从思想观念、政治制度、国际关系以及经济发展模式等各方面进行深层次的改革。[1] 他们强烈反对人类中心主义、生物中心主义等主张，而支持生态中心主义。他们呼唤一种后现代的生态观，主张所有生物都是平等的，其生命都是有意义的，山川河流、花鸟虫鱼都具有内在价值。仅从人类的角度去评判其他生物，留下那些对人类"有用"的生物、除去对人类"无用"的生物的做法是极

---

[1] 参见：Arne Naess, *Life's Philosophy: Reason and Feeling in a Deeper World*, Athens: University of Georgia Press, 2002.

其狭隘的。

女性主义者无疑是支持深层生态学的，因为，在她们看来，所谓人类中心主义常常表现为男性中心主义。在漫长的父权制社会中，人类对待自然的态度与男性对待女性的态度是类似的，女性与自然都被视为被动的资源，是需要征服和进行利用的对象。因此，环境问题的根源在于人类与自然的关系以及不平等的两性关系。除非引入性别视角，否则无法从根本上解决环境问题。[1]

1974年，法国女性主义者弗朗索瓦·德奥波尼（Francoise d'Eaubonne）在《女性主义，还是毁灭》一书中首次提出"生态女性主义"的概念。从那时起，许多女性主义者著书立说，阐述女性与自然的关系，并探讨人类走出环境危机的出路何在。1978年，苏珊·格里芬出版《女人与自然：她内在的呼号》，从西方思想史中寻找自然受到人类掠夺的根源。1980年，麦茜特出版《自然之死》，阐述了科学革命催生出的机械的自然观。1988年，范达娜·席瓦（Vandana Shiva）出版《为了生存：妇女、生态学与发展》，反映了第三世界国家女性在全球资本主义生产方式中成为牺牲品的处境。2000年，卡伦·沃伦（Karen Warren）出版《生态女性主义哲学》，系统阐述了该学说的理论和主张。

生态女性主义的基本观点有如下三个方面。第一，反对人类中心主义和男性中心主义，反对将自然和女性作为被掠夺的对象。生态女性主义者认为，正是因为长久以来将女性等同于自然，当作被动的、欲望的代名词，所以女性和自然才屡屡遭到掠

---

[1] 参见：J. Ann Tickner, *Gender in International Relations: Feminist Perspectives Global Security*, New York: Columbia University Press, 1992.

夺和践踏。"女性与自然、繁殖、物质、他者性被归为一类,男性与文化、生产、形式、自我性被归为一类,这是西方父权制意识形态的一部分,为贬低和践踏自然和女性寻找合理性。"[1] 因此,要在保护生态的同时提升女性地位,就必须首先在价值层面破除文化与自然、男人与女人的二元对立,改变男人看待女人和自然的方式。只有将女性视角,一种更平等地关切所有生物的视角引入环境保护中,才可能真正保护地球生态。

第二,生态女性主义者强调,在事实层面,出于三方面的原因,女性更贴近自然。一是女性和儿童更容易成为环境污染的受害者。这是因为,女性和儿童的身体相较于成年男性更脆弱,他们对于环境污染更敏感。尤其是在女性怀孕期间,环境的细微变化都可能引发胎儿发育中的各种问题。例如,1984年,美国一家农药厂在印度博帕尔发生氰化物泄露。事故造成2.5万人直接死亡,55万人间接死亡,另外有20多万人永久残废。此后,该地区的儿童夭折率、孕妇流产率和居民患癌率长期高于印度的其他地区。二是贫困地区的女性大多从事农业生产工作,例如,我国农村有4.8亿妇女,70%的家庭种植和养殖业是由妇女承担的。她们是距离土地最近的人,也常常是受环境污染影响最大的人群。三是女性在抚养儿童的过程中更容易察觉到环境污染,也更关心环境污染。

第三,女性与自然之间的联系是先天的,还是社会建构的?对于这个问题,女性主义者内部也存在分歧。反本质主义者认

---

[1] James P. Sterba, Janet A. Kourany and Rosemarie.Tong, *Feminist Philosophies: Problems, Theories and Applications*, Englewood Cliffs, NJ.: Prentice Hall, p. 451.

为，女性与自然之间并没有先天的联系，女性更接近自然是一种文化建构。要保护生态、提升女性地位，就必须破除这种人为的建构。相反，主张女性优于男性的女性主义者则认为女人的天性更接近自然，对环境抱有更多的关怀。文化生态女性主义者发掘出古老神话中关于大地母亲的隐喻，试图通过恢复以女神、月亮、动物和女性生殖崇拜为中心的古代仪式来颂扬女性与自然的联系。一些女性主义者还表现出"仇男"的倾向，例如，乔安娜·拉斯（Joanna Russ）在《雌性男人》一书中描写女性通过战争的形式反抗男性的统治，并借助单性繁殖技术最终摆脱对男性的依赖，建立女性的乌托邦。[1] 莎莉·米勒·吉尔哈特（Sally Miller Gearhart）《奇境：山上女人的故事》一书中，"山上女人"居住在没有男人的山坡上，过着自给自足、美满幸福的生活，她们对压迫女人的"城市男人"深恶痛绝。

值得一提的是，深层生态学的发展也引发了关于"动物权利"的讨论，并激发了世界各地的动物解放运动。1975年，澳大利亚学者彼得·辛格出版《动物解放》一书，拉开了动物权益保护运动的序幕。辛格指出，不能仅因为动物无法主张自己的权利就忽略它们的利益，这是一种物种歧视，与性别歧视和种族歧视一样，都是应该反对的。生态女性主义者吸收了动物解放运动的精神，反对人类中心主义，寻求所有生物的生存权利，并由此导向了素食主义。在许多女性主义者看来，人类对待动物的残忍方式与男性对待女性的方式是类似的，人类屠宰动物与压迫女性有着共同的统治逻辑。卡罗尔·J.亚当斯（Carol J. Adams）在《肉

---

[1] 参见：Joanna Russ, *The Female Man*, New Jersey: Gregg Press, 1977.

的性别政治：女性主义——素食主义批评理论》一书中指出，"肉"指的是加工处理过的肉质食品，而将活体动物当作"肉"是将生命客体化、物化的过程，将动物生命"肉化"与将女性"物化"之间存在着天然的交叠。为了抵制将动物"肉化"，"吃素"成为许多女性主义者的选择。女性文学往往将女性描绘为有完整人格的个体，生态文学则赋予自然以人性。

将女性主义与动物保护结合起来的理论探讨还有：布雷兹·哈珀（A. Breeze Harper）的《西斯塔的严格素食者：黑人女性严格素食者论食物、身份、健康与社会》、丽莎·凯默勒（Lisa Kemmerer）的《姐妹物种：女人、动物与社会正义》、卡罗尔·亚当斯（Carol J. Adams）和罗莉·格伦（Lori Gruen）的《生态女性主义：女性主义与其他动物及地球的交叠》，以及劳拉·赖特（Laura Wright）的《严格素食研究计划：恐怖时期的食物、动物、性别》，等等。韩国女作家韩江（韩语한강，英语Han Kang）的小说《素食者》在2016年获得布克国际文学奖，此书生动地描写了吃肉对女性心理的影响。在这些女性主义者看来，对动物的杀戮，满足了男人对女人虐待、剥削、贬低的快感。当然，也有许多批评者指出，杀戮动物与虐待女性之间的相关性是虚构的，人类吃肉并不必然导向对女性的压迫与掠夺。事实上，大部分女性也是爱吃肉的。

加入环保运动

深层生态学与女性主义的结合不仅丰富了环境保护的理论，

也激发了更广范围的环境保护运动,而女性群体在这些运动中发挥着重要的作用。1962年,《寂静的春天》一书的出版唤醒了人们的环保意识。20世纪70年代,全球性环境保护运动兴起。1970年4月22日,美国哈佛大学法学院学生丹尼斯·海斯发起保护环境的活动,很快得到美国各界人士响应。这是第一次由民众开展的大规模环境保护运动。为纪念此次运动,联合国将4月22日定为"地球日"。

1972年,联合国人类环境会议在瑞典斯德哥尔摩召开,这是国际社会就环境问题召开的第一次世界会议,正是从此时开始,人们意识到环境问题不再是某一国家的问题,而是关乎所有人的全球性问题。在这次会议上,英国女经济学家芭芭拉·沃德(Barbara Ward)与其同事勒内·杜博斯共同提交了题为《只有一个地球:对一个小小行星的关怀和维护》的报告,成为此次大会的理论纲领。该报告的主要思想被写进了此次会议中由113个国家的政府代表和民间人士共同签署的《联合国人类环境宣言》。该宣言达成了7点共同看法和26项原则,指出"为了这一代和将来的世世代代的利益,地球上的自然资源,其中包括空气、水、土地、植物和动物,特别是自然生态类中具有代表性的标本,必须通过周密计划或适当管理加以保护"[1]。

1985年,联合国第三次世界妇女大会在肯尼亚首都内罗毕召开,通过了旨在提升女性地位的《到2000年提高妇女地位内罗毕前瞻性战略》,该战略将女性发展与环境保护结合起来,强调要

---

[1] 参见:Burns H. Weston and Jonathan C. Carlson, "Stockholm Declaration of the United Nations Conference on the Human Environment (16 June 1972)", *International Law & World Order*, 2014.

求各国政府加大环境保护的力度，推动可持续发展，根除女性贫困。这次会议揭开了全球妇女环保运动的序幕。1987年，世界环境与发展委员会主席、挪威前首相格罗·哈莱姆·布伦特兰（Gro Harlem Brundtland）做了题为"我们共同的未来"的报告，第一次提出"可持续发展战略"，成为此后经济发展的新目标。

1992年，首届联合国环境与发展大会（又称地球首脑会议）在巴西里约热内卢召开。这是继1972年斯德哥尔摩会议之后规模最大的一次国际环境会议，有178个国家代表团，70个国际组织代表参加了会议，有102位国家元首或政府首脑到会讲话。该会议不仅签署了《联合国气候变化框架公约》和《联合国保护生物多样性公约》，还通过了《里约环境与发展宣言》（又称《地球宪章》）、《21世纪议程》和《关于森林问题的原则声明》三项文件。其中，《21世纪议程》指出妇女在自然资源的管理中起着关键作用，可持续发展、消除贫困以及性别平等之间存在着紧密联系。此后，1993年在维也纳召开的第二次世界人权大会、1994年在开罗召开的国际人口与发展大会、1995年在哥本哈根召开的社会发展问题世界首脑会议，以及1995年在北京召开的第四次世界妇女大会都延续了"自然·女性·发展"的主题，使环境保护与性别平等成为相互关联的重要议题。

世界范围内的环保运动中涌现出许多杰出的女性领导者和参与者。1977年，肯尼亚妇女旺加里·马塔伊（Wangari Maathai）成立了"绿带运动"（Green Belt Movement）的基层环保组织，该组织与非洲大陆日益猖獗的砍伐森林现象做斗争，协助妇女及其家庭在非洲种下了超过4 000万棵树，并为1万名非洲妇女提供了工作机会。马塔伊也因此获得2004年诺贝尔和平奖。

1973年，印度喜马拉雅山区的经济发展导致原始森林被大量砍伐，当地妇女沿袭了甘地非暴力不合作的斗争方式，用抱住大树的方式阻拦砍伐。契普克运动开始作为农民和妇女的森林权利运动出现，该类运动成功向政府索赔了所受损失，政府承诺在10年内禁止伐木。许多妇女参与了这项环境保护运动，成功保护了5 000平方公里的森林。

20世纪80年代，英国女性进行了反对北约在欧洲部署美国核武器的和平运动，母亲和平协会、曼彻斯特妇女和平运动、牛津母亲核裁军协会、宝宝反核协会、家庭反核协会、妇女反核协会、妇女和平协会等女性组织参与其中。他们进行了大规模的游行和静坐示威，以及包围导弹基地等抗议活动。1981年8—9月，生态女性主义团体妇女求生协会（Women for Life on Earth）组织抗议者从加的夫游行到格林汉姆公地，并在格林汉姆安营扎寨，以表达其坚定的决心。1982年12月12日，来自英国和其他欧洲国家的约30 000名妇女手拉手，组成一条长链，将整个基地包围起来。她们甚至翻越栅栏，推倒电线。一些妇女被罚款，还有一些妇女被当地政府逮捕送进了监狱。格林汉姆妇女和平营地事件引发媒体的广泛关注，但并没能阻止北约按计划部署美国导弹。

1980年，在生态女性主义者的推动下，德国绿党在德国西南部的巴符州卡尔斯鲁厄成立，这是世界上较早的绿党。该党的宗旨是：生态、公益、基层民主和非暴力。目前，绿党已成为德国政坛第三大党。

我国是积极推进环境保护的国家，中国女性也在环保运动中做出了巨大贡献。1980年，中国政府将环境保护定为基本国策。1992年，中国政府做出了履行联合国《21世纪议程》等文件的庄严承诺,承诺对妇女团体和妇女兴办的环保项目给予扶持。1994年,首届"中国妇女与环境会议"在北京召开,会议发表了《中国妇女环境宣言》。宣言指出:"保护环境是全人类的共同事业,也是妇女应尽的义务,有必要对妇女运动的发展战略和妇女解放思想进行变革和充实,以期建立符合人类社会现代文明思想和可持续发展的道德观念、价值标准和行为方式,为当代及后代人的生存和发展创造更加有利的条件。"[1] 近年来,我国更是完善了环境监测的各项指标,健全了环境保护相关的法律法规,通过大面积的植树造林缓解了土地的荒漠化,通过减少碳排放、大气治理等措施大幅提升了空气质量。正如习近平总书记所说,"绿水青山就是金山银山",我国在最大限度上协调了经济发展与环境保护。党的十八大以来生态环境保护成效综述指出:"2022年,全国地级及以上城市空气质量优良天数比例达86.5%,重污染天数比例首次降到1%以内;水环境质量发生转折性变化。2022年,全国地表水水质优良断面比例升至87.9%;……截至2019年的10年间,我国荒漠化、沙化土地面积分别净减少5万平方公里、4.33万平方公里。"[2]

在政府大力推进环保议程的同时,中国女性也踊跃参与环境保护,涌现出许多女性环保达人。1985年起,陕西农村妇女牛玉琴以家庭承包的形式在毛乌素沙漠南部沙区种草种树,治沙绿化,自垫资金800万元,向国家贷款200万元。在其带动下,1 904户家庭在毛乌素沙漠南缘植树2 800万棵,将11万亩沙漠

---

[1] 引自《中国妇女环境宣言》,载《环境保护》,1994年第8期。
[2] 参见《写在绿水青山间的答卷——党的十八大以来生态环境保护成效综述》,https://www.gov.cn/yaowen/liebiao/202307/content_6892605.htm。

的林草覆盖率提升至80%。牛玉琴先后获得中国"十大女杰"、全国三八红旗手、全国劳动模范等荣誉称号,并于1993年被联合国授予"拉奥博士奖"。《绿色消费》一书的三位作者——王栋、张丽芳和萧柃组建了"绿色工作室",提出了"绿色生活"的理念,唤醒人们在日常生活中的节能环保意识。女性是家用消费品的主要购买者和使用者,由此,她们在日常家务劳动中能潜移默化地改变浪费资源和破坏环境的生活方式,提升全社会的节能环保意识。这也充分展现了女性主义者"个人的即政治的"这一主张,每个人在私人领域的行为方式都将对公共事务乃至整个地球环境产生重要的影响。

2004年夏天,民间环保组织北京地球村环境文化中心的负责人、著名的女性环保志愿者廖晓义组织倡议发起"26℃空调节能行动",号召北京的宾馆、饭店、商场、办公室等公共场所,以及个人消费者在每年6月之后的三个月内将空调设定为不低于26℃,冬天则尽可能将空调调至18℃。这一行动得到许多人的响应,夏天空调不低于26℃也慢慢成为全社会的共识。总之,通过积极参与环保运动,女性群体成功地进入公共领域,成为左右人类发展方向的一股新鲜力量,为人类社会的发展和地球家园的保护做出了巨大贡献。

经济发展与女性能力

生态环境遭到破坏的重要原因是人类社会强调经济增长的发展模式。在人们接受深层生态学的自然观之前,传统的经济增长模式以耗费资源、破坏环境为代价。第三世界国家的劳动者深陷贫困之中，往往成为经济发展的牺牲品。联合国从20世纪60年开始，连续实施了四个"发展十年国际发展战略"。发展理念逐渐演变：经济增长、社会福利（消除贫困）、分配公正、人的能力的全面发展。1972年，"可持续发展"理念在瑞典斯德哥尔摩举行的联合国人类环境会议上第一次提出，1987年在挪威前首相布伦特兰题为"我们共同的未来"的报告中得到深入阐述。从20世纪80年代开始，一些经济学家和哲学家开始重新思考何谓"发展"。他们批评了将发展简单理解为经济增长的"GDP崇拜"，剖析了"有增长、无发展"的原因，例如贫富不均、政治动荡、环境压力等，并尝试调整度量经济发展的指标体系，以期提出能够平衡环境保护、性别平等和经济增长的更好的评价指标。其中最具影响力的是印度经济学家阿马蒂亚·森等学者提出的能力学说。这一学说聚焦人的能力发展，将人的能力作为度量社会发展水平的指标。1990年，联合国开发计划署（UNDP）以能力学说为基础创立了人类发展指数，该指数以预期寿命、教育水平和生活质量三项指标来衡量不同国家的人类发展水平。

　　阿马蒂亚·森是1998年诺贝尔经济学奖得主。他不仅在经济学领域做出了杰出贡献，而且在有关社会分配的政治经济学和哲学领域也颇有建树。他深受罗尔斯以来当代契约论路径社会正义研究的影响。但是，作为一个福利经济学家，他又试图捍卫边沁开创的功利主义学说，以及经济学之父亚当·斯密的诸多观点。因此，在当代政治哲学的研究中，森提出了许多独特而颇具现实意义的主张。在1979年的泰纳讲座中，森讨论了一篇题为

"什么样的平等"[1]的文章,第一次提出了以"可行能力"平等为基础的构想。1988年,森与玛莎·努斯鲍姆(Martha Nussbaum)一起组织了一次有关生活质量之恰当度量的会议,并于1993年出版了会议论文集《生活质量》。在这本书中,森和努斯鲍姆借鉴亚里士多德关于人类繁兴的讨论创立了分配正义学说中的能力路径,以可行能力代替过去以收入和福利对人们生活质量做出的评价。

在森的工作的基础上,努斯鲍姆尝试将女性能力与社会发展的度量结合起来。她系统考察了印度女性的生活状况,并列出了10种"核心人类能力":(1)生命(能活到正常人类寿命的尽头);(2)身体健康(良好的健康状况、营养充足,有足以容身的居所);(3)身体的完整性(能抵御攻击,包括性侵犯、儿童性虐待以及家庭暴力);(4)感知、想象和思考(能够想象、思考和说理,通过充分的教育,包括识字、基础的数学训练和科学训练等,变得懂道理、有教养);(5)情感(能够去爱,去悲伤,去体验渴望、感恩和合理的愤怒);(6)实践理性(能够形成一种善观念,能够对自己的人生计划予以批判性反思);(7)依附(能够与他人亲密生活在一起,并拥有自尊和不受羞辱的社会基础);(8)其他物种(能够关怀动物、植物和整个自然界);(9)玩耍(能够欢笑、玩耍、享受娱乐活动);(10)控制自身所处的环境(包括政治环境和物质环境,能够有效参与主宰个人生活的政治决策,能够有实质性的机会拥有财产,拥有与他人同等的财

1　Amatya Sen, "Equality of What?", in S. McMurrin(ed.), *Tanner Lectures on Human Values*, Cambridge: Cambridge University Press, 1980, pp. 195-220.

产权、择业权，以及免于无正当理由的搜查和扣押的自由。）[1]

努斯鲍姆认为，上述能力清单可以通过罗尔斯在《政治自由主义》一书中所说的"重叠共识"推导出来。所谓"重叠共识"指的是："人们可以将这一观念当作政治观念之独立的道德核心来认同，而无须接受任何特定的形而上学世界观、任何特定的整全性的伦理或宗教观念，甚或任何特定的人的观念或人性观念。"[2]也就是说，人们不需要对人性做出任何特殊的假定，也不需要认同任何特殊形式的社会或者宗教，仅从政治层面就能推导出一个人类核心能力的清单。人类核心能力清单与任何人性假设相协调，也适用于任何形式的社会和宗教传统。在努斯鲍姆看来，能力清单的道德基础不在于任何形而上学的预设，而在于人们在政治领域的一个基本直觉：某些人类能力在道德上要求加以发展，即那些从伦理观点看有重要价值的人类能力。[3]同时，这是一个开放的清单，随时可以修正或补充。

努斯鲍姆认为，清单中所列的这十项能力中的每一项都是至关重要的。对于人们不会丧失人类尊严的生活来说，它们是"人类生活所必需的能力"，是能力的"阈值"。人们不能以增大其中某项的方式来减少或去除另一项。人们实现相应的功能集的要求产生了相关的社会义务和正义义务。国家和政府应采取具体的政策和措施为所有人提供实现相关功能的社会基础。例如，对于第9项"玩耍"来说，在某些社会中，女性的传统角色要求她们从

---

1 参见［美］玛莎·C.努斯鲍姆：《女性与人类发展——能力进路的研究》，左稀译，北京，中国人民大学出版社，2020年，第64页。
2 同上书，第62页。
3 参见上书，第66页。

很小就开始承担家务劳动,女孩们无法像同龄的男孩子那样玩耍嬉戏。因此,能力路径向这样的社会提出要求,应转变对女性角色的定位,将她们从家务劳动中解放出来,让她们拥有更多闲暇时光,为她们实现"玩耍"这一功能提供社会基础。如努斯鲍姆所言:"任何将公民推至某个核心能力领域门槛标准之下的抉择都存在一种悲剧性的面向。"[1]

努斯鲍姆主张一种"最低限度的正义理论"(minimal theory of justice),即,任何文化或宗教传统中的社会都应向其公民提供保证核心能力阈值的资源和相应的制度保障,这是社会正义的要求,而在阈值之上的不平等状况则与正义无关。值得注意的是,努斯鲍姆并不主张能力路径的目标是实现所有功能的发挥。她举例说,一个自愿进行斋戒的苦行僧可能缺乏营养。他没有实现"营养充分"这一功能,但并不能由此得出结论——其所处的社会没有尽到相应的义务以满足其能力的阈值。努斯鲍姆论述道:"就成年公民而言,能力而非功能发挥才是恰当的政治目标。这是因为能力路径赋予实践理性非常重要的意义。"[2]也就是说,社会尽到义务保证各种核心能力的阈值,而个人则可以根据自己的善观念而选择实现哪些功能组合。就像在上述例子中,苦行僧是斋戒,而不是挨饿,斋戒所导致的营养不良是他自愿选择的,并不是由于社会的不正义造成的。

有学者认为,努斯鲍姆的正义理论类似于一种普世的人权理论。在这一问题上,努斯鲍姆认为,能力学说是优于人权学说

---

1 [美]玛莎·C.努斯鲍姆:《女性与人类发展——能力进路的研究》,左稀译,第65页。
2 同上书,第69页。

的。第一，传统的权利学说中存在许多含混之处。例如，权利是先于政治的，还是法律和制度的产物？权利是属于个人的，还是属于集体的？权利是人们追求目标时的行动的边界约束，还是人们追求的目标本身？某人的权利是否意味着其他人的相应责任？等等。自从权利学说诞生以来，这些理论问题就一直困扰着人们，使得以权利学说或人权理论来讨论正义问题变得困难重重。努斯鲍姆认为，在许多情况下，讨论权利的最佳方式就是将其视为综合能力。第二，从能力角度能够更准确地考察人们是否实质性地拥有相应的权利。例如，法律规定女性有外出工作的权利，但如果一个女性外出工作就会受到暴力威胁，那么她实际上并不拥有这项权利。第三，在涉及财产和经济利益的问题时，能力分析着眼于人们实际上能够怎样生活，这样就更容易找到为经济地位处于弱势的社会成员进行补助的理由。例如，穷人和富人同样拥有财产权，以权利话语很难找到补助穷人的理由。但是，如果我们将目光转向"能力"，富人有能力周游世界，而穷人连看一场电影的能力都没有。这时，我们就可能为"最低工资""最长工作时间""失业补助"等这样的制度设计找到恰当的理由。第四，相比权利话语，能力话语不会与某个特殊的文化或历史传统紧密关联，这使得能力学说具有更大的普适性。权利学说起源于西方，虽然在其他文化中也能发现权利的因素，但其解释力总会受到文化背景的影响。在这一点上，能力学说是更加包容的。也正是在这个意义上，努斯鲍姆将自己的能力学说称为"最低限度的正义"，亦即任何文化和宗教传统的社会都应实现的最低限度的正义。总之，努斯鲍姆的能力学说突显了女性能力与社会发展之间的紧密联系。这一学说将人类核心能力的发展作为社会正义的底线要求，扭转了人们对经济增长的无限渴求，为生态保护和提升女性地位做出了贡献。

综上所述，在人类社会的文化传统中，女性是更贴近自然的。这一隐喻似乎注定了女性与自然的共同命运。16—17世纪的科学革命掀起了人类征服自然的浪潮。以机器大生产的方式开发和利用自然，这一方面带来了经济的飞速增长，另一方面也导致了贫富分化和环境恶化。只有从根本上改变人类的自然观，改变对待女性和对待自然的态度，敬畏自然、尊重女性，才可能保护地球生态环境，而女性在这一过程中做出了不可忽视的巨大贡献。

第十二章
国际关系中的女性角色

女性，作为全人类的一半，其相关议题必然是跨越国界的。有许多女性主义者认为，全世界的女性应该联合起来，以她们的才能和关切重塑国际秩序，减少人类社会的战争和苦难。1907年8月17日，15个国家的妇女代表在德国斯图加特城召开第一届国际社会主义妇女大会，这次会议是国际妇女运动的标志性事件。大会奠定了各国妇女为反压迫、反战争而共同斗争的基础，成立了国际民主妇女联合会，并推举德国妇女运动的杰出领导人克拉拉·蔡特金（Clara Zetkin，1857—1933）为联合会书记处书记。1910年8月，由17国代表参加的第二届国际社会主义妇女大会在哥本哈根举行，大会讨论了反对扩军备战、男女同工同酬、保护童工等问题。蔡特金提议将每年3月8日作为国际劳动妇女节，此后逐渐成为世界各国妇女争取平等权益的重要节日，蔡特金也因而被誉为"国际妇女运动之母"。消除性别不平等、反抗剥削与压迫、反对战争、保护生态环境等议题是国际妇女运动的主题。20世纪以来，越来越多的女性开始在国际舞台上崭露头角，国际关系学研究中也出现了女性主义国际关系理论。这些成就不仅改变了女性在国际关系领域的地位和角色，也重新塑造了全球秩序，改变了人类的未来。

女性：国际关系的配角？

在传统社会中，女性角色被局限于私人领域。女人通常待在家中，伺候丈夫，照顾孩子。国际领域是最高一级的公共领域，女性连国内的公共领域都很难涉足，就更别提进入国际领域了。然而，事实并非如此。从古至今，有许多国际问题都与女人息息相关，并非只是男人的事。

第一，战争与和平被视为国际关系的核心问题，而女性与战争有着深刻的联系，女性在战争中发挥的作用以及受到的伤害都不亚于男性。西方古代最著名的战争之一，特洛伊之战，就是因美女海伦而起。这虽然只是一个传说，但却揭示了女人与战争之间的深刻联系。女人与战争的关系可以归纳为下述三个方面：

（1）女人在战争中发挥着重要作用。东西方文化中都有关于女战士的故事，东方有花木兰替父从军、穆桂英挂帅；西方有亚马逊女战士[1]、圣女贞德，而希腊神话中的女神雅典娜也是战神。许多女性都曾走上战场：一战期间，英国成立了皇家女子空军，

---

[1] 西方传说中的"亚马逊女战士"原型是公元前8—前3世纪活跃于中亚大草原上的斯基泰女战士。

美国有 1.3 万名女性加入了海军、海军陆战队和海岸警卫队。二战中，中国女性在抗日战争中做出了巨大贡献，她们在抗日根据地组建了妇女自卫军，发展到 158 万人的规模。二战结束后，一些国家将女性入伍制度化。例如，以色列 1969 年颁布的《兵役法》规定，18~26 岁的女性有服兵役的义务，而世界各国也都有女兵。当然，大部分女性都不会直接上战场，但在战争期间，她们将承担起维持整个社会运转的大部分工作，为前线战事提供可靠的后勤保障。这些工作包括：军工武器的生产、粮食生产、伤员救治、慰问前线战士等等。这方面最典型的例子是一战期间的英国妇女。在战争期间，女人们纷纷走出家门从事各类工作，其中包括警务、造船、军工、战地救护等，甚至女子足球等女性体育运动也是在一战中发展起来的。可以说，在人类社会历次重要的战争中，女性都发挥了不可或缺的作用。

（2）女性形象增强了民族认同，战争成为保卫祖国母亲的必要手段。在世界各民族的文化传统中，女性总是和民族、国家的认同相关。人们通常将爱国与爱自己的母亲联系起来。在国家危难、外敌入侵之际，男性天然的保护欲被激发，他们组织起来走向战场。"保卫母亲、妻子和儿女"，成为最有效的战争动员。贯穿俄罗斯民族历史的"俄罗斯母亲"形象就是一个鲜明的例证，它成功激发"俄罗斯儿子们"的英勇斗志和男子汉气概。战士们无怨无悔地走向战场，甚至献出自己的生命。[1]

（3）女性是战争的受害者，女性在战争中可能失去生命、家

---

[1] 参见王海娟：《"俄罗斯母亲"在战争中的形象与作用》，载《俄罗斯东欧中亚研究》，2016 年第 1 期。

园、亲人、财产，还可能沦为性暴力的受害者。军人与平民的死亡人数之比在一战时为20∶1，而二战时为1∶1。在第二次世界大战之后的现代战争中，平民的死亡人数甚至大大超过军人，而平民中绝大部分为女性和儿童。人们即使在战争中保住了性命，也往往失去亲人和家园。由此，妇女和儿童也是难民的主要组成部分。依据联合国妇女发展基金会2002年发布的《世界妇女发展报告》，在2001年，全世界有4 000万人因战乱而失去家园，1 200万人成为难民，而这些难民中的80%是妇女和儿童。[1]近几年来，由于俄乌冲突和巴以冲突等局部战争爆发，难民数量激增，截至2022年5月，全球难民及国内避难民众等总数已经超过1亿人。[2]另外，战争还与强奸有着深刻的联系。在父权制社会中，女性被看作男性的财产，而女性的贞洁是财产保护的最后防线，被视为最后的国界。因此，战争中的一方会将强奸另一方的妇女作为一种战斗方式，甚至是庆祝胜利的狂欢。许多战争中都曾发生过大规模的、有组织的强奸。一战期间，德国入侵法国，曾强奸当地妇女；20世纪90年代的波黑战争中，波斯尼亚有2万名以上穆斯林妇女遭到强奸；1994年，在卢旺达种族灭绝行动中绝大多数幸存妇女遭到强奸。[3]在这一问题上最臭名昭著的，则是日本在二战期间强迫各国妇女充当日军性奴隶的"慰安

---

[1] 参见：Elisabeth Rehn and Ellen Johnson Sirleaf, *Progress of the World's Women 2002: Volume 1 Women, War, Peace*, UNIFEM, 2002.

[2] 参见《联合国难民署：全球难民及国内避难民众等总数首次超过1亿人》，https://www.guancha.cn/internation/2022_05_23_641022.shtml.

[3] 参见李英桃、胡传荣主编：《女性主义国际关系学》，杭州，浙江人民出版社，2006年，第105页。

妇制度"，包括中国（含台湾和香港地区）、朝鲜半岛、缅甸、东帝汶、马来西亚、泰国、越南、日本的妇女，以及少量在亚洲的西方妇女在内的数十万名女性，遭到了日军的残忍对待。[1]

第二，女性不仅与战争有着千丝万缕的联系，还是全球经济体系中的重要一环。在全球经济一体化的过程中，国际资本不断扩张，一方面掠夺欠发达国家的资源，破坏地球生态环境，另一方面剥削欠发达国家的劳动者，而第三世界国家的妇女则成为被剥削和被压迫的主要对象。在不计其数的血汗工厂里，妇女们在恶劣的工作环境中承受着高强度劳动、低工资和失业压力。漂洋过海的"洋垃圾"也从发达国家被运往发展中国家，许多农村贫困女性以处理洋垃圾为生，而孩子们则在堆积如山的垃圾上玩耍。截至2017年，中国是全球最大的洋垃圾进口国。据联合国统计数据显示，1995—2016年的20余年里，我国每年的洋垃圾进口量从450万吨增长到近4 500万吨，仅2016年我国就接收了世界上56%的出口洋垃圾，全国各地都设有专门的洋垃圾回收机构和场地。2017年7月，国务院办公厅印发《关于禁止洋垃圾入境推进固体废物进口管理制度改革实施方案》，提出2017年年底前全面禁止进口环境危害大、群众反映强烈的固体废物。[2]在我国拒收洋垃圾之后，印度成为西方国家洋垃圾的最大接收国。

伴随着全球化进程的不仅有环境污染和资源耗尽，还有女性群体的贫困化和底层化。全球化虽然给欠发达国家和地区的女性

---

[1] 参见［澳］乔治·希克斯：《慰安妇》，滕建群译，北京，新华出版社，2002年。

[2] 参见熊昊钰、杨巍、汪俊时、张如月：《我国禁止进口洋垃圾对全球固体废物处理的影响研究》，载《工业安全与环保》，2022年第11期。

提供了许多就业岗位，但她们也付出了大量的无酬劳动和底薪劳动，国际性别分工加深了对女性的剥削。"占世界人口50%的妇女的收入仅占全球收入的1/10，对财富的拥有还不到全球财富的1%，而且，世界各地妇女比男子所从事的工作普遍更加辛苦。"[1] 女性就业还经常为小时工、季节工、临时工、外包等非正规经济形式，这虽然减轻了跨国公司在员工劳动保障方面的负担，但加剧了女性生活的困境。

第三，女性是全球色情产业、性旅游以及人口贩卖的受害者。兴盛于15—18世纪，由西欧和北美国家主导的大规模奴隶贸易是人类历史上的耻辱。18世纪末到19世纪初，西方国家先后禁止了奴隶贸易，但针对女性的全球性人口贩卖在19世纪仍然盛行。奥古斯特·倍倍尔曾在《妇女与社会主义》一书中痛斥人贩子将德国女性卖到全世界，其中一条路线是：从德国汉堡出发前往南美洲，一些人被卖到巴西的里约热内卢，大部分被送到巴西的布宜诺斯艾利斯和乌拉圭的蒙得维的亚，少部分人穿过麦哲伦海峡，被送到智利的瓦尔帕莱索。另一条路线是：经英国，直接运往北美洲，再到美国密西西比河下游的新奥尔良市、得克萨斯州或加利福尼亚州等地。[2]

在经济一体化的全球化大背景下，一些见不得光的全球性犯罪活动也日益猖獗。在一些研究者看来，当代世界隐藏着一个比几百年前的大西洋奴隶贸易规模更大的人口贩卖链条，这一黑色链条与色情产业、性旅游联系紧密。无辜的女性被绑架、蒙骗，

---

[1] 李英桃、胡传荣主编：《女性主义国际关系学》，第254页。
[2] 参见[德]奥古斯特·倍倍尔：《妇女与社会主义》，葛斯、朱霞译，第185页。

从罗马尼亚、乌克兰、尼日利亚、菲律宾、泰国，被输送到德国、以色列、荷兰、意大利，而东南亚的缅甸、越南、老挝、柬埔寨、泰国边境地区则是贩卖女性的重要中转地。许多女性在这里失踪，被送往世界各地的红灯区，成为妓女或性奴。殴打、强奸、喂药等等针对女性的暴力无所不用其极。当前，贩卖人口虽然受到各国政府的严厉打击，但是在"暗网"等技术手段的加持下，仍然有许多无辜的女性和儿童惨遭毒手。据亚洲打击拐卖妇女儿童犯罪大会资料，全球每年约有100万~200万妇女儿童被贩卖，其中亚洲地区就有25万妇女儿童遭受非法贩卖的厄运。[1]

无辜女性惨遭折磨的另一面是一些人的暴富与经济增长。"以'性旅游'闻名全球的泰国，2017年就有近23万人从事'风俗服务'工作，创收高达1 638.39亿泰铢。在荷兰，性产业持续增长。20世纪的最后十年，荷兰的性产业增长了25%，且在21世纪初占据了国民经济的5%。德国有'欧洲妓院'之称。2013年，德国有40万名妓女，每天卖淫次数达120万次，年交易额约为145亿欧元。"[2] 女性成为这一黑色产业链的最大受害者。依据联合国的统计数据，每10个被发现的人口贩卖受害者中，约有5个成年女性，2个未成年女孩。受害者里，有53%的人被迫卖淫，或沦为性奴。[3] 从上述三方面来看，女性不仅与人类社会

---

[1] 参见祝燕涛、孙劲峰：《国际拐卖犯罪新动向》，载《人民公安》，2000年第12期。

[2] 引自《靠性交易支撑经济，这个国家的女性在消失》，https://baike.baidu.com/tashuo/browse/content?id=3e534ed0744f6346fa54282b。

[3] 参见《靠性交易支撑经济，这个国家的女性在消失》，https://baike.baidu.com/tashuo/browse/content?id=3e534ed0744f6346fa54282b。

的公共事务相关，而且与最高一级公共领域中的国际事务息息相关。依据弗雷泽提出的"所有人受影响的原则"，受到某一秩序影响的所有人都有权利对秩序建构提出自己的意见，对于战争、和平、发展、贸易、国际犯罪等关乎人类命运的重要议题，女性理所当然有发言权。在国际妇女运动的进程中，许多女性勇敢发出自己的声音，尝试为国际关系研究提供新的视角和理论。

什么是"女性主义国际关系学"？

"（国际关系学）自学科建立以来，一直是一个社会性别盲视（gender blindness）的领域，看不到性别因素在国际关系中的作用，忽视了女性主义思想的重要性。到20世纪80年代，传统上以男性为主导的国际关系学受到很大冲击，国际关系研究已经不可能继续长期无视社会性别因素的影响了。女性主义国际关系学正是在这种背景下发展起来的。"[1] 女性主义中的各流派都阐发了与国际关系相关的理论和观点，其中包括自由主义女性主义、社会主义女性主义、马克思主义女性主义、生态女性主义、激进女性主义、后现代女性主义、第三世界女性主义，等等。因为这些流派的划分并不严格，而被看作不同流派的女性主义者之间的观点也有交叉和重叠，所以本书并不以流派划分的方式讨论相关主张，而是综合各派观点，重点讨论那些对国际关系研究造成巨大影响的女性主义观点，以期反映女性主义理论对重塑国际关系

---

[1] 李英桃、胡传荣主编：《女性主义国际关系学》，第3页。

发挥的重要作用。

第一，过去的国际关系学理论、方法和路径都是男性视角的，强调冲突与暴力，将国际关系局限于"安全"与"战争"等"高政治"（high politics）问题，忽视了环境、贫困、性别平等、女性发展等"低政治"（low politics）问题。女性主义者则认为，女性因其照顾家人的体验而更关怀弱小，更接近战争中人们所遭受的苦难，因此她们比男性更爱好和平，较少具有侵略性。要从根本上改变国际关系的研究范式，就必须引入女性视角，以女性的生活经验改造国际关系的基本格局。

长期以来，现实主义理论在国际关系研究中一直占据主导。这一思想源自文艺复兴时期的马基雅维利，启蒙时代在英国政治思想家托马斯·霍布斯那里得到加强，二战后汉斯·摩根索出版《国家间政治：权力斗争与和平》一书，对国际关系领域的现实主义进行了全面而深入的阐述。摩根索在书中提出了著名的"现实主义六原则"：将权力作为政治斗争的终极目标，国家凭借权力维护自身利益，任何国家都不能以本国之道德标准约束其他国家；对权力的追逐是超越道德约束的，为了维护国家利益可以无视道德原则。[1] 女性主义者对现实主义国际关系理论的反击始于J.安·蒂克纳（J. Ann Tickner），她发表了《汉斯·摩根索的现实主义六原则》[2] 一文，逐条反驳摩根索提出的六条原则。蒂克纳指

---

[1] 参见［美］汉斯·摩根索：《国家间政治：权力斗争与和平》，徐昕、郝望、李保平译，北京，北京大学出版社，2005年。

[2] J. Ann Tickner, "Hans Morgenthau's Principles of Political Realism: A Feminist Reformulation", Rebecca Grant and Kathleen Newland(eds.), *Gender and International Relations*, Bloomington: University of Indiana Press, 1991, pp. 27-40.

出,将权力狭隘地理解为控制,理解为强制力,这是典型的男性视角;现实世界中国家利益是多方面的,可以通过合作来实现,并不一定非要以战争的方式;政治不能与道德完全分开,"人权""生态环境保护"等道德原则是国际关系导向和平与发展的基本保障;一国之道德不能被视作普遍之道德,不同文化传统的国家之间应努力达成共识,共同推进人类社会的进步。正是在反对现实主义的国际关系理论的基础上,女性主义者逐步形成了自己的国际关系理论。

第二,现实主义的国际关系理论将主权国家视为中心行为体,忽视了个人的作用,而女性主义者提出的"个人的即政治的"正好能弥补这一理论盲区。由此,在国际关系学中,一些女性主义者提出了"个人的即国际的"[1]这一主张,而个人因素的影响也在生态保护、贫困、人口买卖、性旅游等全球性问题中突显出来。在国际关系研究中,女性主义者更注重除了国家之外的其他行为主体对国际关系的影响,包括国际组织、政府间组织、非政府组织、跨国公司、个人,等等。在女性主义者看来,以国家为主导的国际关系强调国家利益、主权、军事行动,将国际关系看作自然状态,是所有人对所有人的战争,而这正是战争和苦难的根源。

第三,反对通过战争实现和平的国家关系理论。在国际关系研究中一直存在着对"永久和平"的追求。1795年,康德出版《论永久和平》一书,阐述了通过共和民主国家之间的自由联盟

---

[1] Cynthia Enloe, *Bananas, Beaches & Bases: Making Feminist Sense of International Politics*, London: Pandora Press, 1989.

而实现永久和平的构想。康德列出了实现永久和平的三个条件：（1）每个国家的公民体制都应该是共和制的；（2）国际权利应该以自由国家的联盟制度为基础；（3）世界公民权应该限于以普遍的友好为其条件。[1]康德的和平构想得到许多西方知识分子的认同。从目前的国际局势来看，最能体现康德永久和平构想的就是"欧盟"。在康德理论的基础上，一些当代学者发展出"民主和平论"的思想，试图证明民主国家之间不会开战，因此要实现永久和平就必须首先将非民主国家改造为民主国家。从1963年迪安·巴布斯特提出"民主和平论"[2]开始，该理论在西方学术界逐步流行，得到许多西方学者的赞同。例如，美国学者迈克尔·W.多伊尔在分析了近300年来世界发生的主要战争之后指出，"虽然自由国家卷入过无数次与非自由国家的战争，但宪制稳定的自由国家彼此间还没有发动过战争"[3]。一些西方国家在民主和平论的支持下干预他国内政，试图将其改造为"西式民主国家"，而这样的对外政策显然会挑起更多的国际争端。因此，民主和平论与其说是促进世界和平的良药，毋宁说是挑起战争的"自证预言"。这种理论带来的是无尽的战争而不是和平的希望。

女性主义者反对通过战争来实现和平。因为，依据这一思路，人类非但不能实现"永久和平"，还会陷入"永久战争"。她

---

1 参见：Immanuel Kant, *Toward Perpetual Peace and Other Writings on Politics, Peace, and History*, edited and with an Introduction by Pauline Kleingeld, translated by David L. Colclasure. New Haven: Yale University Press, 2006.

2 Dean Babst, "Elective Government: A Force for Peace", *The Wisconsin Sociologist*, No. 3, 1964. pp. 9-14.

3 Michael W. Doyle, "Kant, Liberal Legacies and Foreign Affairs", *Philosophy and Public Affairs*, Vol. 12, No. 3, 1983, pp. 205-235.

们认为应该将平等、和平与发展视为一个统一体。反对始自十字军东征时代的"正义战争"理论。这一理论只会误导人们，因为无论战争如何残酷，发动战争的国家通常认为本国发动的战争一定是正义的。战士们义无反顾地走向战场，而后方的"英雄母亲"则给予他们无条件的支持。女性主义者反对敌我对立，倾向于从战争的无辜受害者角度来反对暴力，并认为人类应该放弃对康德所谓"永久和平"的追求，尽量减少暴力的可能，包括国家内部针对女性和少数族群的暴力。

第四，女性主义者认为女性在国际关系中的作用被忽视了，女性应获得平等参与国际事务的机会。女性虽然不是手握主权权力的国家领袖，没有决定战争还是和平的重要权力，但她们却是国际关系中不可或缺的重要部分。女性主义者认为，应推进女性平等参与决策国际事务的机会。增加女性在决策职位以及国际组织中的比例。一方面，这是性别平等的要求。女性应获得与男性平等的参与国内公共事务以及国际事务的机会，应在国内、国际层面应用政治代表的参政配额制。另一方面，依据关怀伦理学的观点，女性与自然更接近，更能体会弱势者的困苦，更热爱和平。因此，增加女性决策者能够重新塑造国际关系，减少冲突和战争。在这一思潮的推动下，西方国家曾出现短暂的"女国防部长热"：1990年，伊丽莎白·雷恩出任芬兰国防部长，她是芬兰第一位女国防部长，也是世界首位女国防部长；1993年，金·坎贝尔出任加拿大国防部长；2001年，克里斯廷·克罗恩·蒂维尔德出任挪威国防部长；2002年，米歇尔·巴切莱特出任智利国防部长；2002年，米谢勒·阿里奥－玛丽出任法国国防部长。

第五，女性，尤其是贫困国家的女性，往往成为国际资本的牺牲品。发达国家的经济增长往往以掠夺贫困国家的资源和女性为代价，要改变这样的状况就应该关注欠发达地区和国家女性的能力发展，以国际制度约束资本力量。由此，消除"女性贫困"成为女性主义者关注的重要议题之一。她们认为，资本主义在全球的扩张包含着对贫穷女性的剥削。在世界经济格局中，原来的殖民地国家就是第三世界国家的大多数，它们为资本主义生产提供原材料和劳动力，其中包括贫困女性的廉价劳动。第三世界国家的从属与依附程度越高，其女性被边缘化的程度也就越高。在全球劳动分工与产业链中，北方国家与南方国家，发达资本主义国家与发展中国家，富国与穷国以及富人与穷人的差距都在增大，而许多女性成了弱势国家的弱势群体。对于这些女性来说，性别问题与种族、阶级等其他政治问题杂糅在一起，使她们成为受压迫和剥削最深的女性群体。

从20世纪末期到21世纪初期，女性主义者主导或参与了许多反全球化的抗议活动。例如，1999年11—12月，在美国西雅图举行的世界贸易组织第三届部长级会议期间，来自世界各地的5万名示威者走上街头，举行了首次抗议全球化的游行；2000年9月11日，在澳大利亚墨尔本，示威群众组成人链，试图阻止世界经济论坛的召开；2001年1月27日，在瑞士达沃斯发生了反对世界经济论坛的抗议活动，而在地球的另一端、巴西的阿雷格里港，1万人参与名为"世界社会论坛"的民间会议，讨论有别于财团主导的全球经济秩序；2001年7月20日，八国首脑会议在意大利热那亚召开的当天，来自各个国家的10万名抗议者举行了游行示威；2001年11月初，世界贸易组织第四届部长级会议在卡塔尔多哈召开期间，印度新德里3万农民集会，表示抗议。

第六，女性主义者指出男性重视的是"个体"，而女性更关注"关系"。因此，在国际领域，女性主义者更注重个人、政府、国际组织、民间组织等不同行为主体间的沟通和协调，看重倾听与移情的作用，将"关系"而不是个别国家的"利益"放在首要位置。例如，克瑞斯汀·丝维斯特（Christine Sylvester）在《女性主义与后现代国际关系》[1]一书中提出"关系国际"（relations international）的概念以取代"国际关系"（international relations）。女性注重关系、照顾各方利益而不是强调国家权力的思维框架在国际谈判中发挥了重要作用。这方面的典型案例有两个：一是1998年在北爱尔兰贝尔法斯特签订《北爱尔兰和平协议》的谈判过程中，男性谈判者已放弃，而莫妮卡·麦克威廉斯（Monica McWilliams）等少数女性谈判者坚持关切双方的诉求，建立互信，达成共识，最终各方结束了长达30年的分裂与冲突。二是1996年危地马拉内战各方放下武器，结束了中美洲国家历史最长、杀戮最多的战争，而在其中斡旋各方、发挥关键作用的则是卢斯·门德斯（Luz Mendez），她是谈判中的唯一女性代表。[2]

种类繁多的女性国际组织

女性不仅为重塑国际关系贡献了理论思考，也以实际行动参与国际事务。随着女性运动的发展，在短短的200年里，全世

---

[1] Christine Sylvester, *Feminist Theory and International Relations in a Postmodern Era*, Cambridge: Cambridge University Press, 1994.
[2] 参见李英桃、胡传荣主编：《女性主义国际关系学》，第123页。

界成立了几千个妇女组织,尤其是 1995 年在北京召开的联合国第四次世界妇女大会之后,各种女性组织更是如雨后春笋般涌现出来。"从区域层面来看,妇女组织有国家的、地区的、国际的;从与政府的关系来看,妇女组织可以分为非政府的、政府的、政府间的;从主题与行业来看,妇女组织几乎涉及人类生活的各个方面;从性质和活动范围来看,妇女组织有草根组织、跨界组织、全球/国际网络组织等。"[1] 其中,历史较为悠久的有 1888 年在美国华盛顿成立的国际妇女理事会。该理事会总部设在巴黎,在 75 个国家有团体会员,其宗旨是争取女性受教育、参政、经济和社会等方面的平等权利。1904 年在柏林成立的国际妇女同盟,在 50 多个国家有 70 多个团体会员,该同盟协助各国妇女参选当地的政治代表,争取平等的政治权利。在区域合作方面较为著名的妇女组织有:1928 年成立的美洲妇女委员会,1962 年在秘鲁成立的全非妇女会议(1974 年更名为"泛非妇女组织"),1995 年成立的"东南亚国家妇女组织联盟",2000 年成立的"亚洲妇女合作发展",以及亚太妇女资源与研究中心,等等。

全球的妇女组织还涉及和平、环境、人权、健康、种族等各种主题,例如妇女反对强奸、国际妇女健康联盟、反对拐卖妇女联盟、增强妇女在全球新闻中的声音、妇女环境与发展、妇女全球科学和技术网络、国际妇女人权组织等。其中,妇女环境与发展组织的影响力较大,它拥有 78 个国家的团体会员。1992 年,该组织在美国迈阿密召开第一届世界妇女为实现有益于健康的星球会议,通过了《妇女 21 世纪议程》,以女性视角分析环境危机

---

[1] 李英桃、胡传荣主编:《女性主义国际关系学》,第 224 页。

并提出相应的对策。随着越来越多的女性获得与男性平等的教育，女性开始进入人类社会的各行各业，由此出现了许多国际性的女性行业组织。例如国际商业与职业妇女联合会、国际职业妇女互助福利会、世界乡村妇女协会、国际女医务人员协会、国际助产士联合会、国际大学妇女联合会、国际女律师联合会等。在这些女性行业协会中，世界乡村妇女协会成立于1933年，会员遍及82个国家。该协会致力于通过教育和培训帮助农村妇女摆脱贫困，曾在亚洲、非洲、拉丁美洲70多个国家举办过300多个培训项目，为消除女性贫困做出了重要贡献。下文将重点介绍联合国中与女性相关的机构设置，联合国大会通过的维护女性权利的国际公约，以及联合国召开的历次世界妇女大会。

联合国是目前世界上规模和影响力最大的政府间国际组织。女性议题是联合国成立以来的重要议题，联合国内部设有多个与女性相关的机构，并通过了多个与女性相关的国际公约。1945年，在联合国成立之初，女性议题就出现在联合国的议程中，当年制定的《联合国宪章》中就表达了"基本人权，人格尊严与价值，以及男女与大小各国平等权利之信念"[1]。1946年，联合国妇女地位委员会成立，其职责是促进女性的政治、经济及社会权利。同年，联合国社会事务部人权司设立妇女地位科，该机构在1978年更名为提高妇女地位处，后又升格为提高妇女地位司，对于消除针对女性的暴力发挥了重要作用。1976年，联合国妇女发展基金成立，为增进妇女人权、政治参与和经济安全的项目提供资金和技术支持。同年，联合国经济和社会理事会建立了联合国提高

---

1 参见 https://www.un.org/zh/about-us/un-charter。

妇女地位国际研究训练所，通过大量的统计数据和分析报告从不同层面衡量性别差距，制定度量女性劳动价值的分析框架，指出提高女性地位的具体途径。该机构还对人权、妇女在和平进程中扮演的角色、女性与信息技术、生态保护、老龄化和移民等问题进行了研究，促成了各方在相关问题上的对话，并创建网站和数据库，定期发布与性别研究相关的信息。2010 年，联合国大会决定将联合国秘书处的性别平等问题和提高妇女地位问题特别顾问办公室、提高妇女地位司、联合国妇女发展基金和提高妇女地位国际研究训练所的任务和职能合并起来并移交给联合国妇女署。该实体将履行秘书处的职能，同时在国家一级开展业务活动。

在上述机构的推动下，联合国大会还促进了一系列保护女性权利的国际公约的签订。其中包括：1949 年的《禁止贩卖人口及取缔意图营利使人卖淫公约》；1951 年，联合国下辖的国际劳工组织通过了《男女同工同酬公约》；1952 年，在《妇女政治权利公约》中，国际社会首次在法律上承认妇女享有平等的政治权利；1958 年，国际劳工组织通过了《消除就业和职业歧视公约》；1960 年，联合国教科文组织通过了《反对教育歧视公约》；1962 年的《关于婚姻之同意、结婚最低年龄及婚姻登记之公约》；1967 年，联合国大会通过了《消除对妇女一切形式歧视宣言》；1972 年，联合国大会通过决议，将 1975 年定为"国际妇女年"；1979 年，联大通过《消除对妇女一切形式歧视公约》，将性别歧视定义为"一切由于性别的原因损害妇女平等享受权利的歧视"；1986 年，联合国大会通过《发展权利宣言》，指出发展权利是一项不可剥夺的人权；1993 年，联合国大会通过了《消除针对妇女的暴力宣言》。

联合国在 1975—1995 年期间召开了四次世界妇女大会。1975 年，第一次世界妇女大会在墨西哥城召开，会议通过《实现国际妇女年目标世界行动计划》，并宣布 1976—1985 年为"联合国妇女十年"，主题为"平等、发展与和平"。1980 年，第二次世界妇女大会在哥本哈根举行，审查"联合国妇女十年"前半期执行情况，并制定了后半期的行动纲领。1985 年，第三次世界妇女大会在内罗毕举行，会议通过了《到 2000 年为提高妇女地位内罗毕前瞻性战略》，提出了在 2000 年实现男女平等的行动方案。1995 年，第四次世界妇女大会在北京举行，会议主题为"以行动谋求平等、发展与和平"，次主题为"健康、教育和就业"，提出了与妇女发展相关的 12 项战略。此次会议盛况空前，有 189 个国家的政府代表团，联合国系统各组织和专门机构，政府间组织及非政府组织的代表 15 000 多人出席了会议。会议通过了《北京宣言》和《行动纲领》，各国代表都承诺要以实际行动推动性别平等的实现。此次会议后每五年或十年，联合国都会举行相关的纪念活动，被称为"北京 +5""北京 +10""北京 +15"，等等。此次会议的重要文献《北京宣言》提出了一系列重要主张："妇女的权利就是人权"；"男女平等分担家庭责任"；"女性是重要的和平力量"；"明白确认和重申妇女对其健康所有方面特别是其自身生育的自主权，是赋予她们权力的根本"，等等。[1]

综上所述，女性是国际舞台上的重要角色。她们可能走上战场，可能代表着民族形象，也可能是战争中的受害者。女性是国

---

[1] 参见《第四届世界妇女大会文件：〈北京宣言〉和〈行动纲领〉》，载《第四次世界妇女大会重要文献汇编》，北京，中国妇女出版社，第 160~161 页。

际经济体系的重要一环，她们可能受到国际资本的剥削，也可能是国际色情产业、性旅游以及人口贩卖的受害者。女性主义者不满男性主导的国际关系理论，在批评现实主义的国际关系图景的基础上，反对以国家利益为中心的对权力的追逐，强调和平、发展、生态保护、消除暴力等新的国际关系主题，并建构了当代女性主义国际关系学。女性不仅为重塑国际关系做出了智识贡献，还通过自己的行动组建各式各样的国际妇女组织，对推进人类社会的进步发挥了重要作用。

第十三章
性别平等与科技进步

　　科技进步是人类社会发展的动力之源。20世纪以来，人类社会进入了一个技术大爆炸的时代。电脑技术、网络技术、人工智能、生物技术等新兴技术飞速发展。科技进步不仅大大提升了社会生产力，也对各项社会制度产生了深远的影响。具体到性别平等问题，科技进步将使两性之间更为平等，关系更为和谐，还是拉大性别差异，加剧性别歧视？科技进步与性别平等是正相关还是负相关的？我认为，科技进步在许多方面促进了性别平等，例如，教育的普及提升了女性能力，医疗事业的进步促进了女性的健康，家用机器的发明和普及减轻了女性的家务劳动负担，网络技术的普遍应用能促进女性就业，体外生殖技术的发展可能从根本上解放女性，等等。但同时，科技进步也可能给性别平等带来负面影响，例如选择性生育加剧性别比例失衡，算法歧视加剧性别偏见，网络色情加剧女性的物化，等等。由此，我们应在科技进步的同时，调整社会制度安排，树立两性平等观念，这样才能从根本上推进性别平等。

数字技术促进女性就业

从 19 世纪初开始，西方的科学家们就对男性与女性的大脑进行了比较研究，试图找到系统性的差异。然而，从脑容量、大脑结构、学习效果等方面都没有找到确切的证据证明两性的大脑存在优劣之分。从目前的科学研究成果来看，人类大脑的体积以及脑内各部分均无明显的男女差异。女性与男性的生理差异并不在于脑力而在于体力。[1] 从这个意义上来说，数字技术的普及将促进两性在职场中的平等。因为，数字技术主要取决于脑力，而不取决于体力，不应该出现支配性的男强女弱现象。依据相关实证研究，数字技术的普遍应用对于女性就业有较大的促进作用，在一定程度上缓解了就业歧视。例如，爱彼迎平台上女性房东占比 62%；在携程平台上有 5 000 多名持证旅行定制师，其中 68% 是女性；80% 的淘宝直播主播是女性，等等。[2]

数字技术推动女性就业的根本原因有五点。第一，上网、直播、做视频等简单的数字技能并不因性别而有明显差异，在数字劳动方面，女性和男性的差异要远远小于体力劳动中二者能力的差异。因此，随着传统劳动形式的数字化转型，女性也就获得了更多的就业机会。第二，许多数字化工作岗位对工作的时间和地点没有严格要求，便于人们居家办公、灵活就业，而这为女性兼顾家庭和事业创造了良好的条件。第三，数字时代给予人们在网络上形成新的社会关系的机会，而这有助于弥补女性在传统社

---

1 参见李银河：《女性主义》，第 103 页。
2 参见高秀娟：《数字平台赋能女性创业就业》，载《中国人力资源社会保障》，2022 年第 3 期。

会中社会网络不足的劣势。在传统的社会关系中，女性由于要照顾家庭，很少参与公共事务，其社会网络多局限于亲戚关系。然而，在数字社会中，女性有了更多的可能构建自己的网上社会网络，这大大提升了女性就业的竞争力。第四，各式各样的数字化平台为所有人提供了创业的平等机会，同时，数字化的金融产品也有助于普通人的创业，其中包括许多女性创业者。一些数字平台企业还为女性创业者提供专门的培训或贷款帮助。例如，2020年，阿里巴巴集团和蚂蚁集团发起"数字木兰"计划，为全国贫困山区的女性提供免费培训和扶持，为贫困地区女性提供了100万个致富项目和10万人次就业岗位。淘宝大学成立魔豆妈妈电商学院，帮助困难妈妈电商创业。[1] 第五，数字化治理诉诸算法，而大部分算法都存在性别盲视[2]，对不同性别一视同仁。从这一点来看，数字治理能够有效地避免性别歧视，也间接地为女性提供了更多的就业和创业机会。从上述方面来看，数字技术的发展有助于女性就业，促进了性别平等。

数字技术不仅在许多方面促进了女性就业，减少了针对女性的就业歧视，而且还有可能深刻改变人们的工作方式。在传统的社会化大生产中，人们需要到工厂、公司、单位等公共领域去工作。由此形成了工作场域和家庭领域的公/私二元划分。然而，在数字时代，许多工作可以通过网络进行，对于人们的工作地点没有固定要求。这就使得人们在家办公的梦想成为现实。尤其是

---

[1] 参见高秀娟：《数字平台赋能女性创业就业》，载《中国人力资源社会保障》，2022年第3期。

[2] 当然，在数字时代也有许多算法存在着针对女性的"算法歧视"，下一节将深入讨论这一问题。

在 2019—2023 年的新冠疫情期间，许多公司为了节约成本都提倡员工在家办公，甚至退租了办公大楼。2021 年，元宇宙经济兴起，一些公司开始提出"元宇宙上班"的新思路，言下之意即通过网络工作，不需要到固定的工作地点上班。例如，2022 年 5 月，韩国游戏公司 Com2uS 计划将旗下公司约 2 500 名员工搬到元宇宙里上班，他们还发布了元宇宙园区 Com2Verse。

早在 1991 年，美国学者唐娜·哈拉维（Donna Haraway）就在《类人猿、赛博格和女人——自然的重塑》一书中讨论了"家庭工作经济"的概念，指出"新的通信技术成为每个人消除'公共生活'的基础"[1]。在发达的工业社会，高科技的社会应用及生产的自动化使得女性化工作（即在家工作）成为社会主要的劳动模式，无论劳动者是男性还是女性。[2] 在哈拉维看来，在网络技术的普遍应用和人工智能（AI）导致的失业大背景下，男性也从公共领域被赶回到家庭之中，成为家庭劳动者。单从促进性别平等的角度来说，家庭工作经济是一个有利因素。这种新的工作方式将彻底解构男性属于公共领域、女性属于私人领域的二元划分。男性居家办公，这为男性照顾家庭创造了条件，使得他们能够与女性平等地分摊家务劳动。这将大大促进家庭关系中的性别平等。在家办公还能大大减轻人们工作的通勤负担，使得男性有更多时间和精力陪伴家人，这将促进两性关系的和谐发展。

---

1 ［美］唐娜·哈拉维：《类人猿、赛博格和女人——自然的重塑》，陈静译，郑州，河南大学出版社，2016 年，第 357 页。
2 参见上书，第 352 页。

数字技术加剧性别歧视

数字技术一方面能够赋能女性，让女性拥有更多的就业机会；另一方面，在父权制卷土重来的趋势下，数字技术的普及和应用也有可能加剧性别歧视。

第一，两性在接入网络方面，仍然存在着数字鸿沟。由于公共设施和个人设备等各种技术条件限制，贫困女性更可能被排斥在数字网络之外。"据统计，2022年全球使用互联网的女性比例为63%，男性比例为69%，女性拥有手机的可能性比男性低12%。在最贫穷的国家和地区，妇女在数字化中的边缘化程度更高；在妇女群体内，农村妇女、老年妇女和残障妇女的边缘化程度更高。"[1] 有研究表明，低收入国家在通信技术的获取上存在显著性别差异，例如，在南亚，72%的女性没有手机。[2] 数字鸿沟的存在加剧了两性在享用新技术带来的红利方面的不平等。

第二，在两性学习和掌握数字技术的能力方面，社会上仍然存在着"男性更擅长数字技术""男性对计算机更感兴趣"等刻板印象，这使得AI等数字行业的女性就业者比例偏低。2023年3月6日，在联合国妇女地位委员会第67届会议开幕式上，联合国秘书长古特雷斯强调："全球仍有30亿人没有接入互联网，其

---

[1] 参见 https://www.unwomen.org/en/csw/csw67-2023。

[2] 参见：Santosham S. and Lindsey D., Bridging the Gender Gap: Mobile Access and Usage in Low-and middle-income Countries[EB/OL]. [2019-07-15].http://gfiiz810a b3a1820046f9sx6uuvxkfp05p6p9u.fcya.libproxy.ruc.edu.cn/mobilefordevelopment/wp-content/uploads/2016/02/GSM0001_03232015_GSMAReport_NEWGRAYS-Web.pdf.

中大多数是发展中国家的妇女和女童；在全球范围内，妇女和女童仅占科学、技术、工程和数学专业学生的 1/3；在科技行业，男性人数是女性的 2 倍，人工智能领域的女性员工数量更是只占到约 1/5；在科学类的诺贝尔奖获得者当中，女性的比例仅有 3%。"[1] 另有研究显示："尽管在大多数国家，女生在理科方面和男生一样优秀，但目前全球只有 28% 的工程专业毕业生和 22% 的人工智能工作者是女性。"[2] 正如米利特所言："今天妇女们离技术如此远，一旦没有了男人，人们真难以想象她们能在任何有意义的规模上对这一类机器（家用电器）进行复位和检修。妇女离高科技就更远了：大规模的建筑项目、计算机的研制、登月技术，是这一方面进一步的证据。如果知识就是力量的话，力量也是知识；妇女从属地位的一个重大因素，就是特意强加给她们的系统的无知。"[3]

第三，在数字社会中，许多公共决策都是通过算法实现的，而算法对于两性并非完全公平。可能出现的算法歧视有两种，一种是人为设计的算法歧视。例如，某种招聘 APP 可能写入拒绝女性申请者的命令。对于这种歧视，人们很容易发现，也可以通过申诉程序予以矫正。另一种算法歧视并非人为写入的，而是机器学习的结果。例如，一款人工智能产品在学习了大量案例后，在"女性"和"迟到早退"之间找到了某种相关性，于是，它就可能在处理求职申请时对女性带有偏见。这种通过机器学习而产生

---

[1] 参见 https://www.unwomen.org/en/csw/csw67-2023。
[2] 同上。
[3] ［美］凯特·米利特：《性的政治》，钟良明译，第 63 页。

的算法歧视比较隐蔽，也不容易通过申诉程序予以矫正。[1] 在这方面，人工智能产品也有可能对女性怀有偏见。2017 年，微软出品了一款聊天机器人塔伊（Tay），该产品不到一天就学会了人类的各种偏见，成了一个集反犹太人、性别歧视、种族歧视于一身的"不良少女"。这正是人类社会现有的歧视反映到人工智能产品中的典型案例。

第四，数字网络有可能强化和放大这对女性的伤害和暴力，其中包括：网络人口贩卖与性犯罪，数字空间针对女童的性剥削和性虐待，网络骚扰，网络跟踪，隔空猥亵，非法数字监控，盗取和传播女性个人信息及私密影音资料，发布关于女性的虚假错误信息和仇视言论，等等。[2] 女性比男性更容易成为"网暴"的受害者，这似乎成了网络空间的常见现象。女性尤其是知名女性经常会受到假消息、谣言、仇恨言论等网络攻击。2023 年 1 月 23 日，因染了粉红色头发而遭到网暴的中国女孩郑灵华自杀身亡。这一事件引发了人们对于女性更容易遭受网暴的反思。女性不仅更容易成为网暴的对象，还更容易受到网络跟踪的骚扰。"2019 年，美国学者埃里卡·菲塞尔和布拉德福德·雷恩斯同样用数据证明了女性更容易遭受网络跟踪侵害，在他们采访的 477 位受害者中，女性有 331 位，男性有 115 位，女性受害者数量约为男性的 3 倍。"[3]

---

[1] 参见阎天：《女性就业中的算法歧视：缘起、挑战与应对》，载《妇女研究论丛》，2021 年第 5 期。
[2] 参见王海媚：《技术助长的性别暴力亟须高度重视》，载《中国妇女报》，2023 年 4 月 12 日。
[3] 王海媚：《技术助长的性别暴力亟须高度重视》，载《中国妇女报》，2023 年 4 月 12 日。

除了网暴和网络跟踪之外，网络还可能放大男性对女性的伤害。例如，性暴力事件的网络传播以及网络色情业的泛滥等。例如，美国是网络色情业极为发达的国家，"每天，网友在通过搜索引擎搜索时，25%的内容被引向色情网站。据估算，互联网站中有12%，即420万网站被归入X级别"[1]。网络色情的泛滥加剧了女性被商品化、物化的程度，无助于性别平等的实现。网络技术还催生了针对女性的新的性暴力形式，例如诱骗女童"裸聊"、造黄谣、恶意篡改女性图像，等等。韩国发生的"N号房"案件就是这方面的典型案例。

第五，网络世界存在着性别倒错，而这有可能强化性别规范和加剧对女性的歧视。性别规范源于社会性别，是人们对于女性或男性应该如何行为的惯常看法。比如，人们通常认为男人着装应该沉稳潇洒，不要太花哨，颜色艳丽的服饰是女人的专利。男人应该刚强果断、勇于承担，而女人则应该温柔体贴、善解人意，等等。生活在各式各样的性别规范中，人们往往会感到压抑和不自由，甚至受到极大伤害。在网络营造的虚拟世界中，人们获得了暂时改变自己性别的机会。例如，在一些网络游戏中，人们可以自主选择性别，或者在与陌生人交友聊天的过程中，人们也可以谎报自己的性别。这给了许多在现实生活中受到性别规范压迫的女性以喘息的机会。然而，网络世界的性别倒错并不会推进性别平等。因为，许多女性在假装成男性后，也想要过一把当"大男人"的瘾，可能对女性恶语相向、施以偏见和歧视。这些

---

[1] ［法］马尔克·杜甘、克里斯托夫·拉贝：《赤裸裸的人：大数据，隐私与窥视》，杜燕译，上海，上海科学技术出版社，2017年，第123页。

网络行为，不仅无助于性别平等，反而加剧了性别歧视。

当然，目前技术的发展不仅为人们提供了在虚拟世界转换性别的可能，还提供了在真实世界转换性别的可能，这就是变性手术。和虚拟世界的性别倒错类似，变性手术这种技术同样无助于性别平等的推进，反而会强化性别规范。因为，通过做变性手术，人们改变自己的生理性别来迎合其他人眼中的社会性别，而这种行为只会强化性别规范，加剧社会舆论对个人自由的伤害。从某种意义上来说，跨性别者实际上是性别规范的受害者。

第六，数字技术的发展还可能改变人类社会的婚恋关系。随着数字产品的更新换代，市面上陆续出现了性爱机器人、聊天机器人等数字产品。具体说来，聊天机器人可能发挥五个方面的作用：陪伴伙伴（包括性伙伴）、带回应的日记、情绪处理工具、电子宠物和发泄对象。这些聊天机器人正逐渐被广泛应用在教育、电子商务、健康、娱乐等领域中。例如，个人助理类应用（如Apple Siri、Google Now、百度的"小度"、小米的"小爱同学"）、在线客服应用（如美国银行的Erica、京东的JIMI）、心理健康和老年人护理应用（如Woebot），以及友谊伙伴（Replika、Mitsuku、微软的"小冰"），等等。2022年8月，百度输入法上线"AI侃侃"功能，推出了国内首款主打24小时在线聊天、情绪治愈的数字人，服务超6亿用户。

聊天机器人和性爱机器人主要的功能是满足人们的情感需求和性爱需求。实际上，从爱的定义来看，这一点是很难做到的。爱就是将对方的目的作为自己的目的，但作为数字产品，机器人是没有自己的目的的，因此也很难成为被爱的对象。这也是为什么恋物癖被看作一种心理疾病的原因。"物"没有自己的目的，不可能成为被爱的对象。从这个意义上来说,聊天机器人的陪伴功能甚至还比不上一只小猫、一只乌龟,因为动物有自己的目的,可以成为人们爱护的对象,为人类提供情感慰藉。然而,在数字时代,确实有许多人喜欢和机器人聊天以排遣内心的寂寞,这又是什么原因呢?笔者认为,只有当聊天机器人成功地"欺骗"了用户,让他们误以为那是一个真正的人,用户才会对其产生爱意,虽然这很可能是错付了的爱。换言之,只有当机器人能够通过图灵测试[1],让人们误以为它具有主体性,这时人们才可能将其作为爱的对象,人与机器人之间的爱才可能发生。相关实证研究显示,聊天机器人互动在促进老年人的心理健康、减轻大学生的焦虑和抑郁情绪等方面有显著作用。[2]然而,聊天机器人是否能最终成为人类的爱的伴侣,成为机器人老婆或机器人老公,这还需要时间来验证。

辅助生殖带来更多男孩?

除了数字技术的飞速发展,当代世界另一个技术爆炸的领域是生物医学领域。对于性别平等来说,与生殖和性别相关的生物技术将影响人类社会的性别关系。具体来说,目前世界各国已经

---

1 由艾伦·麦席森·图灵提出,指测试者在与一个人和一台机器隔开的情况下,通过一些装置(如键盘)向人或机器随意提问,并判断是人还是机器做出的回答。进行多次测试后,如果超过 30% 的回答让被测试者做出"回答者为人类"的误判,那么这台机器就通过了测试,并被认为具有人类智能。
2 参见曹博林、罗炼炼:《陪伴型聊天机器人的发展特征与机制效果》,载《青年记者》,2023 年第 2 期。

广泛采用的辅助生殖技术可能加剧某些地区的性别比例失衡，而正在研发中的体外生殖技术则有可能从根本上颠覆两性关系。

人类社会已经投入实际应用的辅助生殖技术包括人工授精、体外受精、无性繁殖等。人工授精技术是将收集到的男性精液注入女性体内以帮助女性怀孕的技术。这种技术能够帮助那些自然受孕困难的父母实现生养孩子的愿望，但并不能将女性从生育的负担中解放出来。体外受精就是人们通常所说的"试管婴儿"，是让卵子和精子在实验室的试管中受精和发育。依据法律规定，受精卵待在试管中的时间不能太长[1]，之后仍然需要将受精卵送回女性体内继续发育直至分娩。1978年7月25日，世界上第一个试管婴儿路易丝·布朗降临人世，标志着这一技术的成功。无性生殖也是一种辅助生殖技术，也就是人们常说的"克隆人"。克隆人是将体细胞植入女性子宫当中，实现单性繁殖。2002年12月27日，在美国佛罗里达州举行的新闻发布会上，法国女科学家布里吉特·布瓦瑟利耶正式宣告世界上第一名克隆女婴夏娃降生。但该女婴是否确实是克隆人，并没有得到其他科学家的证实。[2] 从目前的动物实验来看，通过克隆产生的后代经常出现死亡、畸形、癌症、早衰等状况。因此，世界各国都严格禁止将这一技术应用于人类。

生殖技术的进步往往引发巨大的伦理争论。例如，试管婴儿技术在诞生之初就引发了人们的巨大恐慌。有人认为这不是通过

---

[1] 目前，中国和美国的法律都规定，受精卵体外培育的时间不能超过14天。
[2] 参见丁智勇、常烨：《科技的"双刃剑"效应已经寒光闪现》，载《科技与经济画报》，2002年第4期。该事件是否属实仍有待证实，因为这位名为"夏娃"的女性一直回避DNA测试，其他科学家无法证实她是否为克隆人。

自然孕育的方式产生的婴儿，有悖伦理。但是，随着这项技术的实际应用，许多有生育障碍的夫妇满足了生养孩子的愿望，试管婴儿技术也逐步被人们接受。2010年，被誉为"试管婴儿"之父的英国生理学家、医生罗伯特·爱德华兹获得诺贝尔生理学或医学奖，这标志着医学界对辅助生殖技术的承认以及大众对试管婴儿技术的认同。然而，辅助生殖技术是否有助于推进性别平等，这一问题仍然存在巨大争议。试管婴儿技术不仅催生了精子库、卵子库和冷冻胚胎库，还催生了"代孕"这一争议极大的行业。一些女性主义者认为，代孕不仅没有促进性别平等，反而加深了女性被当作生殖工具的不平等地位。就我国目前的情况来看，国家已经建立了合法的精子库，而卵子库却由于取卵对女性身体有较大伤害等原因没有建立。同时，代孕也是被严令禁止的。一方面，这些规定有助于防止生育的商业化，保护女性权益；另一方面，一些单身女性想通过冻卵来延迟生育，而这一愿望却可能受到相关法规的限制。2019年年底，我国首例单身女性冻卵被拒绝的案件"徐枣枣案"备受关注。国家卫健委针对这一案件的回复是：根据国家卫健委（原卫计委）2003年修订的《人类辅助生殖技术规范》规定，"禁止给不符合国家人口和计划生育法规和条例规定的夫妇和单身妇女实施人类辅助生殖技术"。然而，在许多人看来，男性可以冷冻精子，而女性却不能冷冻卵子，其中存在着明显的不平等。

辅助生殖技术以及产前B超检查等相关技术还可能对性别比例造成影响。例如，在我国实行计划生育政策期间，许多父母通过B超判断婴儿性别，并决定是否继续妊娠。这一方面对女性造成了巨大伤害，另一方面也加剧了性别失衡问题。对于试管婴儿这种辅助生殖技术来说，在胚胎培育的过程中，人们可以选择想要的性别进行培养，并由此选择婴儿的性别。这种操作在我国是被法律禁止的。但是，在实际情况下，选择性别的操作很难从法律上进行监管。因为，如果当事人不主动承认的话，其他人几乎无法确认其违规操作。这就给违规选择性别制造了空间。下述是笔者接收到的某辅助生育中心的说法："第三代辅助生殖技术是可以筛查 23 对染色体的，确定健康、筛选性别，选择您需要的去移植就可以。"从这一说法来看，试管婴儿技术提供了选择性别的可能，而这种行为也是普遍存在的。

长久以来，男女性别比例失衡一直是许多东亚国家一个严重的社会问题。从我国的情况来看，2010 年第六次人口普查时的新生儿性别比为 117.96，2020 年第七次人口普查时的新生儿性别比为 111.22。[1] 与全世界自然出生的男女比例（大概为 105）有较大距离。人为选择婴儿性别会造成人口性别比例的失衡，而这种失衡又可能造成拐卖妇女儿童等恶劣事件，给女性造成更大的伤害。人口性别比例失衡问题的根源是重男轻女的性别偏好，而这种性别偏好又可能催生进一步的性别歧视，最终造成严重的社会问题。由此看来，技术赋予人们选择婴儿性别的能力，而这种能力并不能直接带来性别平等的结果，反而可能加剧性别歧视。性别平等的推进除了借助技术之外，还要靠观念和制度的改进。从遗传学的研究来看，男性和女性在传递家族基因中都发挥了不可替代的作用。在每个受精卵中，细胞核的一半遗传物质来自父方，另一半来自母方，而细胞质的遗传物质则主要来自母方。因

---

1 参见国家统计局官网人口普查数据，https://www.stats.gov.cn/sj/pcsj/。

此，人们应建立性别平等的观念，科学地认识到女孩也可传宗接代，只有这样才能从根本上缓解性别失衡的问题。

"造人工厂"？

两性之间最大的差异在于男性与女性在生育中扮演的角色不同。这也是一系列性别不平等的源头。通常来说，女性因为要承担生育任务而不得不部分地牺牲自己的公共生活并回归家庭，无论学习还是工作都可能会受到影响。因此，生育正是引发针对女性的就业歧视等一系列不平等的重要原因。那么，如果人们能够发明一种体外生殖的技术，是否就能从根本上解救女性，全方位实现性别平等呢？人工授精、体外受精、无性繁殖等辅助生殖技术都未能实现体外生殖，无法解除女性十月怀胎的负担和一朝分娩的痛苦。真正能够将女性从生育负担中解放出来的是英国进化生物学家、遗传学家 J. B. S. 霍尔丹提出的体外生殖技术，也就是传说中的"人造子宫"。

1923 年 2 月 4 日，霍尔丹在一场题为"代达罗斯，或科学与未来"的演讲中预测，到 2074 年，70% 左右的婴儿将在体外孕育和诞生。为了实现这一科学幻象，许多科学家为此付出了不懈的努力。1954 年，伊曼努尔·格林伯格等人制造了首个人造子宫的雏形，并基于此申请了相关专利。[1] 1969 年，法国科学家利用

---

[1] 参见：Diane Moriarty, "Artificial Wombs and the Awkward Moment of Truth", *Human Life Review*. Fall 2020, Vol. 46 Issue 4, pp. 25-32.

人造子宫孕育小羊的胎儿，胎儿在人造子宫里面活了两天。1992年，东京顺天堂大学桑原佑树研究团队将正常发育4个月大的小羊胎儿装入有人工羊水的橡胶子宫中，成功诞下了小羊。2002年2月，美国康奈尔大学生殖医学与不育症中心的华裔科学家刘洪清宣称研制出世界上第一个"人造子宫"。这一实验将子宫内膜细胞植入一个由生物分解原料制成的、模拟子宫内部形状的框架内。框架随着细胞的繁殖演化形成组织，在注入激素和养分后形成人造子宫。由于美国体外受精条例规定，此类实验人胚胎植入的最长天数不能超过14天，因此该实验在把人胚胎植入这个人造子宫6天后停止。[1] 2017年4月，美国费城儿童医院的阿南·弗雷克研究团队研发的人造子宫系统首次通过了动物试验。2020年，我国首次人造子宫胎羊体外培育在郑州大学第一附属医院取得成功。[2] 2021年3月，《自然》杂志报道，以色列科学家在人造子宫环境中，让多个胚胎发育成具有完整器官的小鼠胎儿。2024年1月4日，据英国《每日邮报》报道，费城儿童医院主治医师艾米莉·帕特里奇（Emily Partridge）带领团队用早产小羊对人造子宫进行了测试。另外，近年来飞速发展的3D打印技术也推动了人造子宫的科学研究，有科学家尝试3D打印子宫及相关组织。例如，吉氏安博·迪索扎等利用磁性3D生物打印技术建立人类子宫肌层细胞环状3D体外模型，用以研究子宫对不同药物种类及

---

1 参见丁智勇、常烨：《科技的"双刃剑"效应已经寒光闪现》，载《科技与经济画报》，2002年第4期。
2 参见《我国首次人造子宫胎羊体外培育成功》，载《医药卫生报》，2020年12月31日。

剂量的收缩反应。[1] 中国科学院深圳先进技术研究院的张键等人利用 3D 打印技术打印人造子宫内膜，并申请了专利[2]。总之，生物医学、3D 打印等技术的飞速发展正一步步推进着人类实现体外生殖的梦想。

相比辅助生殖技术，体外生殖技术面对着更大的伦理争议。自从科学家们开始构想这一技术以来，各种质疑的声音就从来没有停止过。一方面，人们为这项技术的发展设置了诸多法律限制；另一方面，从事这项研究的科学家也小心谨慎，大多强调这项技术的应用应该是"消极的"而不是"积极的"。所谓"消极的应用"指的是，这项技术的应用针对的是病人，是为了治愈生育功能受损的人，满足他们的生育愿望，或者是为了挽救早产儿的生命，而不是用来减轻正常人的生育负担的。2003 年，刘洪清在接受媒体采访时曾说："我研究人造子宫，不是为了方便那些不想怀孕的妇女。我只是想造出一个子宫，用它作为可替换的器官，把它们送给那些捐献了子宫内膜组织的不育妇女，给她们一个健康、完整的女性生殖系统。"[3] 然而，正像医疗美容的相关技术最开始也仅限于为毁容者恢复容貌一样，体外生殖技术也极可能被"积极地"使用。在人类"偷懒"的欲望和金钱的诱惑下，人造子宫很可能成为正常人的替代生育方式。如果那一天真的到来，世界会怎样呢，是会变得更好还是更坏呢？

---

1 参见：G. R. Souza, H. Tseng and J. A. Gage, et al., "Magnetically Bioprinted Human Myometrial 3D Cell Rings as a Model for Uterine Contractility", *Int J Mol Sci*, 2017,18(4): 683.

2 专利：3D 打印人造子宫内膜及其制备方法和应用。专利号：201710676180.9。

3 引自 https://www.cn-healthcare.com/article/20191015/content-524743.html。

人造子宫技术如果真的实现并得到普遍应用，那么一定能从根本上消除性别不平等。女性如果不需要生育，精子和卵子先在试管中结合，再将胚胎放到人造子宫中培育，最终婴儿从人造子宫中诞生，那么，女性和男性的世界就不再因性别分工而有巨大差异。人们将不再有理由一定要将女性束缚在家庭中，女性将进入更广阔的公共领域，也会拥有更多的选择自由。当然，体外生殖技术在刚发明出来的时候一定会很昂贵，所以也可能存在与所有新技术应用类似的情况，那就是富裕阶层的女性可以选择体外生产，而贫困阶层的女性则无法承担相应的经济负担。因此，一些女性主义者认为，体外生殖技术将加剧女性内部的不平等。[1] 另一些女性主义者则担心，体外生殖技术会影响女性的堕胎权，然而更乐观的估计是，这一技术将为跨性别者、同性恋者提供生养孩子的机会。[2]

最极端的看法是，人造子宫将导致女人无用。然而，这种看法是建立在女性的天职就是生儿育女的旧观念上。然而，200年来的性别平等运动早就驳倒了这一观点。女性与男性一样可以尝试各种体力和智力活动，除了在体力上稍逊于男性外，女性在脑力上并不比男性差。尤其是教育的普及和技术的发展，让越来越多的女性进入公共领域，承担社会中的各种职业。因此，如果人类能够造出人造子宫，这并不会导致女性无用，反而能将女性从生育中解放出来，从根本上促进性别平等。可以预见的是，女性

---

[1] 参见：Helen Sedgewick, "Artificial Wombs could Soon Be a Reality. What will this Mean for Women?" *The Guardian*, Sept. 4, 2017.

[2] 参见：Eleanor Robertson, "Feminists, Get Ready: Pregnancy and abortion are about to be disrupted," *The Guardian*, Oct. 12, 2017.

因摆脱了十月怀胎而不再需要休孕产假。孩子出生之后，如果两性能平均分摊照顾孩子的负担，那么女性在职场中就能够与男性展开更为平等的竞争。这将有助于女性获取更多社会稀缺资源，并最终增进女性在公共事务中的代表权。

人造子宫并不会使女性成为多余，但它却可能使婚姻和家庭成为多余。任何人想要有孩子都可以购买从精子库、卵子库、试管婴儿再到人造子宫的一条龙服务。整个过程甚至都不需要人们亲自参与其中。完整的体外生殖技术将彻底斩断母亲与胎儿之间的共生关系，母亲的气息、心跳、声音，等等，对于体外生殖的孩子来说都将毫无意义。那时，生养孩子很可能变成一种纯粹的商业行为，就像从宠物店购买宠物一样。如果真的那样，人们就不会大费周章地去考虑结婚成家的事了。父权制下的婚姻是为了维护男性的财产继承，在破除父权制的情况下，男女双方拥有各自的财产。男欢女爱的情感需求可以通过各种自由而不确定的关系实现，并不需要以法定的契约去保障长久的两性关系。这种关系过去是为了抚养孩子而存在的，而今后孩子可以购买，抚养孩子的相关服务也可以购买。家庭将被社会化的人口生产所解构。

"人"的社会化大生产，这是体外生殖技术普遍应用之后的人类社会图景。如果人能够造人（用人工的方法制造人），那么人就会成为商品。这对于人类来说或许并不是好消息。因为，人一旦成为商品，那么人的尊严、主体性、不可侵犯性等都会丧失，这将从根本上颠覆人类的伦理秩序。试想一下，如果想要孩子的人可以到商店去买一个孩子，就像买一件衣服那样，那么他会如何对待那个孩子呢？如果他对这个孩子不满意，会要求退换货吗？被退回去的孩子又将被如何处置呢？商家会不会为了盈利而制造一些"超人"孩子，或者特别漂亮的孩子呢？这些被制造出来的孩子完全成为取悦父母的工具，他们之间将形成什么样的亲子关系？如果未来真的是那样，那么康德所说的"把所有人当作目的"的道德律令将彻底粉碎。标志着人类文明的人权、尊严、自由、平等这些理念将受到何等的践踏？！

更可怕的是，如果将体外生殖技术与另一种新兴的生物技术——基因编辑——结合起来，那么，是否会出现英国作家阿道司·赫胥黎的小说《美丽新世界》中的景象：在一个造人的工厂里，品质高低不等的人类被生产出来，α、β、γ、δ、ε，他们属于社会中不同的阶层，充当不同的用途。那将是一个极度不平等的世界，一个人人被用作工具的世界。在那里，处于顶层的人负责计划和生产所有其他人，处于底层的人则被催眠、睡眠疗法、巴甫洛夫条件反射等科学方法控制来执行各种命令，而所有人都可以通过一种被称为"唆麻"的药物获得虚幻的快感。在"美丽新世界"中，亲情、爱情、友情等人类的美好情感都消失殆尽，人类尊严也被无情践踏。

我们应清醒地认识到，体外生殖技术的发展或许可以满足人们延续后代的愿望，有助于解决人类社会老龄化、少子化等问题，但也可能彻底解构人类的价值。2019 年，欧盟"地平线 2020 计划"拨出 290 万欧元的巨款供荷兰埃因霍温理工大学和荷兰 Máxima 医疗中心的研究团队研发人造子宫。[1] 2021 年 5 月 26 日，国际干细胞研究学会（ISSCR）发布新指南，放宽了人类胚

---

1 参见：Elizabeth Romanis, "Artificial Womb: Dutch Researchers Given €2.9m to Develop Prototype", *The Guardian*, Oct. 8, 2019.

胎体外研究不得超过 14 天的规则。[1] 2023 年 9 月 19—20 日，美国食品药品监督管理局（FDA）的儿科咨询委员会召开独立顾问会议，讨论"人造子宫"的可能性以及临床试验所面临的法规、道德规范。2024 年 1 月，科学家们宣布，人造子宫的人体试验可能在今年获得 FDA 的批准。这些最新动向是否意味着对体外生殖技术的法律限制将被逐步解除，人类正大踏步地迈向"美丽新世界"？

综上所述，技术是一把双刃剑，数字技术、网络技术、生物医学等新兴科技进步为人类提供了越来越多的可能。然而，人类是否能用好这些技术以实现一个理想的社会，是否能借助科技进步推进性别平等，构建和谐的两性关系？这还取决于人们是否能秉持性别平等的观念，同时改进相应的制度设计，以促进两性的身份平等、权利平等和机会平等。观念的进步和制度的改进是实现性别平等的关键。

---

[1] 参见《新指南放宽人类胚胎研究"14 天规则"限制》，载《科技日报》，2021 年 5 月 28 日。

第十四章
性别发展水平的度量

　　性别发展的程度如何度量？两性之间在经济、文化、教育以及公共生活方面的差距到底有多大？性别平等的发展目标有没有得到促进？为了回答这些问题，我们需要建构度量性别发展的客观指标。联合国、世界经济论坛等国际组织的研究为我们提供了度量性别发展的理论基础和指标体系。这些指标充分考虑了女性在家庭生活、学校教育、市场经济以及公共事务中可能遭遇的不平等对待，综合女性的预期寿命、收入和财产情况、受教育情况、在公共事务中的代表性等各项数据制定了度量性别发展的多种指标体系。本章将结合新中国建立以来中国妇女事业发展的相关数据，讨论中国性别发展的成就以及有待改进之处。

失衡的新生儿性别比

绝大部分人来到这个世界上,首先迎接他(她)的就是家庭。在家庭这个人生第一站上,女性就可能遭遇一系列不平等。这些不平等的对待有时会导致女性胎死腹中或被扼杀在摇篮里,提前终止她们的人生旅程。女婴或女性胎儿的非正常死亡会带来巨大的社会问题。在学术研究中,这一现象被称为"消失的女性"。

"消失的女性"(missing women)这一概念最早由诺贝尔经济学奖得主阿马蒂亚·森提出。他在一篇题为"消失的1亿女性"[1]的文章中指出:在亚洲一些国家,女性比例严重偏低。在欧洲和北美,女性与男性的比例通常为1.05∶1,而在一些亚洲国家,这一比例只有0.94∶1,甚至更低。森以此为依据进行估算,与自然非干预状态相比,估算出有1亿亚洲女性消失了。女性之所以消失,归根结底是人们重男轻女的观念使然。这一观念让人们想方设法地生男孩,甚至遗弃女孩。在某些具体的政策环境中,在胚胎形成初期的产检中,如果发现胚胎为女性,一些人就可能采用人工流产的方式堕胎。有时,即使女婴生下来了,也可能被残忍地丢弃或杀害。在一些贫困的国家或地区,女孩被顺利生下来却得不到必要的照顾,因而夭折。这些因素都导致女孩的存活率大大低于男孩的存活率,加剧了性别比例的失调。

研究"消失的女性"最有效的方法就是考察各年龄段的性别比例。在这方面,人口学和政治学的学者都做了许多具体的研

---

[1] Amartya K. Sen, "More Than 100 Million Women Are Missing", *The New York Review of Books*, Jan. 1990.

究。在我国，20世纪90年代初期，人口普查工作很难严格执行，所以存在出生女婴瞒报、漏报、错报等现象。因此，一些学者认为，中国不存在实质性人口出生性别比偏高的状况，统计数据是假象。[1] 然而，在20世纪90年代中后期，随着统计工作的逐步完善，新生儿性别比并没有下降。而且，相关实证研究证明，随着B超技术的普及应用，男孩比例也呈现出上升趋势。这就说明，新生儿性别比偏高在我国是真实存在的。另外，这一结论还可以从同一时期人流胎儿的性别比得到佐证。[2] 1993年的一项调查发现，在新生儿性别比最高的浙南地区，人流的胎儿性别比仅为51.0。这说明被流产的胚胎中，女性大概是男性的两倍。[3] 而且，20世纪90年代的弃婴中也有90%是女婴。[4]

进入21世纪后，我国的新生儿性别比偏高的问题仍然存在。例如，在一篇题为"中国和印度'失踪女孩'比较研究"的文章中，作者指出，在2010年，"中国的出生人口性别比高达120（女=100），印度为113。基于中国和印度2000年/2001年的人口普查资料推算，两国0~19岁'失踪女孩'的规模分别为1 194.57万和1 612.42万，女孩失踪率分别为6.12%和6.82%。

---

[1] 参见曾毅、顾宝昌、涂平、徐毅、李伯华、李涌平：《我国近年来出生性别比升高原因及其后果分析》，载《人口与经济》，1993年第1期。

[2] 参见岩复、陆光海：《出生性别比升高的"微观"研究——湖北省天门市出生性别比升高的特点和原因调查》，载《湖北大学学报》（哲学社会科学版），1995年第5期。

[3] 参见中国人口信息研究中心出生性别比课题组：《治理出生性别比异常偏高的经验——浙江省嵊州市、陕西省宝鸡市县调查报告》（内部报告），2001年6月。

[4] 参见：Key Johnson, Human Rights Watch/ Asia 1996.

中国'失踪女孩'的数量和女孩失踪率随年龄增长而递减,主要是出生人口性别比持续偏高和升高所致,以产前失踪为主,是出生前胎儿性别选择和女婴漏报及瞒报的结果。印度'失踪女孩'数量和女孩失踪率随年龄增长而递增,以产后失踪为主,主要受性别间年龄别死亡率比偏低的影响,是出生后男孩与女孩的生存条件存在巨大差异的结果"[1]。另一篇题为"出生人口性别比例失衡,该怎么办"的文章指出,依据黑龙江省统计局发布的《同江市2018年妇女儿童发展规划统计监测报告》,在2018年内,同江市新生人口的男女性别比较往年大幅飙升,达到了116.9,远远超出了107这一正常值的上限。[2]

上述两个实证研究,一个考察的是我国实行"二孩政策"[3]之前的数据,另一个考察的是实行"二孩政策"之后的数据。然而,两个研究都向我们展示了这种不正常的出生性别比。可见,无论在何种政策环境中,人们都可能通过各种方式"生男孩"。目前,我国的人口政策在进一步放开,而试管婴儿等辅助生殖技术的应用也让人们有了选择婴儿性别的更多可能。由此,新生儿性别比失衡的问题可能短期内还很难解决。然而,解决这一问题的关键还在于改变人们重男轻女的观念,真正树立生男生女都一样的性别平等意识。从与人口性别比相关的实证研究来看,无论

---

[1] 原新、胡耀岭:《中国和印度"失踪女孩"比较研究》,载《人口研究》,2010年第4期。

[2] 参见杨鑫宇:《出生人口性别比例失衡,该怎么办》,载《科学大观园》,2019年第13期。

[3] 我国计划生育中的二孩政策于2016年1月1日起正式实施,三孩政策于2021年5月31日起正式实施。目前,我国的《人口与计划生育法》第十八条第一款明确规定了"国家提倡一对夫妻生育三个子女"。

是在产前还是在产后，在重男轻女的观念下，有许多本该存活下来的女孩被扼杀在了生命最初的时刻。这种现象的最大恶果就是某些地区会出现男女比例的严重失调，而男女比例的失调又会进一步引发拐卖妇女儿童等恶性犯罪事件。所以说，没有让女性与男性一样平等地出生，这是许多罪恶的根源。

女性健康发展

女性在出生之后是否能获取足够的医疗资源，维持身心健康，这是事关性别发展的重要方面。新中国建立以来，我国的医疗事业蓬勃发展，女性的健康水平也得到大幅提升。一方面，保障妇女身体健康的各种法律法规以及相应的制度不断健全。其中，相关法律包括《母婴保健法》《妇女权益保障法》，国务院制定的法规有《母婴保健法实施办法》《计划生育技术服务管理条例》《女职工劳动保护特别规定》等。与此同时，我国还在全国范围内建立了妇幼保健医院系统。完善的法律法规以及覆盖全国的妇幼保健系统是中国女性健康的基本保障。另一方面，我国妇女的各项健康指标大幅提升，在国际社会广受赞誉。其中包括妇女平均预期寿命延长，全国孕产妇死亡率稳步下降，孕产妇死亡率的城乡差距明显缩小等重大成就。

第一，平均预期寿命是评价一国民众之健康水平的重要指标。2020年，我国妇女的平均预期寿命是80.88岁，在184个国家中位列第62位，比世界女性平均水平高4岁，与新中国成立时的36.7岁相比，延长了44.18岁，与改革开放初期1981年的

69.72 岁相比，延长了 11.16 岁。[1] 这与我国的医疗投入以及对女性所做的免费体检等工作息息相关。截至 2019 年，全国共有妇幼保健机构 3 071 家，妇产医院 809 家，儿童医院 141 家。[2] 在妇科疾病方面，新中国成立后一直努力实现普查普治。经过 70 多年的努力，妇女常见病筛查率逐年上升，2020 年达到 86.6%。[3] 从 1958 年开始，卫生部门在全国范围开展子宫脱垂和尿瘘"两病"的普查普治工作，到 1981 年底，全国各地治愈子宫脱垂患者 128 万人，尿瘘患者 1.7 万人，占"两病"患者的 60% 以上。[4] 宫颈癌和乳腺癌（以下简称"两癌"）是妇女常见的恶性肿瘤。2009 年，由国家财政部提供资金，原卫生部、全国妇联等部门在全国范围内开展农村妇女"两癌"检查项目。到 2019 年，"两癌"检查项目已经覆盖了全国 832 个贫困县。从 2011 年开始，财政部每年从中央彩票公益金中拨款 5 000 万元，用于贫困地区患病妇女的救治。2018 年，妇女"两癌"、肺癌等被纳入大病专项救治范围。上述措施大大提升了女性的健康水平，延长了我国女性的平均预期寿命。

第二，生育过程是女性健康的重要环节，在医疗条件较差的旧中国，妇女生孩子就是"闯鬼门关"。因此，新中国成立以来，

---

[1] 参见国家统计局：《〈中国妇女发展纲要（2011—2020 年）〉终期统计监测报告》，https://www.gov.cn/xinwen/2021-12/21/content_5663667.htm。

[2] 参见国家统计局社会科技和文化产业统计司编：《中国妇女儿童状况统计资料 2020》，北京，中国统计出版社，2020 年，第 12 页。

[3] 参见刘利群、张立主编：《中国妇女百年发展报告（1921—2021）》，北京，社会科学文献出版社，第 111 页。

[4] 参见卫生部妇幼保健与社区卫生司编：《妇幼卫生政策研究课题结果汇编》（内部资料），2006 年，第 76 页。

如何改善为女性生育服务的医疗条件，降低孕妇病死率，成为女性健康发展的重要内容。2020年，全国孕产妇死亡率为16.9/10万，与新中国成立时的1 500/10万相比，下降了98.9%，较改革开放初期1990年的88.9/10万，下降了81.0%。[1]孕产妇死亡率的大幅下降与医疗条件的改善直接相关。有资料表明，孕产妇非住院分娩死亡危险是住院分娩死亡危险的5~6倍。[2]在医疗设施逐步完善的背景下，我国孕产妇的住院分娩比例大幅提升。1995年，全国孕产妇住院分娩比例为40%左右，这一数据在2020年达到了99.9%。尤其是农村孕产妇住院分娩比例，从1995年的37%上升至2020年的99%以上。另外，住院分娩还大大降低了新生儿的死亡率。新中国成立时，我国的婴儿死亡率为200‰，2020年这一数据下降至5.4‰。总之，我国在降低孕产妇死亡率和婴儿死亡率方面成效显著，超前完成了联合国面向2030年可持续发展目标，位居全球中高收入国家前列。

第三，在整体提升女性健康水平的同时，我国也特别重视农村贫困地区的女性医疗服务。近年来，城乡女性的健康水平差异逐步缩小，有效地维护了不同地区之间女性的平等。在医疗资源匮乏的边远地区，女性的健康面临更大的威胁。为了减小城乡女性健康水平的区域差异，我国政府一直将农村女性的健康发展作为重要目标。例如，《中国妇女发展纲要（2011—2020年）》和《中国妇女发展纲要（2021—2030年）》都将"缩小城乡差距"作

---

[1] 参见国家统计局：《〈中国妇女发展纲要（2011—2020年）〉终期统计监测报告》，https://www.gov.cn/xinwen/2021-12/21/content_5663667.htm。

[2] 参见国务院妇女儿童工作委员会办公室、联合国儿童基金会：《县级实施妇女儿童发展纲要指导手册》（内部资料），2004年，第34页。

为妇女健康发展的重要目标。与此同时，我国还在农村地区广泛开展"两癌"筛查等妇科疾病的普查普治工作，从 2009 年起将农村妇女"两癌"免费检查纳入国家重大公共卫生服务专项，大大提升了农村妇女的健康水平。近些年来，在孕产妇住院分娩率、孕产妇死亡率、平均预期寿命等方面，城乡女性的差异都大幅缩小。

我国女性健康水平的大幅提升也得到了国际社会的承认。2014 年，世界卫生组织公布的《妇幼健康成功因素报告》将中国列为妇幼健康高绩效的 10 个国家之一，并将中国经验向世界推广。[1]

女性家庭地位提升

女性的家庭地位也是性别平等的一个重要标志，这直接影响着女性在家庭中是否能获得足够的资源。在传统社会的家庭中，在经济条件有限的情况下，家中的女孩常常成为被牺牲的对象。她们很难获得与家中的男孩同等的营养、医疗、教育等自我发展所必需的各种条件。在一些家庭中，女孩早早地承担起各种家务劳动，甚至外出打工、养家糊口，而家中的资源都用来供男孩读书，以改变男孩的命运和生活境况。

对于家庭内部资源分配状况的考察比较困难，但我们仍然可

---

[1] 参见《改革开放 40 年，妇幼健康事业取得辉煌成就》，载《中国妇女报》，2018 年 12 月 3 日。

以从女童失学率、女性接受成人教育的比率、女性患病就医率等数据来考察女性在家庭中的地位。例如,段塔丽指出,2008 年,西部欠发达地区的农村女性在家庭经济资源、教育资源、健康资源、发展资源的分配中都受到了不平等的对待。在经济资源方面,大多数女性很难掌控家庭经济的支配权,无法继承家里的房产,而且在消费比例上也比男性要低。[1] 据全国妇联 1990 年的一项调查统计,在全国的农村中,丈夫个人花费较多的占 60.3%,妻子个人花费较多的占 11.7%。[2] 在教育资源方面,女童失学率常年高于男童,而女性接受成人教育的比例低于男性。例如,1995 年,全国未入学的学龄儿童共有 182.9 万人,其中女童多达 109.3 万人,占总数的 59.74%。[3] 另外,全国妇联 1990 年所做的一项调查显示,农村家庭中男性接受过成人教育的占 27.7%,女性为 22.9%,女性的比例比男性的约低 5%,而没有受过任何形式的成人教育的,女性的比例为 76.9%,男性的为 72.2%,女性的比例比男性约高 5%。[4] 在健康资源方面,女性的健康水平长期低于男性,而女性患病的拖延程度高于男性。在 25~64 岁之间,我国贫困地区的农村女性患病率比男性高 2%~5%。2002 年,全国妇联公布的第二期中国妇女社会地位调查资料显示,近三年中有病

---

1 参见段塔丽:《西部欠发达地区农村女性在家庭资源分配中被"边缘化"问题探讨》,载《陕西师范大学学报》(哲学社会科学版),2008 年第 1 期。

2 参见陶春芳、蒋永萍:《中国妇女社会地位概观》,北京,中国妇女出版社,1993 年,第 65 页。

3 参见臧健:《女童生存与发展研究的回顾与再探索》,见徐午、许平、鲍晓兰、高小贤主编:《社会性别分析:贫困与农村发展》,成都,四川人民出版社,2000 年。

4 参见陶春芳、蒋永萍:《中国妇女社会地位概观》,第 89 页。

拖着不去看的农村男性占被调查对象总数的 12.4%，农村女性占 19.8%。[1] 这些数据都充分说明，长期以来，女性在家庭中的地位较低，获取的家庭资源份额也偏低。

近些年来，随着经济发展以及计划生育等相关政策的实施，中国女性在家庭生活中地位低、缺乏决策权的状况有了较大的改变。在家庭决策方面，依据 2011 年公布的第三期中国妇女社会地位调查报告，46.3% 的人认为夫妻家庭实权差不多，比 2000 年提高了 7.5%。[2] 依据 2019 年的统计数据，在中国家庭的全部户主中，女性占 18%，比 2005 年提高了 4.2%；年轻户主中女性所占比重相对较高。[3] 2021 年公布的第四期中国妇女社会地位调查结果显示，在"投资/贷款"和"买房/盖房"方面，妻子参与决策的分别占 89.5% 和 90.0%，分别比 2010 年提高了 5.6% 和 11.9%。在医疗健康方面，2021 年公布的第四期中国妇女社会地位调查结果显示，35 岁以下有单位的在职女性最近一次生育时，配偶休带薪护理假的比例为 81.2%，休 7 天以上的为 70.8%，分别比 2010 年提高 14.6% 和 19.7%。女性的就医行为变得更为积极：近三年中身体有病拖着不去看病的女性比例为 15.7%，其中城镇女性的这一比例为 14.1%，比 2010 年下降 4.1%。同时，丈夫带

---

1 参见第二期中国妇女社会地位调查课题组：《第二期中国妇女社会地位抽样调查主要数据报告》，载《妇女研究论丛》，2001 年第 5 期。
2 参见宋秀岩主编：《新时期中国妇女社会地位调查研究》（上卷），北京，中国妇女出版社，2013 年，第 353 页。
3 参见国家统计局社会科技和文化产业统计司编：《中国社会中的女人和男人——事实和数据（2019）》（内部资料）。

薪护理假比例也有所上升。[1] 与此同时,"男主外、女主内"的旧观念也发生了变化。依据 2021 年公布的统计数据,不赞同"男人应该以社会为主,女人应该以家庭为主"的男女比例分别为 50.9% 和 58.3%,比 2010 年分别提高 14% 和 14.7%,其中 35 岁以下女性中有八成表示不赞同;而认同"男人应该兼顾家庭和工作"的比例为 93.3%。[2] 这些数据揭示了在中国家庭中,女性的地位正逐步提升。

女性教育的进步

女性教育是现代女性运动的重要内容。由此,保障女性的受教育权、提升女性的受教育程度是性别发展的重要内容。新中国成立以来,我国的女性教育事业取得了举世瞩目的巨大成就。

新中国成立之初,女性受教育情况不容乐观,当时全国 15 岁及以上女性人口文盲率为 90%。1956 年,中共中央、国务院发出《关于扫除文盲的决定》,强调在 2~3 年内扫除机关干部中的所有文盲,3~5 年内扫除工厂、矿山、企业职工中 95% 的文盲,5~7 年内扫除城乡居民中 70% 以上的文盲。随后,全社会积极参与扫盲运动,客观上提高了广大女性的知识文化水平。改革开放后,对妇女的扫盲工作得到进一步推进。1988 年,全国妇联发

---

[1] 参见国家统计局社会科技和文化产业统计司编:《中国社会中的女人和男人——事实和数据(2019)》(内部资料)。

[2] 参见第四期中国妇女社会地位调查课题组:《第四期中国妇女社会地位调查主要数据情况》,载《妇女研究论丛》,2022 年第 1 期。

布了《关于进一步加强扫除妇女文盲工作的通知》。1995年，国务院颁布了《中国妇女发展纲要（1995—2000年）》，这是我国政府第一部关于妇女发展的专门规划。该规划提出了每年扫除300万妇女文盲，到20世纪末全国基本扫除青壮年文盲的目标。接下来颁布的两个十年周期的《中国妇女发展纲要》，则将扫除农村妇女中的文盲作为工作重点。扫除女性文盲的工作取得了巨大成就，2017年，我国15岁及以上女性人口的文盲率降至7.3%。[1]

除了持续不断的扫盲工作外，我国的学校教育也不断完善，大大提升了女性的受教育程度，有效地维护了两性之间的教育公平。1986年，《中华人民共和国义务教育法》颁布，确立了我国的义务教育制度。从此，中国的学龄儿童，无论男女都能够享受九年制义务教育，这为女性的自我发展打下了良好的基础。我国的教育体系始终贯彻性别平等的观念，所有阶段的升学和评估都与性别无关，男女两性在学校教育中被平等对待，学习同样的科学文化知识。然而，受到传统社会陈旧观念的影响，一些边远地区的女孩还是没有获得与男孩同等的上学机会，而是早早挑起生活的重担。20世纪80年代末，我国每年约有200万适龄儿童失学，其中2/3是女童。针对这一问题，1989年，在全国妇联的领导下，中国儿童少年基金会发起了致力于改善贫困家庭女童受教育状况的"春蕾计划"公益项目。截至2019年，该项目累计筹集社会爱心捐款21亿元，捐赠人数达2 784万人次，在全国范围内资助

---

[1] 参见中华人民共和国国务院新闻办公室：《平等 发展 共享：新中国70年妇女事业的发展与进步》（白皮书），2019年9月。

春蕾女童超 369 万人次。[1]

在帮助女性更好地完成学业方面，我国的教育工作者做出了巨大贡献，涌现出许多感人事迹。其中最让人感动的是云南华坪女子高级中学的张桂梅校长。张桂梅长期从事贫困地区的中学教育以及福利慈善工作。为了防止贫困家庭的女学生在义务教育阶段结束后失学，2008 年，她在云南省丽江市华坪县创建了全国第一所全免费的女子高中，专门供贫困家庭的女孩读书。为了办好这所学校，张校长省吃俭用、四处筹钱，甚至将自己看病的钱和县里给她的奖金都捐给了学校。为了孩子们能好好学习，她呕心沥血，克服一切困难。张校长顽强拼搏的精神感动了她身边的所有人。在她的带动下，学生们开始用心学习，老师们勤奋教学，各级政府也给予了学校更多的支持。截至 2020 年，华坪女子高中曾连续 10 年高考综合上线率 100%，1 645 名贫困女孩从这里走进大学，实现了自己通过学习改变命运的梦想。

在无数教育工作者的不懈努力下，我国的女性教育事业取得了巨大的成就。目前，我国女性的受教育程度在全世界范围内已经处于领先地位。国家统计局于 2021 年 12 月发布的《中国妇女发展纲要（2011—2020 年）》终期统计监测报告显示："小学学龄儿童净入学率已连续 5 年达到 99.9% 及以上，我国在义务教育阶段已基本消除性别差距。2019 年，九年义务教育阶段在校生中女生为 7 157.3 万人，比上年增加 186.7 万人，增长 2.7%，占在校生的比重为 46.5%。"[2] 我国女性教育的进步不仅体现在九年义务

---

[1] 参见新华社：《"春蕾计划"实施 20 年来惠及贫困女童 200 余万》，https://www.gov.cn/jrzg/2010-07/15/content_1655472.htm。

[2] 国家统计局：《2019 年〈中国妇女发展纲要（2011—2020 年）〉统计监测报告》，https://www.stats.gov.cn/sj/zxfb/202302/t20230203_1900945.html。

教育阶段，也体现在高中和大学阶段。"2019年，高中阶段教育在校生中女生为1 882万人，比上年增加16.6万，占全部在校生的47.1%，高于学前教育和义务教育阶段女生所占比重。"与高中阶段女性学生比例大幅提高相比，大学阶段的女性比例则超过了男性："2019年，高等教育在校生中女研究生人数为144.8万人，占全部研究生的比重达到50.6%，与2010年相比提高2.7%；普通本专科、成人本专科在校生中女生分别为1 567.9万人和392.3万人，占比为51.7%和58.7%，比2010年提高0.9%和5.6%。"[1]

我国大学中女性学生数量逐年递增且超过男性，这充分说明女性在智力上并不逊色于男性，只要有开放平等的教育机会，女性完全可能取得与男性同等的成绩。随着科技的发展，人类的教育事业突飞猛进，而教育机会的平等开放就像给女性装上了隐形的翅膀，让她们能够翱翔于人类知识的各个领域。

家务劳动的公平分担

女性家庭地位的提升还体现在家务劳动的价值得到社会承认。在家庭生活中，无论女性是否外出工作，她们都倾向于承担更多的家务劳动。这些劳动通常没有相应的经济回报，是"无酬劳动"。国家统计局发布的《2018年全国时间利用调查公报》定义的"无酬劳动"包括：家务劳动、陪伴照料孩子生活、护送辅

---

[1] 国家统计局：《2019年〈中国妇女发展纲要（2011—2020年）〉统计监测报告》，https://www.stats.gov.cn/sj/zxfb/202302/t20230203_1900945.html。

导孩子学习、陪伴照料成年家人、购买商品或服务（含看病就医）、公益活动。该调查结果显示，中国男人和女人每日外出工作的时间相差无几，分别为 7 小时 52 分钟和 7 小时 24 分钟，而男性的无酬劳动时间是每日 1 小时 32 分钟，女性每日则高达 3 小时 48 分钟，两者相差巨大。图 6 显示了《2018 年全国时间利用调查公报》中分城乡、分性别的居民无酬劳动时间情况。从这些统计数据来看，在外出工作时间相差无几的情况下，中国女性每天要比男性平均多付出两个多小时的无酬劳动，这显然是不公平的。

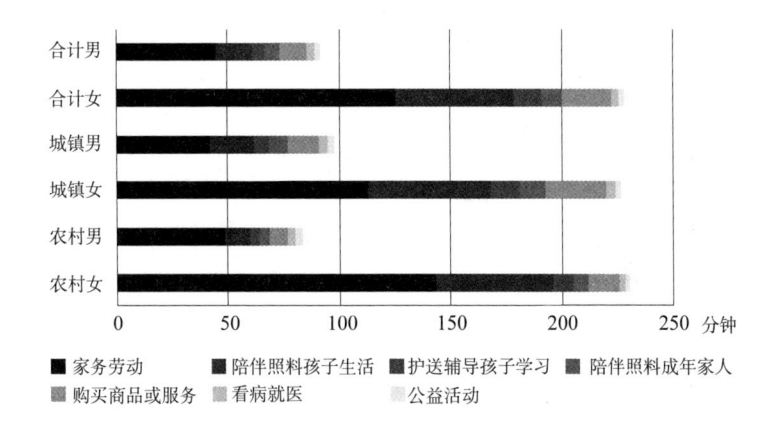

分城乡、分性别的居民无酬劳动时间情况

（图片来源：国家统计局官网）

令人欣慰的是，女性承担过多无酬劳动的问题已经引起了中国社会的广泛关注。许多男性开始主动承担家务劳动。依据第三期中国妇女社会地位调查的数据，88.6% 的受访者赞同"男性也应该主动承担家务劳动"[1]。与2008年的调查数据相比，2018年的女性无酬劳动时间比2008年增加了10分钟，男性增加了14分钟，两性的时间差距缩小了4分钟。其中，女性用于家务劳动的时间平均为2小时6分钟，比男性多1小时21分钟，两性承担家务劳动的时间差距比2008年缩小了29分钟。[2] 与此同时，随着女性教育水平的逐步提升，女性在家庭中的地位也逐步升高。依据第三期中国妇女社会地位调查的数据，85.2%的妇女对自己的家庭地位表示比较满意或者很满意，而且文化程度高、外出工作、收入水平高的女性对自己的家庭地位的满意度更高；认同"男人应该兼顾家庭和工作"的比例为93.3%。[3]

近些年来，也有许多人呼吁给全职太太发工资，他们认为女性在家庭中承担的再生产劳动具有重要价值。例如，《发现母亲》[4]一书的作者王东华提出，给生一胎的女性发3 000元/月，二胎母亲发8 000元/月，等等。如前所述，这类措施也很有可能将女性进一步局限于家庭领域，因此并没有得到公众的广泛赞同。[5] 总之，在家务劳动的问题上，笔者的基本观点是：家务劳动是具有重要意义的劳动，也是家人之爱的体现，所有家庭成员都应公平分担。

---

1 第三期中国妇女社会地位调查课题组：《第三期中国妇女社会地位调查主要数据报告》，载《妇女研究论丛》，2011年第6期。
2 参见国家统计局社会科技和文化产业统计司编：《中国社会中的女人和男人——事实和数据（2019）》（内部资料）。
3 参见第三期中国妇女社会地位调查课题组：《第三期中国妇女社会地位调查主要数据报告》，载《妇女研究论丛》，2011年第6期。
4 参见王东华：《发现母亲》，南昌，江西人民出版社，2010年。
5 参见本书第八章关于家务劳动之公平分担的讨论。

反对家庭暴力

女性在家庭中可能遭受的最严重的伤害就是家庭暴力。由于家庭暴力发生在私人领域，公权力的干预有一定的困难。长久以来，家庭暴力时有发生，很难得到根本性的遏制。根据 2002 年中国法学会的调查，我国遭受家庭暴力的人数多达 4.5 亿，其中 90% 是女性，女性是家庭暴力的最大受害者。[1]

在防止家庭暴力方面，我国政府做了一系列工作。20 世纪 90 年代，一些地方的法院、公安、民政、妇联等部门联合建立了家庭暴力致伤鉴定中心和反家暴妇女庇护所等机构，探索多部门合作推进反家庭暴力工作。2008 年 3 月，最高人民法院中国应用法学研究所针对中国国情编写并发布了《涉及家庭暴力婚姻案件审理指南》，这是我国司法系统对反家庭暴力的有益尝试。2016 年，我国开始实施《中华人民共和国反家庭暴力法》，该法律设立了家庭暴力告诫、强制报告、人身安全保护令和庇护救助 4 项制度，是保护家庭暴力受害者的法律保障。依据第四期中国妇女社会地位调查，《反家庭暴力法》实施以来，在预防和制止家庭暴力方面有一定成效。女性遭受家庭暴力的比例明显降低。根据《反家庭暴力法》对家庭暴力概念的界定，在婚姻生活中女性遭受过配偶身体暴力和精神暴力的比例为 8.6%，比 2010 年下降了 5.2%。[2]

近些年来，随着网络应用的不断普及，许多过去不为人知的

---

[1] 参见林美卿、贺羡：《我国女性遭受家庭暴力问题研究》，载《山东社会科学》，2010 年第 6 期。

[2] 参见第四期中国妇女社会地位调查课题组：《第四期中国妇女社会地位调查主要数据情况》，载《妇女研究论丛》，2022 年第 1 期。

家庭暴力以及在公共场所针对女性的暴力事件被曝光，引发了广泛的社会关注。例如，2019 年，网红美妆博主在网上控诉其前男友"沱沱"家暴，引发广泛关注；2020 年 9 月 14 日，长期遭受家暴的网红歌手拉姆，在直播时遭前夫唐某泼汽油而烧伤，最终被夺走了生命；2022 年 6 月 10 日，发生了震惊全网的唐山烧烤店打人事件；2023 年，成都一位在两年内遭受了 16 次残酷家暴的女性在网络上呼吁判处丈夫死刑，等等。这些案件的公共讨论进一步强化了全社会对家暴的"零容忍"，以及反对针对女性之暴力的共识，客观上有助于预防和制止针对女性的暴力事件的发生。社会舆论的变化也让更多女性勇于拿起法律武器保护自己。2024 年 3 月 8 日，在第十四届全国人民代表大会第二次会议上，最高人民检察院的工作报告中指出："2023 年，检察机关……依法严惩侵犯妇女生命健康、人格尊严等犯罪，起诉 4.6 万人，同比上升 10.7%。起诉家庭暴力犯罪 563 人。"[1] 针对女性的暴力案件增多，其原因并不一定是此类事件的发生更为频繁，而更可能是女性反对暴力的意识增强，敢于拿起法律保护自己。

反对就业歧视

随着女性受教育水平的提升，许多女性走出家门，从事各种工作。从世界范围来看，我国女性外出就业的比例相当高，她们进入了公共领域的各行各业，成为国家发展的中坚力量。2017 年，

---

[1] 引自 https://www.spp.gov.cn/spp/2024qglh/202403/t20240308_648101.shtml。

中、高级职称的专业技术人员中女性占比分别为48.6%和38.3%（其中正高级职称也达到32.5%）。[1] 2018年，我国就业人员中女性占比为43.7%，有超过60%的妇女参与经济社会建设。女企业家占企业家总数的30%，女性创业者在互联网领域占55%。2020年，我国女性在第一、二、三产业的占比为28.8%、17.1%和54.1%，农村女性从事非农劳动的比例为39.5%。这些数据体现了我国在促进女性就业方面取得的较大成就。然而，在职场中，女性也可能遭遇一系列的不平等对待。从她们开始求职的那一刻起，性别歧视就如影随形。当进入职场后，她们又不得不为争取同工同酬而抗争，但最终迎接她们的却可能是看不见的天花板。在整个过程中，女性还可能遭遇领导和同事的性骚扰。

女性在求职过程中可能遭遇的性别歧视现象是普遍存在的。用人单位站在自己利益的立场，可能会嫌弃女性求职者。因为她们面临着结婚生子、孕产假等一系列问题，她们不方便单独出差，不方便陪客户应酬，等等。出于这些考虑，用人单位可能想尽各种办法或明或暗地拒绝女性求职者。在某些情况下，用人单位还可能让女性应聘者签订包含"多少年之内不怀孕生产"等条件的劳动合同，这些做法严重侵犯了女性的正当权益。尤其是在社会失业率较高的情况下，女性求职者受到的不公平对待可能更严重。在某些情况下，人们还将"让女性回家"当作解决失业问题的一条路径："20世纪80年代中后期，学术界、政策研究者及社会公众曾多次公开讨论'阶段性就业'问题，要求'女性回

---

[1] 参见刘利群、张立主编：《中国妇女百年发展报告（1921—2021）》，第167~168页。

家'以减少劳动力供给,缓解就业压力。"[1]那时正是国企改革、大批员工下岗分流的时期。在这一过程中,大批女职工成为失业人员。据统计,当时在全体职工中女职工占38%,但下岗人群中女职工占62%。[2]

2008年,我国开始实施《就业促进法》,该法律的第二十七条规定:"国家保障妇女享有与男子平等的劳动权利。用人单位招用人员,除国家规定的不适合妇女的工种或者岗位外,不得以性别为由拒绝录用妇女或者提高对妇女的录用标准。用人单位录用女职工,不得在劳动合同中规定限制女职工结婚、生育的内容。"然而,在实际情况下,女性很难拿起法律的武器捍卫自己的权利。一方面,用人单位可以轻易地以"其他理由"而不是"性别"拒绝录用女性应聘者,这使得起诉方很难取证。另一方面,应聘者一旦与相关用人单位发生法律纠纷,有可能影响自身名誉,导致自己在某一行业中很难再找到合适的工作。中国裁判文书网上公布的与性别歧视相关的案件289个[3],确定为招聘过程中的性别就业歧视案件仅有3个。可见,在实际情况下,女性很难拿起法律武器捍卫自己的平等就业权利。

虽然法院审理的性别歧视案件极少,但招聘过程中的性别歧视现象却是普遍存在的。北京大学法学院妇女法律研究与服务中心于2009年发表的《中国职场性别歧视状况研究报告》显示,

---

[1] 林美卿、贺羡:《我国女性遭受家庭暴力问题研究》,载《山东社会科学》,2010年第6期。

[2] 参见刘利群、张立主编:《中国妇女百年发展报告(1921—2021)》,第162页。

[3] 参见 http://wenshu.court.gov.cn/。

平均每 4 个女性被调查者中就有 1 个女性因自己的性别而被用人单位拒绝录用。[1] 对于被迫签订"禁婚""禁孕"条款的情况进行调查发现，分别有 4.1% 和 3.4% 的被调查者表示被迫签订过此类劳动合同。在对用人单位是否不愿录用尚未生育的育龄女性进行调查时发现，平均每 5 个被调查者就有 1 个表示其所在单位不愿录用尚未生育的育龄女性。

女性不仅在招聘环节中可能遭遇性别歧视，而且在工作过程中也可能得不到平等对待。"同工同酬"一直是女性运动追求的目标。然而，这一目标在当今世界各国仍然没有实现。近些年来，在市场经济冲击、传统陈旧观念抬头的背景下，我国许多女性不得不回归家庭。女性总人口就业率由 2010 年的 51.1% 下降到 2019 年的 49.8%。18～64 岁城乡在业比例，1990 年为 90.5%，2000 年为 87.0%，2010 年为 71.1%。很多女性是为了照顾家庭而失业的。1971—1980 年，非农劳动女性因生育而中断职业的比例仅占 5.9%，2001—2010 年达到 35.0%，2014 年城镇女性中有 37.9% 的人因料理家务而失业，而男性的这一比例仅为 3.8%。[2] 在经济收入方面，男女收入差距也在扩大。城镇就业女性的年均收入，1990 年为男性收入的 77.5%，1999 年为 70.1%，2010 年为 67.3%，2020 年为 63.8%。2020 年，城镇和乡村就业女性年均收入分别为男性的 67.6% 和 51.6%。

究其原因，女性收入之所以普遍低于男性，是因为在相同

---

[1] 参见 http://www.china-woman.com/rp/main?fid=open&fun=show_news&from=view&nid=45932&ctype=4。

[2] 参见刘利群、张立主编：《中国妇女百年发展报告（1921—2021）》，第 175 页。

职业中女性的职级普遍低于男性。女性职业晋升中处处遭遇玻璃天花板，这也导致在各行业的精英层中女性寥寥无几。2013年，我国女性科技工作者的数量已经超过2 400万人，但两院院士中只有5%是女性；长江学者中，女性的比例仅为3.9%；中国青年科技奖获奖者中，女性仅占8.4%。[1]这些数据说明，在竞争名誉、权力、地位方面，两性之间缺乏实质性的机会平等。我们可以从"女性长江学者极少"这一点来分析这一问题。在我国，长江学者的奖励是颁给在人文社科方面做出突出贡献的学者的，而院士的荣誉只有理工科学者才能获得。在人们的刻板印象中，女性更适合学文科，男性更适合学理科。然而，得到社会承认的女院士却比女长江学者要多很多，这种反直觉的结果是怎么出现的呢？可以肯定的是，文科成就的评判标准没有理工科那么清晰客观，而这实际上为排挤女性制造了空间。在竞争规则越不明确的领域，竞争就可能越不公平，而腐败和偏见就可能越严重。从上述分析来看，在我国的职业竞争中要真正做到男女平等，还有很长的路要走。

打击拐卖妇女儿童

拐卖妇女儿童是一个严重的社会问题。在男女性别比失衡的情况下，许多农村男性无法通过正常渠道娶到老婆。[2]因此，许

---

[1] 参见刘利群、张立主编：《中国妇女百年发展报告（1921—2021）》，第176页。
[2] 拐卖妇女最猖獗的地区，往往也是男女性别比失衡最严重的地区。

多女性被人贩子贩卖到边远农村，甚至沦为性奴，度过凄惨悲苦的一生。这种所谓的"交易"是犯罪，是对女性人权的侵犯。我国政府一直致力于打击拐卖妇女儿童的犯罪，开展过多次解救被拐卖妇女的行动。2000 年，最高人民法院、最高人民检察院、公安部、民政部、司法部、全国妇联联合印发《关于打击拐卖妇女儿童犯罪有关问题的通知》，联合在全国范围内开展"打击人贩子、解救被拐卖妇女儿童"专项斗争。2007 年，公安部刑事侦查局加挂"打击拐卖妇女儿童犯罪办公室"的牌子，打拐办正式成立。同年，国务院颁布实施《中国反对拐卖妇女儿童行动计划（2008—2012 年）》。2009 年，公安部部署全国开展"打拐"专项行动，建立了全国打拐 DNA 系统，并从 2011 年开始对拐卖儿童案件实行"一长三包制"。2013 年，国务院颁布实施《中国反对拐卖人口行动计划（2013—2020 年）》。2021 年 1 月起，公安部部署公安机关开展"团圆"行动。2021 年 4 月 9 日，国务院颁布实施《中国反对拐卖人口行动计划（2021—2030 年）》。2024 年 3 月 18 日，全国打击拐卖妇女儿童犯罪专项行动部署会召开，部署从当日起至 2024 年底在全国范围内开展打击拐卖妇女儿童犯罪专项行动。

我国政府的打击拐卖妇女儿童犯罪的成效如何？"总体上看，20 世纪 90 年代是拐卖人口犯罪的高发期，近些年拐卖人口犯罪大幅下降——无论是批捕人数、起诉人数，还是在全部刑事犯罪中的占比均大幅下降。据不完全统计，32 年来，拐卖人口犯罪批捕人数降幅达 96.8%，起诉人数降幅达 94.1%。近 20 年来，收买被拐卖的妇女儿童犯罪批捕人数降幅超过 80%；批捕收买被拐卖的妇女儿童犯罪人数在全部刑事犯罪案件中的占比总体呈下降趋势，基本在 0.004%（2015 年）至 0.025%（2001 年）之间波动。与此同时，收买被拐卖的妇女儿童犯罪起诉人数上升超过 110%。"[1] 另有数据显示，2007—2018 年，全国共抓获犯罪嫌疑人超过 5 万名，解救被拐妇女儿童超过 10 万名。

然而，由于地方传统势力的阻挠以及根深蒂固的传宗接代观念，拐卖妇女儿童的犯罪活动仍时有发生。2022 年，江苏"丰县生育八孩女子"事件在网络上曝光并发酵，将这一问题推到了风口浪尖。在法律层面，一些学者建议修改相关法律，规定"买卖同罪"，严惩犯罪分子。清华大学法学院教授劳东燕指出："从国际层面上看，我国针对拐卖犯罪的刑罚比德国、日本等大陆法国家都要严厉。"与之相比，目前我国法律对于收买妇女、儿童的行为处罚相对比较宽松。根据《刑法》规定，收买被拐卖的妇女、儿童罪，法定刑罚目前只有一档，即三年以下有期徒刑、拘役或管制。没有买卖就没有伤害，许多法学专家表示，应提高收买被拐卖的妇女、儿童罪的法定刑，还有人呼吁买卖双方"同罪同罚"。[2]

鼓励女性参政议政

在人类社会中，女性在掌握政治权力方面长期处于弱势。这

---

1 参见《汇聚每一份善意和努力实现"天下无拐"》，https://www.spp.gov.cn/zdgz/202203/t20220306_547545.shtml。

2 参见《保护"她"权益，着力点在哪》，https://www.spp.gov.cn/spp/zdgz/ 202204/t20220418_554446.shtml。

意味着人类社会的政治秩序是由男性主导的。然而，性别平等的理念要求女性平等地参与政治秩序的确立和国家的治理。由此，提升女性政治代表的比例以及女性在国家政治权力中的分配份额，是性别发展的重要方面。

首先，在政治代表性方面，女性大约占全国人口数量的一半。但是，在世界上绝大多数国家中，女性政治代表的数量都低于50%。1995年，联合国第四次世界妇女大会在北京召开。这次会议通过的《行动纲领》将"妇女参与权力和决策"作为12个关切领域之一，要求各国在立法机构和决策职位中实现女性至少应占30%的目标。联合国之所以将女性代表的比例定为30%，是因为许多经验研究证明，当女性代表少于30%，她们往往成为男性的附庸，无法为女性发声。[1] 为了提高女性的政治代表性，世界上许多国家都在不同程度上实行了女性参政配额制，即在选举法等法律法规中直接规定女性在各级议会或政府中的比例。截至2018年底，世界上已有120多个国家实施了不同层次的性别配额制度。一些国家还将这一制度写入了宪法，例如，《卢旺达宪法》第九条第四款规定："卢旺达政府承诺确保妇女在决策机构占至少30%的职位。"

新中国成立以来，我国逐步建立了保障妇女平等参政议政的各项法律法规。《宪法》《选举法》《妇女权益保障法》等重要

---

[1] 根据坎特（Kanter）的临界规模理论，将未得到充分代表的群体成员纳入决策层未必能确保过程或结果公平。女性代表的数量需要增加到一定程度才会对女性政治地位带来实质性改变。1988年，德鲁普（Dahlerup）正式将30%作为第一个临界值确定下来。自此，30%这一数字得到广泛认可和大量应用，并有学者通过大样本的实证研究验证临界值的适用性。

法律法规都强调"男女享有平等的政治权利",这是中国女性获得与男性平等的政治权利的法律保障。例如,《妇女权益保障法》第十四条第二款规定:"全国人民代表大会和地方各级人民代表大会的代表中,应当保证有适当数量的妇女代表。国家采取措施,逐步提高全国人民代表大会和地方各级人民代表大会的妇女代表的比例。"这条法律虽然提出了逐步提高妇女政治代表的比例,但没有给出女性代表比例的明确数值,所以在具体操作中很容易被忽略。2007年,十届全国人大五次会议通过了《关于十一届全国人大代表名额和选举问题的决定》,该决定首次明确规定了全国人大代表中女性代表的比例不低于22%。但这一规定中22%的女性代表比例明显低于联合国"女性政治代表不低于30%"的要求。而且,类似这样的明确规定在后来的法规中也很少出现。缺少了严格的法规支持,我国女性的政治代表性并没有得到有效的提高。

从我国历届全国人大代表的性别比例来看,女性比例还是呈现出逐步上升的趋势。第一届全国人大(1954—1959)的女性代表比例为12%,第四届(1975—1978)的女性代表比例突破了20%,此后各届的女性代表比例一直在20%~22%之间浮动,直到第十二届(2013—2018)的女性代表比例达到23.4%,第十三届(2018—2023)为24.9%,第十四届(2023—2028)为26.54%。[1]我国女性政治代表的比例虽然逐年上升,但距离联合国建议的最低比例30%还有一定距离。这限制了我国女性在参与公共事务的过

---

[1] 参见国家统计局社会科技和文化产业统计司编:《中国社会中的女人和男人——事实和数据(2019)》,2019年,第119页。

程中提出自己独立的见解和设想，而就业歧视、精英层女性太少等诸多女性问题长期得不到解决，也与政治代表偏少有深层联系。女性只有参与顶层制度设计，在公共领域发出自己的声音，才可能调整主导社会规则的元规则，在全社会真正实现性别平等。

除了人大代表的女性比例外，还有一个数据也与政治平等息息相关。在我国的人民代表大会制度中设有多个专业委员会，其中全国人大宪法和法律委员会负责审议法律草案、解释宪法、进行合宪性审查等工作，这是立法的核心机构。而这个委员会的女性委员通常数量极少，甚至为零。[1] 这就造成了法律事实上是由男性代表订立的局面，而这有可能加剧女性在社会各领域的不平等。值得庆幸的是，2023 年 3 月 5 日，第十四届全国人民代表大会第一次会议通过的宪法和法律委员会主任委员、副主任委员、委员名单中，19 人里有 3 位女性，其中主任委员信春鹰为女性。这对于增进女性的政治平等有实质性的意义。

从女性担任领导干部的情况来看，在 1978 年，全国妇女干部占干部总数的 26%。[2] 然而，1983 年之后，在改革开放的过程中，县、地、省级领导干部中的女性比例逐年下跌。例如，省级领导中的女性比例在 1985 年为 7.25%，而在 1994 年则仅为 3.62%。[3] 在 1983—1987 年，四川省 3 个地区的 25 个县都没提拔

---

1 例如，1998 年 3 月 18 日通过的第九届全国人大宪法和法律委员会名单中就没有女性。参见 http://www.npc.gov.cn/zgrdw/npc/bmzz/falv/2008-03/21/content_1421204.htm。
2 参见：《当代中国妇女》，北京，当代中国出版社，1994 年，第 90 页。
3 参见：《中国共产党组织史资料》(7)，北京，中共党史出版社，2000 年，第 1234~1239 页。

一名县级妇女干部。[1] 这种情况与我国在 1979 年开始实行的差额选举制度有很大关系，许多女性都是在差额选举中落选了。[2] 20 世纪 90 年代以后，我国政府意识到问题的严重性，先后在一系列法规中对女性参政议政做出了严格规定。但是，从担任干部的总人数来看，女性干部人数一直没有突破 40%；2008 年达到 39%，总体人数低于男性。另外，职级越往上，女性在各级领导层中所占比例越低，在高层领导机关中更是难觅女性声音。而且，女性干部中担任正职的少，担任副职的多，女性并不掌握相关部门的实权。女性干部多集中在科教文卫、群众性团体组织等部门，分布在经济、金融、公安、政法等重点部门和重点领域的女性人数较少。改革开放 40 多年来，只有陈慕华、吴仪、刘延东和孙春兰四位女性曾经担任国务院副总理。这些因素使得我国女性在公共政策的制定和决策中的影响力极其有限。

性别发展水平的国际度量

性别发展的成就需要以客观的指标进行度量。每个国家的文化传统、生活方式以及价值理念都不相同。如何跨越这些差异、构建跨国指标度量体系，是评价性别发展水平的首要问题。目前，在国际上得到广泛承认的性别发展水平度量指标有联合国开发计划署开发的"性别发展指数"（GDI）、"性别赋权指数"（GEM）

---

[1] 参见：《中国共产党组织史资料》(7)，第 202 页。
[2] 参见俞晓高：《面对差额选举冲击波》，载《中国妇女》，1990 年第 12 期。

和"性别不平等指数"（GII），联合国教科文组织开发的"性别平等指数"（GPI），世界经济论坛开发的"全球性别差距指数"（GGGI），经济合作与发展组织开发的"社会制度和性别指数"（SIGI），等等。

1995 年，联合国开发计划署提出"性别发展指数"。该指数是将女性与男性的"人类发展指数"进行对比，反映两性在预期寿命、教育以及收入方面的差异。

同年，联合国开发计划署设计了"性别赋权指数"，该指数是衡量全球性别不平等程度的独立指数，以女性的相对经济收入、掌握经济权利的高薪职位、获得的专业职位及议会席位等数据为基础，反映女性在政治参与和决策、经济参与和决策、支配经济资源的权力三方面的不平等状况。

20 世纪 90 年代中期，联合国教科文组织提出"性别平等指数"，用以衡量男女受教育的相对机会。在给定的教育阶段（小学、中学、大学本科、大学研究生阶段等），该指数的简单形式即为女性入学人数与男性入学人数之比。另外，对于其他的发展指标，也可以采用女性指标值与男性指标值的比值来体现性别平等状况。

2006 年，世界经济论坛提出"全球性别差距指数"，该指数度量经济、教育、卫生福利、政治赋权等方面的性别差距，追踪性别差距的时间变化历程，旨在让全球各国意识到性别差距的严重性，尽力缩小性别差距。

2009 年，经济合作与发展组织提出"社会制度和性别指数"，测量社会制度对女性的歧视。该指数选取了覆盖歧视性社会制度的 5 个维度 27 个指标，例如歧视性的家庭法、受限的身体自主权、男孩偏好、资源和资产的有限性、受限的民权等涉及女性生活的社会经济领域的诸多方面。

2010年，联合国开发计划署在《2010年人类发展报告》中提出了"性别不平等指数"，该指标关注生殖健康、赋权和劳动力市场参与率三个维度，选取孕产妇死亡率、未成年人生育率、25岁及以上人口中至少达到中等教育程度的两性占比、两性在立法机关拥有的议员席位占比，以及劳动力市场参与度性别占比5个指标反映性别不平等的程度。

2013年，欧盟建立"性别平等指数"（GEI），其理论基础是欧盟的相关文献，例如欧盟委员会的《妇女宪章》《性别平等战略》《性别平等公约》等。这一指标考察女性在八个领域的具体情况：工作、金钱、知识、时间、权力、健康、暴力、交叉不平等，以期更全面地反映性别不平等程度。

上述测量性别发展的国际指标可归纳为下表（见下页）。

如上表所示，不同的性别发展水平度量指标侧重的方面不同，这使得中国的性别发展水平在不同的指标体系中处于不同的排名位置。例如，根据世界经济论坛历年发布的GGGI数据，中国在150多个国家和地区中始终处于"较低"位次的第三梯队，且近年来有下滑的趋势。2019年在153个国家和地区中排名仅为106位。根据联合国开发计划署的GDI数据，中国的性别发展水平基本稳定在"较高"位次的第二梯队，其公布的GII数据也表明中国的性别平等处于较高水平，不同年份的排名处于全球的第35～40名之间。[1]通过中国在不同指标体系所处的不同排名，我

---

[1] 参见吴帆、刘立光：《社会性别平等的测量：国际指数与中国性别发展》，载《南开学报》（哲学社会科学版），2020年第4期。

们一方面能看到中国性别发展的成就，另一方面也能体察到我国的性别发展事业有待提高之处。总的来说，中国的性别发展体现出下述四个方面的特征。

第一，中国在女性教育、女性健康以及女性劳动就业方面成就卓著。在以这些指标衡量性别发展水平的指标体系中，中国排名靠前。例如，从1998年以来，中国的GII连年递减。2021年，中国的GII为0.192（0表示两性平等，1表示两性不平等），GDI为0.984（1为两性完全平等，数值越小越不平等），综合排名世界第48名。GII和GDI这两个指数都重点考察了女性的受教育情况、健康情况与劳动参与率。这说明我国的性别发展在这三个方面都处于世界领先地位。

在女性教育方面，在中小学入学率上中国已基本实现男女平等，而在大学本科和研究生入学率上中国则已经实现男女平等。[1]在2023年公布的GGGI数据中，中国在大学入学率单项上排名世界第一。在女性健康方面，2020年，我国女性的人均预期寿命突破80岁，在184个国家中位列第62位。近年来，中国孕产妇的死亡率和婴儿死亡率大幅下降。2023年，全国孕产妇死亡率为15.1/10万，婴儿死亡率为4.5‰，5岁以下儿童死亡率为6.2‰，都低于世界平均水平。在外出工作方面，中国女性的劳动参与率处于世界领先水平。据2017年《经济学家》统计，中国女性外出工作的比例占到70%，位列世界第一。在2023年的GGGI排名中，在经济参与和机会方面，中国已经缩小了72.7%的性别

---

[1] 参见国家统计局：《2019年〈中国妇女发展纲要（2011—2020年）〉统计监测报告》，https://www.stats.gov.cn/sj/zxfb/202302/t20230203_1900945.html。

测量性别发展的国际指标[1]

指数名称	出台主体	出台时间	出台背景	主要维度	指标
性别发展指数（GDI）	联合国开发计划署	1995年	HDI难以反映社会发展水平的性别差异	—健康长寿 —知识 —生活水准	—预期寿命 —教育状况 —人均国民收入估值
性别赋权指数（GEM）	联合国开发计划署	1995年	GDI不可独立使用，且无法衡量女性赋权状况	—政治 —经济 —权力	—政治参与决策 —经济参与决策 —支配经济资源的权力
性别平等指数（GPI）	联合国教科文组织	20世纪90年代	消除教育中的性别差异是性别平等事业发展的重要内容	—教育	—男女的受教育差距
全球性别差距	世纪经济论坛	2006年	侧重于反映女性地位的测量指标并未准确捕捉两性差距	—经济地位 —教育机会 —卫生福利 —政治参与	—两性劳动力市场参与差距、薪资差距 —两性受教育成就差距 —两性卫生福利差距 —两性政治参与差距
社会制度和性别指数（SIGI）	经济合作与发展组织	2009年	已有的指标主要反映关注公共领域，缺乏对私人领域性别不平等的关照，且未能考虑国家制度和文化层面的不平等状况	—歧视性的家庭规范 —受限的身体自主权 —男孩偏好 —资源和资产的有限性 —受限的民权	—法律规定的结婚年龄、早婚、婚姻期间与离婚后的监护权、抚养权、继承权 —家庭暴力、强奸法、性骚扰、对暴力的态度、终生暴力的普遍性、生殖器切割的普遍性、生育自主权 —女性缺失、生育偏好 —确保有权拥有土地、获得非土地资产的安全途径、使用金融服务 —进入公共空间、政治表达、政治代表

指数名称	出台主体	出台时间	出台背景	主要维度	指标
性别不公指数（GII）	联合国开发计划署	2010年	GDI、GEM、GPI和GGGI各有局限，且忽视了重要指标	健康 赋权 劳动力市场参与率	—女性生殖健康 —两性赋权 —两性劳动力市场参与率
性别平等指数（GEI）	欧盟（欧洲性别平等研究所）	2013	为测量欧盟国家的性别差距的信息，欧盟在其他指数的基础上建构了更复杂的性别平等指数	知识 金钱 时间 权力 健康 工作 暴力 交叉不平等	—受教育程度、隔离、终身学习 —经济资源与经济地位 —照料活动和社交活动 —政治权力和经济权力 —健康状况、健康行为、健康权力 —工作参与、行业隔离、工作质量 —直接暴力与间接暴力 —少数群体、年老职工、单亲

---

1 引自杨菊华、王苏苏：《国际组织性别平等指数及其对中国的启示》，载《妇女研究论丛》，2018年第4期。

差距,并在劳动参与率方面达到81.5%的平等水平。然而,在男女同工同酬方面,中国还需进一步改进。国际劳工组织发布的《2018/2019全球工资报告》显示,根据职业、工作时间、工作资历和教育水平调整后,中国女性平均薪资为男性的77.9%。[1]这虽然高于全球平均水平,但距离两性平等还有一定距离。如前所述,近些年来,中国女性与男性的收入差距还在逐步扩大,这一现象应引起全社会的重视。

第二,性别发展水平的国际评价指标还揭示了各国在保护女性权利方面的进展。2023年,第五版SIGI涵盖179个国家,SIGI得分从0到100不等,0表示没有歧视,100表示绝对歧视。在2023年7月经合组织公布的SIGI全球排名中,中国SIGI得分为27,整体上处于低程度的歧视状态。其中家庭领域的歧视较低为8,身体自主性受限程度高达46,进入生产和经济领域的限制性较低为29,公民自由受限程度较低为22。中国的SIGI指数较高,说明我国在保护女性权利的立法方面较为完善,而身体自主性受限程度高则反映出我国在防止家暴、性侵、职场性骚扰,以及促进女性的生育自主权等方面还有待改进。

第三,从不同度量体系的测度来看,新生儿性别比失衡是中国性别发展的一个短板。例如,在2023年的GGGI排名中,中国在145个国家中排名第107位,性别差距分数为67.8%,相比2022年降低了0.4%,全球排名下降5名。新生儿性别比失衡是中国排名相对较低的重要原因。在GGGI的计算中,中国出生时

---

[1] 参见:International Labour Organization, "ILO Global Wage Report 2018/19 What Lies behind Gender Pay Gas", https://www.waitang.com/report/19319.html。

性别平等率指数低于90%，全球排名第145。中国的新生儿中女性与男性的比例约为0.89∶1，相当于出生人口性别比（男性∶女性）为112.3。依据国家统计局的数据，自20世纪80年代以来，中国出生人口性别比持续上升，最高值为2004年的121.2。自2015年起，出生人口性别比呈下降趋势，但仍然过高。依据国家卫健委发布的数据，2022年我国出生人口性别比为111.1。[1] 值得注意的是，比起第一孩性别比（2018年为104），第二孩性别比更加悬殊，在2010年达到最高峰为151.9，2015年为113.3；第三孩的性别比则最为悬殊，在2015年为148.5。出生人口性别比偏高，这说明我国民众依然有根深蒂固的重男轻女观念，还没有真正将男女两性看作平等的生命存在。

第四，女性政治赋权不足也是中国性别发展水平在某些国际指标中排名较低的重要原因。根据各国议会联盟（Inter Parliamentary Union）的排序，中国女性政治代表所占比例在全球排名中持续下降，从1994年的第12位，下降到2005年的第38位，2006年下降到第48位，2013年又下降到55位，且都没有达到国际组织规定的30%的指标。截至2015年，世界共有48个国家的女性议会代表数量占比超过30%，芬兰、法国等国家的女性政治代表数占比甚至超过了50%。[2] 在2023年的GGGI排名中，在女性政治赋权方面，中国排名第114位，其中女性部长数量占比4.2%，全球排名第138位；女性议员（女人大代表）占比

---

[1] 参见国家卫健委：《2022年我国卫生健康事业发展统计公报》，http://www.nhc.gov.cn/guihuaxxs/s3585u/202309/6707c48f2a2b420fbfb739c393fcca92.shtml。

[2] 参见 https://www.ipu.org/impact/gender-equality。

24.9%，全球排名第 80 位。中国在政治赋权方面仅实现了 11.4% 的平等。[1] 中国女性政治赋权不足的情况与西方国家近些年来女性活跃于政坛的局面形成了鲜明的反差。2016 年，全球有 17 名女性担任国家元首或政府首脑；有 53 名女性担任议长，占所有 273 名议长的 19.1%；有 31 个国家的女性在副总理及正部长职位中所占比例达到 30% 以上。这些都展示了 1995 年以来，世界各国女性在政治参与方面的进步。相比之下，女性政治赋权问题是中国性别发展的短板，应成为中国妇女事业发展的重中之重。

如何更好地消除性别不平等，提升我国的性别发展，笔者认为，性别平等的最终实现应依赖两方面的改变，一方面是人们观念的改变，另一方面是涉及资源分配和权力分配的各项社会制度的改良。

首先，对于我国出生性别比偏高的问题，其根本解决只能依靠越来越多的人建立性别平等的观念。因为，无论在"一孩""二孩"还是在"三孩"政策阶段，这个问题都一直存在于中国社会中。这就说明，造成这一问题的根本原因不是具体的人口政策，而是人们根深蒂固的重男轻女观念。当然，在不同的人口政策下，这个问题可能有不同的表现形式。例如，在"一孩"政策阶段，我国从 2002 年开始执行《人口与计划生育法》第三十五条规定："严禁利用超声技术和其他技术手段进行非医学需要的胎儿性别鉴定；严禁非医学需要的选择性别的人工终止妊

---

[1] 参见 World Economic Forum: Global Gender Gap Report 2023；以及"橙雨伞公益"的分析：https://www.163.com/dy/article/I88KRLLO0528B640.html?spss=dy_author。报告原文下载网址：https://www.fxbaogao.com/view?id=3762167&im=biubiu。

娠。"然而，在具体操作中，该规定很难严格执行。为了生男孩，许多女婴被主动流产。在"二孩"和"三孩"政策阶段，"二孩""三孩"的出生性别比居高不下。在不远的将来，试管婴儿等辅助生殖技术将得到更广泛的应用，为人们选择婴儿性别提供了更多可能。因此，如果人们不彻底抛弃重男轻女的观念，那么出生性别比就很难保持平衡。如果人类有一天真的掌握了体外生殖的技术，想造男孩就造男孩，想造女孩就造女孩，那么在陈旧观念的主导下，人类社会的性别比可能会更为悬殊。所以，要从源头上矫正男女出生的不平等，从根本上改变出生性别比偏高的问题，就必须改变全社会的观念。只有人们从根本上认同性别平等，认为生男生女都一样，都是对家族、基因的延续，才可能根除选择性生育，并在养育过程中平等地对待男孩和女孩。

其次，在承认女性在家庭内部所付出的劳动并给予公平回报方面，我们可以尝试改变观念和制度改进两方面的措施。一方面，在建立男女应公平分担家务劳动的观念的同时，还应改变人们对家务劳动的消极看法，让大家将家务劳动看作一种愉悦身心和增进家人感情的活动，并号召丈夫和孩子积极参与其中。另一方面，也可考虑给全职妈妈发工资的社会分配方案，以切实的经济回报来肯定家务劳动的价值。相信通过观念和制度的不断改良，全社会达成劳动光荣的共识，最终能实现家务劳动的公平分担。

再次，女性在职场中可能遭遇的各种不平等对待，应通过制度设计予以纠正。(1)应进一步立法约束用人单位在招聘过程中的性别歧视行为。为了让相关法规更有效地保护女性求职者的平等权益，可考虑设立匿名举报电话等措施约束用人单位的行为。(2)为了保障女性职业发展的平等机会，各行业可考虑为女性设置专门的晋升通道，或者采用配额制，优先提拔女性员工。（3）消除职场中的性骚扰要依靠立法，以切实可行的法律法规保护女性的尊严不受侵犯。2023年1月1日开始实施的《妇女权益保障法》修正案，对"就业歧视""性骚扰"等侵犯女性权益的行为进行了更为精准的界定，这将大大增强全社会保护女性权益的意识，也为女性权益保护提供法律保障。

复次，应通过更为严厉的立法，打击拐卖妇女儿童的罪恶行径。目前，我国法律中对于买卖妇女罪的判罚过轻，尤其是对买家没有实施有效的处罚。应进一步修订相关法律，对拐卖妇女实行买卖同罪，处以重刑。另外，对于"婚姻市场"中种种将女性物化的行为和观念，例如高额彩礼等，应通过教育等方式努力转变人们的观念，打消"父母嫁女儿就是卖女儿"之类的想法。

最后，针对我国女性参政比例偏低的问题，应通过相关制度的改进予以解决。例如，在人大代表的选举中严格执行配额制，并制订女性政治代表比例逐步升高的具体计划。当务之急是在近几年内达到联合国建议的女性政治代表占比30%的最低标准。只有建立严格的竞选规则，才可能真正提高女性的政治代表性，矫正女性在政治权力分配中的弱势地位，提高女性在公共生活中的影响力。

综上所述，在父权制社会中，女性长期承受着系统性的不平等对待。她们也曾抱怨、抗争，但却很难从根本上消除这些不平等。因为女性是很难团结起来的一群人，社会以家庭为单位将女性与同伴分离开来，所以，除非男性也建立起性别平等的意识，否则女性的抗争是不可能胜利的。全社会转变观念，男性和女性都平等地看待对方，这是性别平等得以实现的先决条件。

第十五章
"性别平等"的四重含义

　　1954年,"男女平等"被写进了新中国的第一部宪法,此后《中华人民共和国宪法》的历次修订都保留了"男女平等"的内容。1995年9月4日,联合国第四次世界妇女大会在北京召开,会议通过了具有里程碑意义的《北京宣言》和《行动纲领》。也正是在这次大会上,中国政府向国际社会庄严宣告把"男女平等"作为促进中国社会发展的一项基本国策。因此,探寻性别平等的具体内涵,制定能够促进两性之间身份平等、权利平等、机会平等以及结果平等的相关政策和措施,成为一代学人的重要历史使命。2016年,我曾发表过一篇题为"平等理论的谱系"[1]的文章,讨论不同层次的平等理论。2018年,我又将这篇文章扩展

---

[1] 李石:《平等理论的谱系——兼论平等与自由的关系》,载《哲学动态》,2016年第10期。

为一部专著[1]。从学术界对文章和著作的反馈来看，笔者对不同层级平等目标的划分得到了一定程度的认同。[2]由此，笔者尝试在既有平等理论谱系的框架下，加入"性别"这一变量，并由此探索"性别平等"的确切含义。

在《平等理论的谱系》一文中，笔者将平等理论分为六个层级：1. 平等存在；2. 法律—政治平等；3. 唯才是举的机会平等；4. 补足社会境况的机会平等；5. 补足社会境况和自然禀赋的机会平等；6. 福利平等。[3]第一，"平等存在"强调人们在道德意义上的平等，指的是无论种族、性别、宗教信仰等各方面存在何种差异，人们的生命价值和人格尊严都应得到平等的承认。这种意义上的平等是其他一切平等的理论起点。第二，"法律—政治平等"强调的是人们拥有平等的权利，这是人们在经济和社会等各方面平等的制度根基。第三，"唯才是举的机会平等"关注的是人们对于稀缺资源的公平竞争。当代学者对于何谓机会平等有三种不同的观点，这三种观点的区别在于"机会平等"是否要考虑人们不同的"社会境况""自然禀赋"等因素，相比"唯才是举"的

---

1 李石：《平等理论的谱系——西方现代平等理论探析》，北京，中国社会科学出版社，2018年。

2 《平等理论的谱系——兼论平等与自由的关系》被引18，他引16，下载1296次。该文还被《社会科学文摘》转载。2018年中国社会科学出版社出版的同名著作被引19。

3 在2016年发表的文章中，我使用的是"前途向才能开放的机会平等""拉平社会境况的机会平等"和"拉平社会境况和自然禀赋的机会平等"。本书将"前途向才能开放的机会平等"改为"唯才是举的机会平等"，因为这两种表述的含义完全一致，而"唯才是举"更贴近中文表达。另外，本文将"拉平"改为"补足"，因为"拉平"使效率降低，所以实现这平等理想的最好途径不应该是"拉平"较优者，而应该是"补足"较弱者。

机会平等，主张补足较差的"社会境况"或"自然禀赋"的机会平等要求更高程度的再分配。第四，"福利平等"追求的不是机会平等而是结果平等，关注人们在成功或幸福方面是否平等。

以简化的方式，我们可以对上述6种平等目标进行左、中、右的政治光谱排序。如下图所示，越靠右边的平等理论越强调人们在竞争起点的平等，而不是竞争结果的平等，而越靠近左边的平等理论越要求人们在竞争结果上的平等。与此同时，所有人在"存在"意义上的平等则是任何平等理论的前提。只有无条件承认所有人拥有平等的生命价值和人格尊严，才可能建构理论和制度层面的平等，并在经济、文化、社会等各方面追求具体的平等目标。

结果平等（左倾） ←――――――――――――――――――→ 机会平等（右倾）

福利平等	补足社会	补足社会	唯才是举的	法律—	平等存在
（终点）	境况与	境况的	机会平等	政治平等	（起点）
	自然禀赋的	机会平等			
	机会平等				

在上述平等理论谱系中加入"性别"这一变量，就可以探究"性别平等"的具体含义：第一，性别平等指的是两性在存在意义上的平等，肯定两性具有同等的生命价值，承认女性与男性拥有平等的人格尊严。第二，性别平等意味着两性在权利上的平等，包括生命权、财产权、健康权、性权利、受教育权、婚姻自由权、政治权利等各种具体的权利，而这必然包含对父权、夫权等因性别而拥有的任何特权的否定。第三，性别平等还要求两性公平竞争社会上的稀缺资源，以保证机会平等。这些稀缺资源包

括：优质的教育资源、较优的工作岗位、晋升的机会、权力和荣誉等。第四，在两性间的权利平等和机会平等无法完全实现的情况下，性别平等还可能从结果的角度来分析女性和男性是否达到同样的成功或同等的幸福，并主张通过具体的矫正政策（例如参政配额制、晋升配额制、孕产期带薪休假）促进两性在福利水平上的平等。基于上述思路，本章将深入分析两性的身份平等、权利平等、机会平等，以及从结果角度审视的福利平等。

承认与身份平等

上述平等理论之谱系中的第一种平等——平等存在，是一种形而上意义的平等。之所以是形而上意义的，是因为这种平等与人们之间实际表现出的差异没有关系。一个明显的事实是，在不同性别、不同种族之间，甚至是在同种族、同性别、同年龄的不同个体之间，我们始终找不到两个完全一样的人，但我们仍然必须承认所有人都是平等的，具有同等的内在价值。所有人的生命都是无价的，不可比较，不可替代。2020年5月，美国爆发了"黑人的命也是命"运动，其口号"Black Lives Matter"强调了这一点：无论何种肤色、何种种族、何种性别……所有人的生命都是同样重要的，应该被给予同样的关切。然而，这样的政治理想明显与现实世界中林林总总、形形色色的人类个体格格不入。人和人是不同的，为什么我们必须承认所有人的生命具有同样的价值，应该得到平等的尊重？有些人懒惰，有些人愚蠢，有些人恶毒，难道他们的生命与那些高尚而美好的生命拥有同等的价值吗？由此看来，"给予所有个体平等的承认"，这是一个形而上的道德命令，无法从现实世界中个体的多样性中推导出来，甚至与之相悖。然而，这样的道德命令深刻地植根于每一个有道德良知的人心中，让人们有一种冲动去追求平等，尤其是那些还未获得平等承认的群体或个人。

从性别这个变量切入，我们能看到女性对于平等承认的焦虑。女性的身体天然弱于男性，这是否构成她们得不到平等承认的正当理由？在体力上稍弱的女性是否就注定只能待在家中洗衣服、做饭、照看孩子，是否决定了她们只能从事再生产的工作，而不是进入社会化大生产的公共领域，是否意味着她们不适合位高权重的优越职位，而只能成为达官贵人的附庸？法国思想家波伏瓦的女性主义经典著作《第二性》深入地阐释了女性的依附和屈从地位。波伏瓦论述道："女人相较男人而言，而不是男人相较女人而言确定下来并且区别开来；女人面对本质是非本质。男人是主体，是绝对，而女人是他者。"[1] 长久以来，女性都被当作是附属于男性的，是被男性定义的。其实，《第二性》这本书的标题就点明了这一点：女性是低于男性的"第二性别"。这个标签就像"二等公民"一样，揭示了女性得不到平等承认的困境。

加拿大哲学家查尔斯·泰勒在《承认的政治》一文中分析了承认与身份的关系。简单来说，如果一个人得不到他人的承认，那他就无法获得与其他人平等的身份。换言之，一个人或一个群体的平等身份并非只靠其争取或努力就能获得的，还需要得到其他人的承认。由此，那些因某些偶然因素（例如肤色、性别、性

---

[1] [法]西蒙娜·德·波伏瓦：《第二性》，郑克鲁译，第14页。

倾向等）而得不到平等承认的群体，就很可能长久处于被动。有色人种、女性、残障者、同性恋等等，他们无论如何努力，甚至诉诸武力，都不一定能够得到其他人的承认，也就无法从根本上获得平等的身份。更有甚者，一些群体不仅长期得不到平等承认，还被迫接受一种"扭曲的承认"，被描绘成劣等生物、劣等种族。这种"扭曲的承认"恰恰给虐待、贬低、侵略、迫害等一系列侵犯人权的行为做好了理论上的准备。例如，希特勒上台后，纳粹就广泛宣传"犹太人是低劣的人种"，这为后来其残忍对待犹太人埋下了伏笔。清朝末年，在西方列强侵略中国的过程中，"东亚病夫"这个词被捏造出来贬低中国人，这也是一种典型的扭曲的承认。

更有甚者，这种扭曲的承认还有可能内化为被贬低群体的自我认同，并对其自身的发展造成巨大的负面影响。东汉著名女子班昭是一位才华横溢的女性，但她仍然未能摆脱当时人们对女性的扭曲的承认，并将其内化成劝诫所有女性的规训。班昭在《女诫》中论述道："阴阳殊性，男女异行。阳以刚为德，阴以柔为用，男以强为贵，女以弱为美。""敬顺之道，妇人之大礼也。"在班昭看来，女性就应该示弱，就应该恭敬顺从，这些自我认同阻碍了女性能力的全面发展，无助于性别平等的实现。扭曲的承认不仅存在于性别关系之中。中华民族的伟大复兴同样面对这一挑战。对于鸦片战争后的中国来说，如何摆脱西方的扭曲的承认，如何获取国际社会平等的承认（包括对中国的文化、现代化、经济成就、政治体制等方方面面的承认），建构积极向上的自我认同，正是摆在中国人民面前的难题。

从上述分析中我们可以看到，在开始讨论两性在其他方面的平等之前，我们必须首先在最深刻的意义上（形而上层面上）肯定两性的生命是同等重要的，两性具有同样的道德价值，应该得到平等的承认。女性不是"第二性"，世界上没有第二性，现代国家中也没有"二等公民"。毫无疑问，两性之间存在着巨大的生理差异，也正是这些差异构成了人类繁衍的基础；但是，两性之间并没有因为这些差别而产生身份和地位的不同，这是实现性别平等的基本前提。

法律与权利平等

在肯定两性身份平等的前提下，性别平等还需要相应的制度予以维护，而法律－政治层面的平等则是所有相关制度的基础。因此，两性平等最重要的制度设计就是贯穿于整个法律体系（从宪法到具体的法律法规）的权利平等。权利平等是女性运动兴起之初就提出的政治诉求。女性争取平等权利的历程与人类迈向平等社会的步伐是一致的。事实上，女性从一开始就参与了世界范围内的平权运动。在人类争取平等权利的重大革命中，女性都是不可或缺的角色，甚至是革命的中坚力量，法国大革命、俄国革命、中国革命都是如此。在1789年爆发的法国大革命中，妇女站在斗争的最前线，对推翻专制统治发挥了巨大作用。1789年颁布的《人权宣言》是法国大革命的纲领性文件，这一政治宣言使权利的概念深入人心。仅仅两年之后，1791年，法国大革命中著名的女性活动家奥兰普·德古热就发表了《女权宣言》，提出了女性应与男性拥有平等的自由权、财产权、安全权、公民权、参与立法权、言论自由、不受任意拘禁和逮捕、反抗压迫、担任公职等17项权利。然而，女性获得平等权利的历程并非一帆风顺，而是经过了几代人艰苦卓绝的斗争。法国女性在1791年提出男女平权的诉求，直到1944年才获得选举权。美国女权运动的先驱领袖伊丽莎白·卡迪·斯坦顿在1848年提出美国第一个要求妇女选举权的运动纲领，直到1920年，美国女性才获得选举权。

从我国的情况来看，清朝末年的维新变法运动中就出现了男女平权的思想。例如，康有为在《大同书》中极力主张"去家界""男女平权、男女齐等""男女婚姻，皆由本人自择"。谭嗣同也在其《仁学》中痛斥重男轻女的封建礼法是"至暴乱无礼之法"。1898年，王春林在《女学报》第五期上发表《男女平等论》一文，首次直接、公开提出性别平等的主张。[1] 但是，直到1947年，中国女性才获得了与男性平等的选举权，当时颁布的《中华民国宪法》规定男女在法律上享有平等地位，女性有权选举和参选。1949年，中国共产党建立中华人民共和国，中国人民政治协商会议第一届全体会议通过了具有临时宪法性质的《共同纲领》，肯定了女性与男性拥有平等的权利。时至今日，两性权利平等的理想在许多国家仍然没有得到法律上的认可。例如，在今天的阿富汗，女性在受教育、外出工作、着装、婚姻自由等方面仍然受到诸多限制，没有获得与男性同等的权利。

在现代国家中，两性之间的权利平等是由宪法这一最高法确立的。例如，在我国，《中华人民共和国宪法》第二章详细阐述

---

1 参见何黎萍：《论中国近代女权思想的形成》，载《中国人民大学学报》，1997年第3期。

了公民拥有的基本权利,其中包括:选举权和被选举权,言论、出版、集会、结社、游行、示威的自由,宗教信仰自由,人身自由不受侵犯,人格尊严不受侵犯,住宅不受侵犯,通信自由和通信秘密受法律的保护,对国家机关和国家工作人员提出批评和建议的权利,劳动的权利,休息的权利,受教育的权利,进行科学研究、文学艺术创作和其他文化活动的自由,等等。《宪法》强调中华人民共和国公民不分民族、种族、性别、职业、家庭出身、宗教信仰、教育程度、财产状况、居住期限等,在法律面前一律平等。值得注意的是,《宪法》中关于基本权利的大部分条文并没有以性别区分人群进行单独论述。这说明我国《宪法》保障了两性各项权利的平等。另外,以《宪法》为指导思想制定的《民法典》《选举法》《刑法》等十余部法律也处处体现出两性在婚姻关系、参政议政、财产继承等各方面的平等地位。我国的整套法律体系是两性权利平等的基本保障。

当然,在《宪法》中也有专门针对女性群体的特殊规定,例如第四十八条规定:"中华人民共和国妇女在政治的、经济的、文化的、社会的和家庭的生活等各方面享有同男子平等的权利。国家保护妇女的权利和利益,实行男女同工同酬,培养和选拔妇女干部。"第四十九条规定:"婚姻、家庭、母亲和儿童受国家的保护。……禁止破坏婚姻自由,禁止虐待老人、妇女和儿童。"而且,在女性权利保护方面,除了《宪法》之外还有一些专门的法律,例如1992年颁布的《妇女权益保障法》。从形式上看,这些专门法律的设立似乎是对女性的偏袒,有对男性不公之嫌:两性拥有平等的权利,为什么对于女性权利的保护要多一道安全网呢?

对于上述质疑,有两点回应:第一,《妇女权益保障法》开篇即强调,"根据宪法和我国的实际情况,制定本法","妇女在政治的、经济的、文化的、社会的和家庭的生活等各方面享有同男子平等的权利"。这说明该法律并没有赋予女性任何超出《宪法》规定的权利,也没有赋予女性任何高于男性的权利。第二,针对妇女权益保护而设立的法律与妇女权益更容易受到侵犯的现实相关。当然,如果男性的相应权益也存在被侵犯的情况,那就应该进一步完善保护男性权利的法律规制。在这个问题上,我们可以参考学者们对两性的"性权利"的讨论。我国现行的《刑法》第 236 条规定,强奸罪是指"违背妇女意志,强行与妇女发生性关系的行为"。这一规定显然忽视了男性被强奸的情况(包括男性对男性的性侵以及女性对男性的性侵)。虽然在现实生活中男性遭强奸的概率要远小于女性遭强奸的概率,但并非完全没有。所以,许多法学学者呼吁完善针对男性被性侵的性犯罪立法,有效保护男性平等的性权利。[1] 法律是人们实践活动应遵循的规则,所以法律的设立必须依据实际情况。正是由于女性在现实生活中往往遭受比男性更大的被家暴、被侵犯、被性骚扰的风险,所以国家专门订立了针对女性权利保护的法律。

在权利平等的问题上,需要深入讨论的还有类似"父权"和"夫权"这样的概念。权力指的是支配他人的力量。[2] 如果 A 对 B 有权力,那么 A 就可以违背 B 的意愿让 B 做某事。例如,老师

---

[1] 参见冯晓聪:《"猥亵"难以承受之重:性侵男性犯罪认定悖论及其消解》,载《刑法论丛》,2017 年第 1 期。刘文高、冯泽华:《男性被性侵后的救济:缺失与挽救》,载《法制博览》(中旬刊),2012 年第 10 期。

[2] 此处参考了罗素、马克斯·韦伯等学者对"权力"概念的讨论。

有提问学生的权力，那么当老师提问时，学生就必须站起来回答问题，即使他心里并不愿意。需要强调的是，现代国家承诺权利平等，除了因官职而分配的职权外，不承认任何人拥有支配其他人的权力，也不承认任何人有高于其他人的特权。正如洛克所说，在自然状态下，"一切权力和管辖权都是相互的，没有一个人享有多于别人的权力"[1]，而人类在缔结契约进入国家之后，通过官职的设立，人们之间的权力变得不平等了。一些人有了违背他人意愿支配其行为的力量，但这种权力仅限于职权，仅在与公共事务相关的范围内发挥作用。在公共事务上，拥有较高职权的人可以支配拥有较低职权的人。例如，市长可以要求下属执行相关政策安排，即使下属心中并不乐意，但不能要求下属安排他的休闲娱乐事宜，后者属于滥用职权。在前述案例中，老师可以提问学生，即使学生不愿意回答，但老师的职权并不包含让学生为其端茶送水。如果一个老师要求学生给他端茶送水，那么学生就可以正当地拒绝。在职权之外，每个人都有平等的权利，没有支配他人的权力，这就是现代国家的基本政治结构。

现代社会的上述特征与传统社会的某些观念是格格不入的，尤其是强调"家庭价值"的传统观念。人类社会起源于家庭和部族，因此现代社会中的各种规则或潜规则也不免带有家庭伦理的特征。在家庭中，每个人扮演不同的角色。中国古人认为，家庭中的每个角色都应该有其特定的处事方式。父慈子孝、兄友弟恭、夫义妇顺，这些规范既刻画了理想人格，也是理想社会的规范。一个井然有序的社会就是和谐家庭的外化。然而，维护家庭

---

[1] ［英］洛克：《政府论》（下篇），瞿菊农、叶启芳译，第3页。

秩序的美好规则却可能暗藏杀机，为家庭内的权力支配制造了空间。在家庭中，父（母）子（女）、兄弟、夫妇，这三对关系形成了三组权力支配。父母是否拥有支配子女行为的权力？子女是否可以违背父母的意志？丈夫是否拥有命令妻子的权力？"夫为妻纲"是否意味着妻子必须服从丈夫的意志？

古代家庭关系中的权力支配留存于现代社会，并且持续对现代人的生活产生影响。许多女性主义者认为，人类社会长久以来受到原始社会晚期形成的父权制影响，形成了男性在经济领域和社会关系上占据支配地位的社会制度。对于父权制的经典论述，可以追溯到 1680 年英国保王派罗伯特·菲尔默出版的《父权制》一书。菲尔默在这本书中论证了君权来源于神圣的父权的观点：上帝创造了第一个人亚当，并且将统治女人、子孙以及所有其他人的权力赋予了他。亚当的权力通过血缘关系代代相传。从最开始的亚当一直到当时的英国国王，都拥有这种神圣的父权，也就是国家的最高权力。菲尔默论述道："君主，你可以恰当地称其为国家之父，应该成为比任何父亲都更可敬爱、更受尊重的人，是上帝授权并指派给我们的人。"[1]

当代女性主义者对父权制思想进行了系统的批判。他们不承认男性在家庭中拥有支配其他家庭成员的权威。他们比启蒙时代的权利论者更为彻底，希望将人与人之间的关系建立在权利的基础上。事实上，如果我们要实现性别平等，就必须承诺和维护两性间的平等权利，就必须摆脱传统社会的羁绊，摒弃父权和夫

---

[1] Robert Filmer, *Patriarcha and Other Political Works*, edited by Peter Laslett, London: Wiley-Blackwell, 1949, p. 325.

权这样的观念。现代国家承诺人人平等，男性没有支配女性的权力，父母没有支配孩子的权力，丈夫没有支配妻子的权力。从某种意义上来说，现代社会并不是一个"大家庭"，而是一个陌生人社会，人们行为处事的规则是由权利概念规定的。不侵犯他人权利，这是任何人都应遵循的行为准则，即使在家庭内部也是如此。

以宪法为基础的现代国家法律体系直接否定了父权和夫权的合法性。这一点直接体现在许多国家的法律体系中。近些年来，越来越多的国家订立了反家暴的法律。在一些国家，邻居如果看到孩子或女性被家暴就会立即报警。这些法律规制说明，父母没有强制孩子顺从自己的权力，丈夫也没有强迫妻子的权力。另外，我国法律承认"婚内强奸"为犯罪，并且还有相关判例：2021年，河北一男子在妻子提出离婚诉讼期间，强行与对方发生性关系，遭到反抗后未能得逞，被判强奸罪，获刑8个月。这一判决充分说明，丈夫没有违背妻子自主意愿的性权力，没有所谓的夫权。再有，被称为国内PUA第一案的"北大女生包丽自杀"事件发生后，有关PUA的立法也被提上了日程。[1] 这些法律规制向人们清楚地表明，家庭虽然是组成人类社会的单元，男性和女性在家庭中扮演着不同的角色，发挥着不同的作用，但家庭并不是男性耀武扬威的权力角斗场。家庭中、亲密关系中同样需要维护平等的权利，也只有通过法律赋予的平等权利，女性才可能获得真正的平等。

---

1 参见曹超：《浅析PUA行为入罪问题》，载《西部学刊》，2022年第5期。

稀缺资源与机会平等

如果说权利平等奠定了性别平等的制度基础，那么机会平等就是两性在经济、文化等更广阔的社会领域获得平等的制度保障。每个社会都有一些稀缺资源：优质的教育资源、优越的社会地位、令人羡慕的工作岗位、绝无仅有的晋升机会等。这些"好东西"带有"位置益品"的特征，并非人人都能获取，必须经过竞争才能得到。由此，如何建立公平竞争的机制，这成为保证不同人群之间机会平等的关键。由于自然的、社会的诸多原因，两性在稀缺资源的获取方面存在巨大差异。如何在两性之间建立公平竞争的机制，这是性别平等要达到的重要目标。

公平竞争的底层逻辑是"应得原则"。古希腊哲学家亚里士多德曾深入阐述这一原则。亚里士多德认为，应该分配给每个人符合其成就和优点的利益："每个人都同意根据人们的某种成就或优点（merit）进行分配是正义的。"[1] 换言之，稀缺资源应该分配给那些表现较优的社会成员。例如，跑步的最高荣誉颁发给跑得最快的人，跳远的最高荣誉颁发给跳得最远的人，笛子应该分配给会吹笛子的人，等等。这一观念与中国科举制度建立以来人们普遍认同的"唯才是举"是一致的。时至今日，这仍然是人们对于公平竞争和机会平等的最直观的理解。这种对机会平等的理解对应于本章阐述的平等理论的谱系中的第三种——唯才是举的机会平等。然而，一些当代学者认为，这样的机会平等流于形

---

1 Aristotle, *Nicomachean Ethics*, edited by Roger Crisp, Cambridge: Cambridge Press, 2000, 1131a25-30, p. 87.

式，无助于实现人们之间实质性的平等。例如，美国哲学家约翰·罗尔斯和罗纳德·德沃金都对始于亚里士多德的应得原则进行了深入批评，并阐发了著名的"反应得理论"。这些学者提出反对意见的根本理由是：应得原则只看到了人们较优的表现，而没有深究人们不同表现背后的原因。换言之，人们的社会境况和自然禀赋不同，其表现当然不同。如果仅凭表现分配稀缺资源的话，就是在要求人们为自己的社会境况和自然禀赋负责，而这显然是不公平的，因为这两个因素与个人选择没有关系。

我们可以对照社会现实来理解机会平等的不同含义：如果仅从唯才是举来理解机会平等，那么农村留守儿童大概率竞争不过城市精英子弟，但这样的竞争是公平的吗？农村留守儿童应该为其自身所处的社会境况负责吗？相关社会问题显然不是他们的错，那为何要求他们付出代价呢？再有，残障者要为自己较差的自然禀赋负责吗？他们可能生下来就是残障者，或者遭遇了并非出于自身原因的重大疾病。我们有什么理由让他们为这样的厄运负责呢？正是基于这些思考，罗尔斯和德沃金提出了更深层次的机会平等理论。罗尔斯认为，公平竞争应该屏蔽掉社会境况的因素。换言之，稀缺资源的分配规则应该对社会境况不敏感。由此，他提出了"公平机会的平等"理论，其含义是："在社会的所有部分，对每个具有相似动机和禀赋的人来说，都应当有大致平等的教育和成就前景。那些具有同样能力和志向的人的期望，不应当受到他们的社会出身的影响。"[1] 这种机会平等对应于本章

1　John Rawls, *A Theory of Justice*, The Belknap Press of Harvard University Press, Cambridge, Massachusette, 1999, p. 63.

开篇阐述的第四种平等理论——补足社会境况的机会平等。这种平等理论要求对社会境况较差的社会成员予以补助。像中国高考制度中的贫困地区专项计划等优待政策，正是在向社会境况较差的社会成员倾斜。德沃金的平等理论比罗尔斯更为彻底，他认为真正公平的竞争不仅要屏蔽社会境况，还应该屏蔽自然禀赋的因素，其平等理想被称为"敏于志向，钝于禀赋"，即稀缺资源的社会分配应该仅仅反映人们的选择和努力。德沃金提出的平等理论对应本章阐述的平等理论中的第五种——补足社会境况和自然禀赋的机会平等。按照德沃金对机会平等的理解，相关政策不仅应该向社会境况较差的社会成员倾斜，还应向自然禀赋较差的成员倾斜，例如残障者优待政策、女性孕产期的优待政策等。

如果我们从性别这一变量切入来讨论上述机会平等的三种理论，会得出下述两方面的推论。第一，两性之间在自然禀赋方面存在着明显的差异。从总体上来说，男性身体比女性强壮，这是自然演化的结果，没有必要否认，也不可能否认这一点。同时，我们也能看到，人类社会在分配稀缺资源时，确实考虑到了两性生理上的差异，许多规则的设置都考虑到了两性在体力方面自然禀赋的不同，其中最典型的就是各类体育竞赛。人类几乎所有的体育竞赛都是两性分开竞赛的[1]，这恰恰体现了对男女不同自然禀赋的考虑。不仅与体育竞赛相关的稀缺资源如此分配，包括教育资源在内的其他稀缺资源的分配也考虑到了这一因素。考试是分配稀缺教育资源的核心机制，体育考试在其中占据重要位置。在我国的考试体系中，从小学到大学，两性在体育方面考察的项目

---

[1] 有个别体育竞赛项目是不分性别的，例如射击。这也是因为，科学研究没有提供相应数据证明两性在瞄准目标方面有生理差异。

和标准存在着系统性的差异，这为两性间的实质性机会平等奠定了基础。

当然，有一些投机分子可能会利用这些基于生理性别差异的竞争规则。2022年，美国曾经的游泳运动男选手利亚·托马斯通过变性手术成为女选手，并夺得全国大学体育协会一级比赛的冠军。这一事件引发了人们的广泛争议。体育竞赛虽然充分注意到了两性在自然禀赋方面的差异，但许多公共规则的设立并没有考虑到这一点，这妨碍了两性之间实质性的机会平等。最典型的例子就是公共厕所的设立：男女的公共厕所数量一样多，这仅仅是一种形式上的平等，没有考虑到女性的生理特征和生理需求。由此，女厕所门口排起长队的现象并非偶然。《妇女权益保障法》的2022年修订版对这一问题进行了回应，其第三十四条规定："各级人民政府在规划、建设基础设施时，应当考虑妇女的特殊需求，配备满足妇女需要的公共厕所和母婴室等公共设施。"类似的问题还有不少，例如办公室的空调温度、劳动者的工作强度、孕产假等相关问题，都应考虑到女性不同于男性的生理需求。

第二，从社会境况方面来看，相比于男性，女性处于明显的劣势。在传统社会对于女性的规训（如结婚生子、做家务、看孩子等）之下，女性比男性接受的教育可能更少，拥有更少的游戏时间，更少社会化和参与公共事务，更少地发展自己各方面的能力，而这些又必然导致女性获得较优职位、权力、荣誉等稀缺资源的机会较少。现代社会虽然正逐步摆脱传统性别规范的束缚，努力赋予女性更多的可能和自由，但无可否认的是，这些性别规范仍然在家庭、学校、市场、政治等领域产生巨大影响。这使得女性群体的社会境况系统性地弱于男性。这也是为什么任何优秀的女性都可能成为一个女性主义者的根本原因：优秀的女性必然要与男性争夺稀缺资源，而她立刻就会发现竞争规则的不公平，于是就会为争取实质性的机会平等而斗争。为了实现实质性的机会平等，对于社会境况处于劣势的社会成员应该予以补足：一方面，应通过教育改变人们的传统观念，树立性别平等的观念，在女性成长过程中以及成家立业后给予平等的对待；另一方面，也可以从结果角度矫正两性之间资源分配的不平等，以补足女性群体较差的社会境况。

优待政策与结果平等

如上所述，虽然法学家、政治学家付出了许多努力，以各种制度来保障两性之间的权利平等和机会平等，但权利平等和机会平等并不能完全实现。由此，一些学者主张从结果平等的角度直接调整两性在权力、荣誉、较优职位等方面的所得，以矫正两性之间的不平等状况。在这一思路下可能采用两种类型的优待政策，一种是配额制，另一种是设立女性专门的晋升通道。

在配额制方面最常见的就是女性参政配额制。这是因为女性在社会境况方面最明显的弱势就是社会化不足，没有机会参与公共事务。《公共的男人，私人的女人》一书深入阐述了女性群体被局限于私人领域的困境。[1] 这一劣势导致世界上大部分国家都存

---

1 参见［美］让·爱尔斯坦：《公共的男人，私人的女人》，葛耘娜、陈雪飞译，2019年。

在女性政治代表不足以及女性政治领导稀缺的情况。因此，不同时期的女性主义者都非常重视女性在政治代表性和拥有政治权力方面与男性平等，并将其作为性别平等的重要标志。她们主张采用女性参政配额制以提升女性参政比例。女性主义者的这一观点得到了联合国的肯定。目前，联合国将30%的政治代表作为性别平等的最低要求。配额制不仅被用于解决女性参政不足的问题，也被用于推进女性获取较优职位的机会。例如，在德国的高校，教授职称的评定也采用了性别配额制。

另一种从结果角度矫正性别不平等的方式是效仿体育竞赛，为女性开辟出专门的赛道。例如，给女性的晋升以专门的通道，这样能够避免女性在与男性竞争的过程中处于系统性的劣势。但这类政策的应用案例较少，究其原因是人们并不认为除了生理特征之外，女性与男性在智力、表达、沟通、合作、竞争等各方面存在根本性的区别，为女性开辟专门赛道的理论基础较为薄弱。然而，实际的情况可能是，女性一方面需要在家中承担大部分家务，另一方面在职场上与男性竞争稀缺资源，同时还承受着女性能力不强、难担重任、眼光狭隘、情绪化等一系列偏见，甚至还要小心提防职场性骚扰，这样的局面对女性显然是不公平的。

2023年，美国经济学家克劳迪娅·戈尔丁（Claudia Goldin）获得诺贝尔经济学奖。她在著作《事业还是家庭？——女性追求平等的百年旅程》中对女性在事业和家庭之间的挣扎进行了深入研究。[1] 她按照时间顺序研究了五组女性的生活状况：（1）第

---

1 参见［美］克劳迪娅·戈尔丁：《事业还是家庭？——女性追求平等的百年旅程》，颜进宇、颜超凡译，北京，中信出版社，2023年。

一组女性最早追溯到 100 年前，毕业于 1900—1919 年（出生于 1878—1897 年），她们在家庭和事业中二选一。在未生育的女性中，绝大部分曾经参加工作，而有生育的女性则很少就业。（2）第二组女性在 1920—1945 年期间大学毕业（出生于 1898—1923 年）。这一组女性很多是一开始会参加工作，但组建家庭后就会退出劳动力市场。（3）第三组女性在 1956—1965 年期间大学毕业（出生于 1924—1943 年）。这一组女性是事业与家庭齐头并进，并且很多女性即使在养育孩子期间会暂停就业，但在子女长大之后依然会重返就业市场。（4）第四组女性在 20 世纪 60 年代中期至 70 年代末大学毕业（出生于 1944—1957 年）。这一组女性的特点是对事业的重视程度超过家庭。（5）第五组女性在 20 世纪 80 年代及之后大学毕业（出生于 1958—1978 年）。这组女性汲取了第四组女性过于重视事业而错失家庭的教训，力求兼顾事业和家庭。

戈尔丁的研究揭示了，在 100 年的时间里，女性为家庭付出了大量的精力和时间，而这严重影响了她们与男性对社会资源的公平竞争。背着家庭重负的女性与轻装上阵的男性竞争各种资源，这种竞争显然缺乏公平性。要维护实质性的机会平等就应补足女性在社会境况上的弱势。另外，从逻辑上来说，如果"能力不强""难担重任""眼光狭隘""情绪化"这些看法有确凿的科学证据，那就应该为女性竞争稀缺资源开辟专门的赛道，就像体育竞赛那样；如果没有科学证据，那么这些看法就只能是偏见和歧视，进一步恶化女性在稀缺资源竞争中的处境。在现有的竞争模式中，想要获得权力、荣誉、较优职位等稀缺资源的女性不得不在家庭与职场的夹缝中挣扎，往往付出比男性更多的努力，却仍然得不到平等的承认，这是亟待解决的问题。

综上所述，性别平等包含4个层面的含义：身份平等、权利平等、机会平等和结果平等。在这4个层面的平等中，身份平等基于人们对于两性生命价值的平等承认，这种平等是其他一切平等的形而上基础。如果人们从心底认为并非人人生而平等，女性天生就低于男性，那么其他方面的平等都是不可能的，女性也很难得到平等的尊重。权利平等是所有制度性平等的基础，正是通过法律设立的男女平等拥有的各项权利，两性才能得到最基本的平等对待。机会平等关注的是社会中稀缺资源的分配，要求在全社会范围内建立起公平竞争的机制，这种竞争机制以人们的表现为分配的标准。但是，如果这一竞争机制不考虑女性处于弱势的自然禀赋和社会境况，那么它就没有公平对待女性。最后，结果平等是在上述3个层次的平等无法完全实现的情况下提出的平等诉求。换言之，如果身份平等、权利平等和机会平等都能在两性之间完全实现，那么我们并没有什么理由要求结果的平等。然而，在当前的社会环境下，在许多国家中，由于观念或制度的原因，上述三种平等并不能完全实现。因此，在许多情况下，我们有必要从结果的角度来矫正两性之间的不平等，相关政策包括各种配额制以及针对女性的优待政策。总之，观念与制度的改进，是实现性别平等的根本途径。

结　语
我们要什么样的自由?

女性运动的诉求不仅有平等，还有自由。这是女性运动也被称为妇女解放运动的原因。"解放"（liberation）与"自由"（liberty）同根，女性解放就是要将女性从各种束缚中解放出来。几千年来，传统的父权制社会给女性施加了许多不合理的、不必要的束缚，严重限制了女性的发展。时至今日，这些限制仍然在世界的不同角落发挥作用。在人类社会走向美好未来的过程中，占全球人口一半的女性也必将获得各项自由，其中包括自我发展的自由、性自由、婚姻自由、生育自由以及选择生活方式的自由，而这些自由是男性和女性平等拥有的。

第一，自我发展的自由，指的是女性能够依据自己的意愿发展自身的兴趣爱好，选择自己喜欢的职业。女性是否能够自由地发展自身的兴趣爱好，这在很大程度上取决于孩子的父母是否拥有性别平等的观念。对于孩子的成长来说，家庭教育发挥着关键性作用。女孩应该学什么，不能学什么，如果父母抱着非常狭隘的性别观念，那么女孩是很难自由发展各方面能力的。女孩最好不要学足球，女孩最好多学学做家务，女孩的逻辑思维能力不强，学不了数学和哲学……这些陈腐的观念将极大地限制女性自身发展的自由。在选择职业的自由方面，女性受到的限制大多来自包含就业歧视的社会环境。目前，在世界上大部分国家中，获得权力部门、企业管理层、顶尖高校的优越职位的女性很少，这真的是因为她们没有与男性公平竞争的实力吗？还是因为竞争环境本身就不公平？从这个意义上说，自由与平等是紧密联系在一起的。只有真正实现了机会平等，女性才能享受充分的择业自由和自我发展的自由。

第二，在性爱方面，女性应该拥有与男性同等的性自由。这里所说的性自由不是完全无视伦理规则的、肆意纵欲的自由，而是指性行为不能违背女性意愿。违背对方意愿的性行为是不合法的，婚前、婚后都是如此，这一点对于男女都是一样的。因此，加强人口买卖、强奸、家暴、性骚扰等问题的相关立法，加重处罚，这是保护女性自由的关键。

第三，在婚姻方面，女性与男性一样，应该拥有充分的结婚和离婚自由。婚姻是自由的契约，如果某一方不是自愿订立这一契约，那么这一契约就是无效的，婚姻就不成立。而婚姻双方只要有一方坚持，就应该解除这一契约。婚姻是一种制度形式，这一制度是在人类社会的发展历程中逐步形成的，但并非亘古不变的。如果有一天，人类社会中的绝大多数人都认为没有必要以婚姻契约来约束人们的行为，或者绝大多数人都不愿再缔结婚姻契约，那么这一制度就会自动退出历史舞台。因此，结婚还是不结婚，什么时候结婚，是否离婚，这些都是个人选择。无论人们做出什么选择，只要在法律允许的范围内，就应该得到尊重，不应该受到任何歧视。

第四，在生育方面，女性应该拥有生育自由。这种自由是男女双方共同拥有的。在婚姻中，生育自由属于夫妻双方，生育与不生育、生几个孩子，应由双方共同商议决定。但由于生育对于女性身体和生活的影响大大高于男性，所以在生育问题上男方应给予女方足够的尊重和体谅，充分考虑女方意见，将女方的身体和自我发展作为重要因素予以考量。

第五，女性应该拥有选择自己喜欢的生活方式的自由。生活方式是一个宽泛的概念，既包括宏观的选择——单身还是结婚，外出工作还是做全职太太，生一个孩子还是生三个孩子，也包括生活中的各种细节——穿什么样的衣服，染什么颜色的头发，开什么品牌的汽车。在不破坏公共利益的范围内，女性应该拥有选择的自由。那些要求女性必须穿着罩袍出行，不能驾驶汽车，不能染粉红色头发的法规或舆论都是对女性的伤害。

总之，人类向往更自由、更平等的未来，这样的未来或许与我们擦肩而过，或许会加速到来，这一切都取决于每个人的观念和行动。建立性别平等的观念，加快推进性别平等的制度建设，把握今天，迎接未来！

参考文献

一、翻译文献

［奥］西格蒙德·弗洛伊德. 弗洛伊德文集：第3卷. 车文博，主编. 长春：长春出版社，2004.

［奥］西格蒙德·弗洛伊德. 文明及其不满. 严志军，张沫，译. 杭州：浙江文艺出版社，2019.

［奥］西格蒙德·弗洛伊德. 自我与本我. 林尘，等，译. 上海：上海译文出版社，2011.

［澳］乔治·希克斯. 慰安妇. 滕建群，译. 北京：新华出版社，2002.

［德］奥古斯特·倍倍尔. 妇女与社会主义. 葛斯，朱霞，译. 北京：中央编译出版社，1995.

［德］恩格斯. 家庭、私有制和国家的起源. 中共中央马克思恩格斯列宁斯大林著作编译局，编译. 北京：人民出版社，2018.

［德］马克思，恩格斯. 马克思恩格斯全集：中文第2版. 中共中央马克思恩格斯列宁斯大林著作编译局，编译. 北京：人民出版社，1995—2023.

［德］康德. 法的形而上学原理. 沈叔平，译. 北京：商务印

书馆，1991.

［德］康德.历史理性批判文集.何兆武，译.北京：商务印书馆，1990.

［德］康德.论优美感和崇高感.何兆武，译.北京：商务印书馆，2001.

［德］康德.实用人类学.邓晓芒，译.上海：上海人民出版社，2002.

［法］卢梭.爱弥儿.李平沤，译.北京：商务印书馆，1978.

［法］马尔克·杜甘，克里斯托夫·拉贝.赤裸裸的人：大数据隐私与窥视.杜燕，译.上海：上海科学技术出版社，2017.

［法］玛蒂尔德·拉雷尔.去他的父权制.何润哲，译.北京：中信出版社，2023.

［法］孟德斯鸠.论法的精神：上册.张雁深，译.北京：商务印书馆，1961.

［法］卢梭.论人类不平等的起源和基础.李常山，译.东林，校.北京：商务印书馆，1997.

［古希腊］柏拉图.理想国.郭斌和，张竹明，译.北京：商务印书馆，2009.

［古希腊］亚里士多德.政治学.吴寿彭，译.北京：商务印书馆，1997.

［加］查尔斯·泰勒.承认的政治.董之林，陈燕谷，译.天涯，1997（6）.

［加］威尔·金里卡.当代政治哲学：下.刘莘，译.上海：上海三联书店，2004.

［美］贝蒂·弗里丹.女性的奥秘.程锡麟，朱徽，王晓路，

译.广州：广东经济出版社，2005.

［美］德博拉·G.费尔德.女人的一个世纪：从选举权到避孕药.姚燕瑾，徐欣，译.北京：新星出版社，2006.

［美］德内拉·梅多斯，乔根·兰德斯，丹尼斯·梅多斯.增长的极限.李涛、王智勇，译.北京：机械工业出版社，2022.

［美］弗朗西斯·福山.身份政治：对尊严与认同的渴求.刘芳，译.北京：中译出版社，2021.

［美］葛罗莉亚·斯坦能.内在革命.罗勒，译.呼和浩特：内蒙古人民出版社，1998.

［美］顾德民.生而为男？——男性气概的人类学真相.宋熙，张飒，译.北京：中信出版社，2023.

［美］哈维·C.曼斯菲尔德.男性气概.刘玮，译.南京：译林出版社，2009.

［美］汉斯·摩根索.国家间政治：权力斗争与和平.徐昕，郝望，李保平，译.北京：北京大学出版社，2005.

［美］卡罗尔·帕特曼.性契约.李朝晖，译.北京：社会科学文献出版社，2004.

［美］卡洛琳·麦茜特.自然之死：妇女，生态和科学革命.吴国盛，等，译.长春：吉林人民出版社，1999.

［美］凯瑟琳·A.麦金农.言词而已.王笑红，译.桂林：广西师范大学出版社，2005.

［美］凯特·米利特.性的政治.钟良明，译.北京：社会科学文献出版社，1999.

［美］克劳迪娅·戈尔丁.事业还是家庭？——女性追求平等的百年旅程.颜进宇，颜超凡，译.北京：中信出版社，2023.

［美］罗伯特·诺奇克.无政府、国家和乌托邦.姚大志,译.北京：中国社会科学出版社,2008.

［美］玛莎·C.努斯鲍姆.女性与人类发展——能力进路的研究.左稀,译.北京：中国人民大学出版社,2020.

［美］迈克尔·J.桑德尔.自由主义与正义的局限.万俊人,等,译.南京：译林出版社,2011.

［美］南茜·弗雷泽,[德]阿克塞尔·霍耐特.再分配,还是承认？.周穗明,译.上海：上海人民出版社,2009.

［美］南茜·弗雷泽.正义的尺度.欧阳英,译.上海：上海人民出版社,2009.

［美］南茜·弗雷泽.正义的中断.于海青,译.周穗明,校.上海：上海人民出版社,2009.

［美］让·爱尔斯坦.公共的男人,私人的女人.葛耘娜,陈雪飞,译.北京：生活·读书·新知三联书店,2019.

［美］莎朗·史密斯.马克思主义、女性主义和妇女解放.金寿铁,译.国外理论动态,2019（7）.

［美］苏珊·格里芬.女人与自然：她内在的呼号.毛喻原,译.重庆：重庆出版社,2007.

［美］苏珊·穆勒·奥金.正义、社会性别与家庭.王新宇,译.北京：中国政法大学出版社,2017.

［美］唐娜·哈拉维.类人猿、赛博格和女人.陈静,译.郑州：河南大学出版社,2016.

［美］威廉·赖希.性革命：走向自我调节的性格结构.陈学明,李国海,乔长森,译.北京：东方出版社,2010.

［美］约翰·罗尔斯.作为公平的正义：正义新论.姚大志,

译.北京：中国社会科学出版社，2011.

［美］朱迪斯·巴特勒.性别麻烦：女性主义与身份的颠覆.宋素凤，译.上海：上海三联书店，2009.

［日］上野千鹤子.父权制与资本主义.邹韵，薛梅，译.杭州：浙江大学出版社，2020.

［日］中村淳彦.东京贫困女子.傅栩，译.北京：人民文学出版社，2021.

［意］马基雅维利.君主论·李维史论.潘汉典，薛军，译.长春：吉林出版集团股份有限公司，2013.

［印］阿马蒂亚·森.正义的理念.王磊，李航，译.北京：中国人民大学出版社，2012.

［英］J.L.奥斯汀.如何以言行事.杨玉成，赵京超，译.北京：商务印书馆，2013.

［英］伯特兰·罗素.婚姻革命.靳建国，译.北京：东方出版社，1988.

［英］大卫·D.吉尔默.发明男性气概.孙伟，张苗凤，译.杭州：浙江大学出版社，2021.

［英］霍布斯.利维坦.黎思复，黎廷弼，译.杨昌裕，校.北京：商务印书馆，1985.

［英］玛格丽特·沃特斯.女权主义简史.朱刚，麻晓蓉，译.北京：外语教学与研究出版社，2015.

［英］玛丽·沃斯通克拉夫特，［英］约翰·斯图尔特·密尔.女权辩护 妇女的屈从地位.王蓁，汪溪，译.北京：商务印书馆，1995.

［英］洛克.政府论：上篇.叶启芳，瞿菊农，译.北京：商

务印书馆，1982.

［英］洛克. 政府论：下篇. 叶启芳，瞿菊农，译. 北京：商务印书馆，1964.

［英］休谟. 道德原则研究. 曾晓平，译. 北京：商务印书馆，2004.

［英］约翰·密尔. 论自由. 许宝骙，译. 北京：商务印书馆，2005.

二、英文文献

Agges B. Gender, Culture, and Power, Toward a Feminist Postmodern Critical Theory. London: Pareger, 1993.

Aquinas St. Thomas. The Political Ideas of St. Thomas Aquinas. edited by Dino Bigongiari. New York: Hafner Publishing, 1953.

Aristotle. Nicomachean Ethics. edited by Roger Crisp. Cambridge: Cambridge University Press, 2000.

Arruzza Cinzia, Tithi Bhattacharya, Nancy Fraser. Feminism for the 99%: A Manifesto. New York: Verso, 2019.

Babst Dean. Elective Government: A Force for Peace. The Wisconsin Sociologist, 1964(3).

Bonvillain N. Women and Men, Cultural Constructs of Gender. New Jersey: Prentice Hall, 1998.

Bryson V. Feminist Political Theory: An Introduction. New York: The Macmillan Press, 1992.

Coole D. H. Women in Political Theory: From Ancient Misogyny to Contemporary Feminism. New York: Harvester Wheatsheaf, 1993.

Cranston Maurice. Rousseau on Equality. Social Philosophy and Policy, Vol. 2, No. 1, 1984.

Dante. Monarchy and Three Political Letters. translated by Donald Nicholl and Colin Hardie. New York: Noonday Press, 1954.

Donaldson L. E. Decolonizing Feminisms, Race, Gender and Empire Building. London: Routledge, 1992.

Doyle Michael W. Kant, Liberal Legacies and Foreign Affairs. Philosophy and Public Affairs. Vol. 12, No. 3, 1983.

Dunphy R. Sexual Politics. Edinburgh: Edinburgh University Press, 2000.

Eckes T., H. M. Trautncr(ed.). The Developmental Social Psychology of Gender. Mahwah, New Jersey and London: Lawrence Erlbaum Associates Publishers, 2000.

Elizabeth Romanis. Artificial Womb: Dutch Researchers Given € 2.9m to Develop Prototype. The Guardian, 2019-12-29.

Enloe, Cynthia. Bananas, Beaches & Bases: Making Feminist Sense of International Politics. London: Pandora Press, 1989.

Filmer Sir Robert. Patriarcha and Other Political Works. edited by Peter Laslett. London: Wiley-Blackwell, 1949.

Fine B. Women's Employment and the Capitalist Family. London and New York: Routledge, 1992.

French M. The War Against Women. New York: Summit Books, 1992.

Hatfield S. B. Gender and Environment. London and New York: Routledge, 2000.

Hegel's Philosophy of Right. translated by T. M. Knox. Oxford: Oxford University Press, 1963.

Helen Sedgewick. Artificial Wombs could soon be a reality. What will this mean for women?. The Guardian, Sept. 4, 2017.

Hitler. Mein Kampf. translated by Chanberlain. New York: Reynal and Hitchcock, 1960.

Johnson K. A. Women, the Family, and Peasant Revolution in China. Chicago: University of Chicago Press, 1983.

Kant Immanuel. Toward Perpetual Peace and Other Writings on Politics, Peace, and History. edited and with an introduction by Pauline Kleingeld. translated by David L. Colclasure. New Haven: Yale University Press, 2006.

Lippmann Walter. Public Opinion. New York: Macmillan, 1922.

Mayer T. (ed.). Gender Ironies of Nationalism, Sexing the Nation. London and New York: Routledge, 2000.

Miller C., C. Treitel. Feminist Research Methods, An Annotated Bibliography. New Jersey: Greenwood Press, 1991.

Moriarty Diane. Artificial Wombs and the Awkward Moment of Truth. Human Life Review. Fall 2020, Vol. 46 Issue 4.

Naess Arne. Life's Philosophy: Reason and Feeling in a Deeper World. Athens: University of Georgia Press, 2002.

Oakley Ann. Sex, Gender and Society. London: Temple Smith,1985.

O'Faolain Julia, Lauro Martines(ed.). Not in God's Image. New York: Harper Torchbooks, 1973.

Plant J.(ed.). Healing the Wounds: The Promise of Ecofeminism.

Philadelphia, PA: New Society Publishers, 1989.

Rawls John. A Theory of Justice. Cambridge: The Belknap Press of Harvard University Press, 1999.

Regan Ronald. Abortion and the Consciences of the Nation. //J. D. Bulter, D. F. Walert(ed.). Abortion, Medicine and the Law, New York: Facts on File Publications, 1986.

Robertson Eleanor. Feminists, Get Ready: Pregnancy and Abortion are About to Be Disrupted. The Guardian, Oct. 12, 2017.

Russ Joanna. The Female Man. New Jersey: Gregg Press, 1977.

Santosham S., D. Lindsey. Bridging the Gender Gap: Mobile Access and Usage in Low-And Middle-income Countries. Political Economy, 2015.

Schrag Francis. Justice and the Family. Inquiry, Vol. 19, 1976.

Sen Amartya K. More Than 100 Million Women Are Missing. The New York Review of Books. Jan. 1990.

Sen Amatya. Equality of What?. //Tanner Lectures on Human Values. edited by S. McMurrin. Cambridge: Cambridge University Press, 1980.

Souz G. R., H. Tseng, J. A. Gage, et al. Magnetically Bioprinted Human Myometrial 3D Cell Rings as a Model for Uterine Contractility. Int J Mol Sci, Vol. 18, No. 4, 2017.

St. Augustin. The Political Writings of St. Augustine. edited by Henry Paolucci. Washington, D. C.: Gateway Editions, 1996.

Steiner Hill. An Essay on Rights. New York: Blackwell Publishers, 1994.

Sterba James P., Janet A. Kourany, Rosemarie Tong. Feminist Philosophies: Problems, Theories and Applications. Englewood Cliffs, NJ: Prentice Hall, 1992.

Sylvester Christine. Feminist Theory and International Relations in a Postmodern Era. Cambridge: Cambridge University Press, 1994.

Tickner J. Ann. Hans Morgenthau's Principles of Political Realism: A Feminist Reformulation. Gender and International Relations. edited by Rebecca Grant and Kathleen Newland. Bloomington: University of Indiana Press, 1991.

Tickner J. Ann. Gender in International Relations: Feminist Perspectives Global Security. New York: Columbia University Press, 1992.

Tinker I.(ed.). Persistent Inequalities, Women and World Development. New York: Oxford University Press, 1990.

Vallentye Peter, Hill Steiner(ed.). Left Libertarianism and Its Critics: Contemporary Debates. New York: Palgrave Macmillan, 2000.

Weston, Burns H., Jonathan C. Carlson. Stockholm Declaration of the United Nations Conference on the Human Environment (16 June 1972). International Law & World Order, 2014.

三、中文文献

曹博林，罗炼炼．陪伴型聊天机器人的发展特征与机制效果．青年记者，2023（2）．

曹超．浅析PUA行为入罪问题．西部学刊，2022（5）．

曾毅，顾宝昌，涂平，徐毅，李伯华，李涌平．我国近年来出生性别比升高原因及其后果分析.人口与经济,1993(1).

陈鹤琴.苏联的托儿所.妇女杂志,1946(7).

丁智勇,常烨.科技的"双刃剑"效应已经寒光闪现.科技与经济画报,2002(4).

董美珍.康德内在自由观批判——基于女性主义视角.华南师范大学学报,2013(4).

段塔丽.西部欠发达地区农村女性在家庭资源分配中被"边缘化"问题探讨.陕西师范大学学报(哲学社会科学版),2008(1).

方流芳.罗伊判例:关于司法和政治分界的争辩——堕胎和美国宪法第14修正案的司法解释.比较法研究.1998(1).

冯骁聪."猥亵"难以承受之重:性侵男性犯罪认定悖论及其消解.刑法论丛,2017(1).

高秀娟.数字平台赋能女性创业就业.中国人力资源社会保障,2022(3).

何黎萍.论中国近代女权思想的形成.中国人民大学学报,1997(3).

金婕.英汉语中性别歧视现象及其成因概述.大众文艺,2012(1).

金星.金星自述变性过程.大众文摘,2015(24).

蓝江,王欢.正义原则与家庭正义——罗尔斯与苏珊·奥金的正义之争.苏州大学学报(哲学社会科学版),2013(6).

李石.平等理论的谱系——西方现代平等理论探析.北京:中国社会科学出版社,2018.

李文波.女性凝视的批判性反思.青年与社会,2013(5).

李银河.女性主义.上海:上海文化出版社,2018.

李银河,主编.妇女:最漫长的革命.北京:生活·读书·新知三联书店,1997.

李英桃,胡传荣,主编.女性主义国际关系学.杭州:浙江人民出版社,2006.

林美卿,贺羨.我国女性遭受家庭暴力问题研究.山东社会科学,2010(6).

刘桓宁,项继权.农村高价彩礼的生成机制——基于"文化—生活"的框架.湖北社会科学,2023(9).

刘利群,张立,主编.中国妇女百年发展报告(1921—2021).北京:社会科学文献出版社,2021.

刘文高,冯泽华.男性被性侵后的救济:缺失与挽救.法制博览(中旬刊),2012(10).

吕洪艳.20世纪60年代以来美国女性单亲家庭变迁初探.世界历史,2011(3).

马智勇."离婚冷静期"制度的生成逻辑及其反思.法学家,2022(3).

全国妇联妇女研究所.当代中国妇女运动简史(1949—2000).北京:中国妇女出版社,2017.

邵雍.中国近代妇女史.合肥:合肥工业大学出版社,2013.

宋秀岩,主编.新时期中国妇女社会地位调查研究:上卷.北京:中国妇女出版社,2013.

隋红升.跨学科视野下的男性气质研究.杭州:浙江大学出版社,2019.

隋红升.男性气质.北京:外语教学与研究出版社,2020.

孙小光.弗洛伊德与女性主义——兼论女性文学传统.唐山

学院学报，2007（3）.

陶春芳，蒋永萍.中国妇女社会地位概观.北京：中国妇女出版社，1993.

王东华.发现母亲.南昌：江西人民出版社，2010.

王海媚."俄罗斯母亲"在战争中的形象与作用.俄罗斯东欧中亚研究，2016（1）.

王海媚.技术助长的性别暴力亟须高度重视.中国妇女报，2023-04-12.

王倩.马丁·路德的女性观.美与时代（下旬刊），2013（5）.

向小丹.无处赋予的财产权：制度转型中的来沪农村女性婚姻移民.上海交通大学学报（哲学社会科学版），2017（6）.

肖扬主编.中国妇女运动百年简史：上.北京：中国妇女出版社，2009.

熊昊钰、杨巍，汪俊时，张如月.我国禁止进口洋垃圾对全球固体废物处理的影响研究.工业安全与环保，2022（11）.

徐晓兵、徐忠.邓颖超与新中国首部《婚姻法》.党史博采，2010（3）.

许明龙.黄嘉略与孟德斯鸠——中法文化交流史上的一段佳话.法国研究，2022（2）.

岩复，陆光海.出生性别比升高的"微观"研究——湖北省天门市出生性别比升高的特点和原因调查.湖北大学学报（哲学社会科学版），1995（5）.

阎天.女性就业中的算法歧视：缘起、挑战与应对.妇女研究论丛，2021（5）.

杨菊华、王苏苏.国际组织性别平等指数及其对中国的启示.

妇女研究论丛，2018（4）.

杨旻．劳动力市场的性别不平等：职业性别分割与两性收入差距——性别分层与劳动力市场研讨会综述．妇女研究论丛，2009（1）.

杨鑫宇．出生人口性别比例失衡，该怎么办．科学大观园，2019（13）.

姚鹏．提高未成年人性同意年龄至16周岁．中国妇女报，2020-05-24.

俞晓高．面对差额选举冲击波．中国妇女，1990（12）。

原新、胡耀岭．中国和印度"失踪女孩"比较研究．人口研究，2010（4）。

臧健．女童生存与发展研究的回顾与再探索//徐午，许平，鲍晓兰，高小贤，主编．社会性别分析：贫困与农村发展．成都：四川人民出版社，2000.

中国人口信息研究中心出生性别比课题组．治理出生性别比异常偏高的经验——浙江省嵊州市、陕西省宝鸡市县调查报告（内部报告），2001-06.

周昊鲲．从女权主义视角看职业女足同工同酬问题．西部学刊，2020（21）.

祝燕涛、孙劲峰．国际拐卖犯罪新动向．人民公安，2000（12）.